Reclams
Lexikon der Shakespeare-Zitate

Reclams
Lexikon der Shakespeare-Zitate

Von
Katrin Fischer

Reclam

In loving memory of Gertraud Fischer (1941–1999)

RECLAMS UNIVERSAL-BIBLIOTHEK Nr. 19193

Umschlaggestaltung: Stefan Schmid Design, Stuttgart
Gesamtherstellung: Reclam, Ditzingen. Printed in Germany 2014
RECLAM, UNIVERSAL-BIBLIOTHEK und
RECLAMS UNIVERSAL-BIBLIOTHEK sind eingetragene Marken
der Philipp Reclam jun. GmbH & Co. KG, Stuttgart
ISBN 978-3-15-019193-4

www.reclam.de

Vorwort

»Schlag nach bei Shakespeare«, so die musikalische Aufforderung in *Kiss Me, Kate,* dem weltberühmten Musical Cole Porters, dessen ›Story‹ auf Shakespeares *Der Widerspenstigen Zähmung* beruht. Sich ausgewählter Zitate des größten Dramatikers aller Zeiten erinnern und gezielt bedienen zu können, garantiert – wie *Kiss Me, Kate* mit einem Augenzwinkern nahelegt – den Punktsieg beim spielerischen Werben um die Gunst des weiblichen Geschlechts. »Brush up your Shakespeare«, so heißt es im Duett der beiden »Gunmen« in der vorletzten Szene des Musicals, »start quoting him now – brush up your Shakespeare, and the women you will wow«.

»To quote Shakespeare«, Shakespeare zitieren – dieser wohlgemeinte Ratschlag dürfte zur Zeit der Erstaufführung von *Kiss Me, Kate* am 30. Dezember 1948 im New Yorker New Century Theatre kaum noch notwendig gewesen sein. Shakespeare wurde und wird seit jeher zitiert, wenn oftmals auch unbewußt und ganz nebenbei. Mit der Musiknummer »Brush Up Your Shakespeare«, die kurz vor der Premiere noch nachträglich hinzugefügt wurde, zielte Cole Porter darauf, das Publikum für Shakespeare zu begeistern, die Gegenwärtigkeit des Klassikers zu unterstreichen und somit den ›Grad der Bewußtheit‹ zu steigern – was ihm, angesichts des weltweiten, nachhaltigen Erfolgs des Musicals, zweifelsohne gelungen ist.

William Shakespeare wurde 1564, vermutlich am 23. April, in Stratford-upon-Avon geboren und starb am 23. April 1616. Wie er zum Theater kam, bleibt bis heute Spekulation. Fest steht jedoch, daß er um 1586 nach London ging, um sein Glück als Schauspieler zu suchen. Daß er im dortigen Theatermilieu verkehrte, läßt sich aus einem Pamphlet Robert Greenes (1558–92) schließen, in dem ihn der neidische Konkurrent als »Possenreißer« und »emporgekommene, größenwahnsinnige Krähe« beschimpft. Aus Shakespeare, dem Schauspieler, wurde rasch einer der erfolgreichsten Stückeschreiber und der Schöpfer eines ›neuen‹ Theaters, was ihm den Spitznamen »Shake-Scene« (Bühnenerschütterer) einbrachte. In der Gunst des Publikums war er seinen Zeitgenossen weit überlegen. Bereits 1598 rühmte Francis Meres seinen Altersgenossen Shakespeare als den besten englischen Komödien- und Tragödienschreiber; 1616 nannte ihn Ben Jonson in seinem Nachruf »Sweet Swan of Avon« und umriß seine überwältigende Wirkung mit den Worten »He was not for an age, but for all time.«

Wortspiele und Redewendungen aus Shakespeares Werken avancierten schnell zu einem festen Bestandteil des Englischen. Durch Übersetzungen fanden sie Eingang in andere Sprachen, wurden Teil des Wortguts und bereicherten so auch den deutschen Zitatenschatz. Viele der Titel seiner Werke beispielsweise gingen als geflügelte Worte in die deutsche Sprache ein. Wer kennt nicht »Ende gut, alles gut«, »Viel Lärm um nichts«, »Wie es euch gefällt« oder »Verlorene Liebesmüh«? Ob Zitat oder subtile Anspielung, der aufmerksame Leser begegnet Shakespeare auf Schritt und Tritt – »To be. Not to be. To counter be« heißt es in John Le Carrés *The Russia House* (1989), »To cheat or not to cheat« in William G. Tapplys *Dead Meat* (1987). Wem kommt da nicht *Hamlet* in den Sinn? Man weiß, daß »all the world's a stage, and all the men and women merely players« der Beginn von Jacques' Monolog in *As You Like It* ist. Das Zitat steht aber unter anderem auch in Donald Westlakes Roman *The Score* (1964). Für Buchtitel mußte Shakespeare ebenfalls oftmals herhalten, wie nicht nur Michael Innes' Krimi-Klassiker *Hamlet Revenge!* (1937) beweist. Mirandas Aufschrei »O brave new world!« aus *The Tempest* stand Pate für Aldous Huxleys *Brave New World* (1932), Vladimir Nabokov ›plünderte‹ *Timon von Athen* für *Pale Fire* (1952), und John Steinbeck erinnerte sich an *Richard III.* für *The Winter of Our Discontent* (1961). Agatha Christie, die englische »Queen of Crime«, entnahm *Macbeth* Idee und Titel für *By the Pricking of My Thumbs* (1968), und für ihren Roman *Taken at the Flood* (1948) standen Cassius' Worte aus *Julius Cäsar* Pate. *Double, Double, Oil and Trouble* (1978) heißt ein Roman von Mary Jane Latsis und Martha Henissart. Das unter dem Pseudonym »Emma Lathen«

schreibende Autorenduo entlehnte den Titel, wie unschwer festzustellen ist, der Hexenszene von *Macbeth*. All diese Beispiele sind willkürlich aus einer schier unendlichen Fülle anderer herausgegriffen.

Shakespeares Komödien, Tragödien, Historien und Romanzen fanden auch bei deutschen Lesern große Resonanz und übten einen bedeutenden Einfluß auf die Entwicklung der deutschen Literatur aus. Viele Schriftsteller ließen sich von ihm inspirieren – unter ihnen Lessing, Goethe und Herder, die in zahlreichen theoretischen Abhandlungen über sein Werk reflektierten. Mit besonderem Interesse begegneten die deutschen Romantiker dem englischen Barden. August Wilhelm Schlegel, Dorothea Tieck und Wolf Heinrich Graf Baudissin trugen mit ihren Übersetzungen maßgeblich zur Verbreitung der Werke des Dramatikers im deutschsprachigen Raum bei. Auch wenn ihre Sprache nicht die des heutigen Lesers ist, so gelten ihre Übertragungen doch nach wie vor als die besten. Moderne Übersetzungen sind zwar zum Teil eingängiger, geben jedoch meist weniger die sprachliche Meisterschaft der Originaltexte wieder. Diese Tatsache ist auch der Grund, weshalb in diesem Buch im wesentlichen auf die Schlegel/Tieck/Baudissin-Version zurückgegriffen wurde. Einige wenige sprachliche Glättungen habe ich mir vorbehalten. Für die Sonette standen Gottlob Regis' Übersetzungen Pate; die englischen Texte folgen der klassisch gewordenen Globe Edition (erstmals Cambridge/London 1864) der Werke Shakespeares; die zweisprachige Gesamtausgabe von Levin L. Schücking sowie die Oxford Edition von Stanley Wells und Gary Taylor (1988) wurden vergleichend hinzugezogen (s. Literaturhinweise).

Mit dem vorliegenden Buch habe ich es mir zum Anliegen gemacht, dem Leser einen Schlüssel zum unermeßlich reichen Zitatenschatz William Shakespeares an die Hand zu geben. Die Sammlung soll zum ›Schmökern‹ einladen, aber auch die Lust zum Weiterlesen wecken und den Leser ermuntern, den ein oder anderen Originaltext zur Hand zu nehmen und das jeweilige Zitat zu seinen Wurzeln zurückzuverfolgen. Markante Schlagwörter erleichtern das Auffinden von Zitaten zu einem speziellen Thema, und so dürfte es mit Hilfe vorliegender Sammlung ein Leichtes sein, für viele Gelegenheiten die ›passende‹ Sentenz zu finden. Innerhalb des Ordnungswortes wurden die Zitate alphabetisch nach dem wichtigsten Wort geordnet. Dies freilich erwies sich als ein schwieriges Unterfangen, da Überschneidungen unvermeidlich sind und sich viele Zitate mühelos unter mehrere Stichworte einordnen ließen.

»Brevity« ist, wie es in *Hamlet* heißt, »the soul of wit«, und so möche ich es bei diesen wenigen einleitenden Gedanken belassen und den Lesern viel Vergnügen beim Stöbern im Zitatenschatz Shakespeares wünschen. Daß es sich dabei um ein nicht ganz risikoloses Unternehmen handelt, sei mit den Worten Michael Marcones unterstrichen, der das ›Suchtpotential‹ des Shakespeare-Zitierens in einen recht unkonventionellen, dafür aber um so treffenderen Vergleich faßte – »Referring to the Bard is like eating potato chips: once you start, it's hard to stop.«

Mein Dank gilt dem Kreis derer, die mich in einer persönlich schwierigen Situation unterstützt und mir ihre Freundschaft bewiesen haben. Sie alle haben zum Gelingen dieses Buches beigetragen und mir gezeigt, daß man auch aus Steinen, die einem in den Weg gelegt werden, Schönes bauen kann.

Katrin Fischer

Literaturhinweise

Jane Armstrong (Hrsg.), *The Arden Dictionary of Shakespeare Quotations*, London 2000.

James Bean (Hrsg.), *Kiss Me, Kate*, Stuttgart 1991.

John Russell Brown, *Shakespeare and His Theatre*, London 1993.

W. G. Clark / W. A. Wright (Hrsg.), *The Works of William Shakespeare*, London 1907 (The Globe Edition).

R. W. Dent, *Shakespeare's Proverbial Language*, Berkley / Los Angeles / London 1981.

Joachim Dörr, *Schlag nach bei Shakespeare … wenns ums Morden geht*, Trier 1992.

Dietrich Klose (Hrsg.), *»Habt ihr auch Schnupftücher genug bei euch?« Shakespeare zum Vergnügen*, Stuttgart 1999.

Michael Macrone, *Brush up your Shakespeare!*, New York 1990.

David Notley (Hrsg.), *William Shakespeare Quotations*, Norwich 1997.

Joslyn Pine (Hrsg.), *Shakespeare: A Book of Quotations*, Mineola (N. Y.) 1998.

Levin L. Schücking (Hrsg.), *Shakespeare's Works / Shakespeares Werke*, engl./dt., Übers. von Wolf Graf Baudissin, A. W. von Schlegel, Dorothea Tieck [u. a.], Berlin/Darmstadt 1955 (Die Tempel-Klassiker).

Jack W. Thomas (Hrsg.), *Shakespeare's Hundred Best One-Liners*, Malibu (CA) 1999.

Stanley Wells (Hrsg.), *An Oxford Anthology of Shakespeare*, Oxford 1987.

Stanley Wells / Gary Taylor (Hrsg.), *William Shakespeare: The Complete Works*, Oxford 1988 (The Oxford Shakespeare. Compact Edition).

A

Abschied

Zu langem Abschied fühlt
Mein Herz zu tief: so scheidet, wer verspielt.
I have too griev'd a heart
To take a tedious leave: thus losers part.
Der Kaufmann von Venedig II,7

Ist die Trennung schon ein ätzend Mittel,
Sie dient für eine Wunde voller Tod.
Though parting be a fretful corrosive,
It is applied to a deathful wound.
König Heinrich VI., Zweiter Teil, III,2

Trennung macht verstummen Liebeswort.
Parting strikes poor lovers dumb.
Die beiden Veroneser II,2

So süß ist Trennungswehe.
Parting is such sweet sorrow.
Romeo und Julia II,2

Advokaten

Guten Advokaten fehlt es nicht an Klienten.
Good counsellors lack no clients.
Maß für Maß I,2

Tun wir, gleich Advokaten im Prozeß,
Die tüchtig streiten, doch als Freunde schmausen.
And do as adversaries do in law,
Strive mightily, but eat and drink as friends.
Der Widerspenstigen Zähmung I,2

Ärger(nis)

Der Ärger gleicht
'nem überhitz'gen Pferd, das, gebt Ihr Freiheit,
Am eignen Feu'r ermüdet.

Anger is like
A full-hot horse, who being allow'd his way,
Self-mettle tires him.

König Heinrich VIII. I,1

Oh, wich' das Ärgernis mit meinem Leben,
Wie glücklich wäre dann mein naher Tod!

Ah, would the scandal vanish with my life,
How happy then were my ensuing death!

König Richard II. II,1

Wenn nicht schlimme Gedanken gute Reden verdrehen, so werde ich niemandem Ärgernis geben.

An bad thinking do not wrest true speaking, I'll offend nobody.

Viel Lärm um nichts III,4

Alter

Seh ich gleich alt, bin ich doch stark und rüstig.

Though I look old, yet I am strong and lusty.

Wie es euch gefällt II,3

O Schmach: zu alt, mit jung vereint zu sein!

O spite! too old to be engag'd to young.

Ein Sommernachtstraum I,1

Du hättest nicht alt werden sollen, eh du klug geworden wärst.

Thou shouldst not have been old till thou hadst been wise.

König Lear I,4

Doch Alte tun, als lebten sie nicht mehr,
Träg, unbehilflich und wie Blei so schwer.

But old folks, many feign as they were dead –
Unwieldy, slow, heavy and pale as lead.

Romeo und Julia II,5

Man sagt, alte Leute werden wieder Kinder.

They say an old man is twice a child.

Hamlet II,2

Die Alten sind vergeßlich.

Old men forget.

König Heinrich V. IV,3

Alter ist unnütz.

Age is unnecessary.

König Lear II,4

Wenn mich das Alter auch nicht schützt vor Torheit,
Doch wohl vor Kindischsein.

Though age from folly could not give me freedom,
It does from childishness.

Antonius und Cleopatra I,3

Mein Trost ist, daß das Alter, dieser schlechte Verwahrer der Schönheit, meinem Gesichte keinen Schaden mehr tun kann.

My comfort is, that old age, that ill layer-up of beauty, can do no more spoil upon my face.

König Heinrich V. V,2

Du bist vor Alter stumpfen Sinns – wo nicht
Ein Tor schon von Geburt.

Either thou art most ignorant by age,
Or thou wert born a fool.

Ein Wintermärchen II,1

Und wie sein Leib durchs Alter garst'ger wird,
Verstockt sein Sinn sich.

And as with age his body uglier grows,
So his mind cankers.
Der Sturm IV,1

Drum ist mein Alter wie ein frischer Winter,
Kalt, doch erquicklich.
Therefore my age is as a lusty winter,
Frosty, but kindly.
Wie es euch gefällt II,3

Nicht Alter noch Würde sei ein Vorrecht ihm.
Nor age nor honour shall shape privilege.
Titus Andronicus IV,4

Habt Ihr nicht ein feuchtes Auge, eine trockne Hand, eine gelbe Wange, einen weißen Bart, ein abnehmendes Bein, einen zunehmenden Bauch? Ist nicht Eure Stimme schwach? Euer Atem kurz? Euer Kinn doppelt? Euer Witz einfach? Und alles um und an Euch vom Alter verderbt? Und doch wollt Ihr Euch noch jung nennen? Pfui, pfui, pfui, Sir John!

Have you not a moist eye? a dry hand? a yellow cheek? a white beard? a decreasing leg? an increasing belly? is not your voice broken? your wind short? your chin double? your wit single? and every part about you blasted with antiquity; and will you yet call yourself young? Fie, fie, fie, Sir John!

König Heinrich IV., Zweiter Teil, I,2

Wer noch das Alter zu erleben hofft,
Der steh' mir bei.
He that will think to live till he be old
Give me some help.
König Lear III,7

Das Leben beugte nimmer sich dem Alter.
Life would not yield to age.
König Lear IV,1

Hier steh ich, euer Sklav',
Ein alter Mann, arm, elend, siech, verachtet.
Here I stand your slave,
A poor, infirm, weak and despised old man.
König Lear III,2

Ich spreche nicht als Tor und blöder Greis,
Noch unter meines Alters Freibrief prahl ich,
Was ich als Jüngling tat, was ich noch täte,
Wär' ich nicht alt.
I speak not like a dotard or a fool,
As under privilege of age to brag
What I have done being young, or would do
Were I not old.
Viel Lärm um nichts V,1

Wenn das Alter eintritt, geht der Verstand zu Ende.
When the age is in, the wit is out.
Viel Lärm um nichts III,5

Amor

Amor steckt von Schalkheit voll,
Macht die armen Weiblein toll.
Cupid is a knavish lad,
Thus to make poor females mad.
Ein Sommernachtstraum III,2

So bringt ein Zufall Amor oft Gelingen:
Den trifft sein Pfeil, den fängt er sich mit Schlingen.
If it prove so, then loving goes by haps:
Some Cupid kills with arrows, some with traps.
Viel Lärm um nichts III,1

Amor ist ein mächt'ger Fürst.
Love's a mighty lord.
Die beiden Veroneser II,4

Ach, daß der Liebesgott, so mild im Scheine,
So grausam in der Prob' erfunden wird!

Alas that love, so gentle in his view,
Should be so tyrannous and rough in proof!

Romeo und Julia I,1

Ach, daß der Liebesgott, trotz seinen Binden,
Zu seinem Ziel stets Pfade weiß zu finden!

Alas that love, whose view is muffled, still
Should without eyes see pathways to his will!

Romeo und Julia I,1

Amt

Und der Wicht lief vor dem Köter. Da konntest du das große Bild des Ansehns erblicken. Dem Hunde im Amt gehorcht man.

And the creature run from the cur? There thou might'st behold the great image of Authority: A dog 's obeyed in office.

König Lear IV,6

Maße keiner
Sich einer unverdienten Würde an.
O würden Güter, Rang und Ämter nicht
Verderbterweis erlangt und würde Ehre
Durch das Verdienst des Eigners rein erkauft.

Let none presume
To wear an undeserved dignity:
O that estates, degrees, and offices,
Were not deriv'd corruptly, and that clear honour
Were purchas'd by the merit of the wearer!

Der Kaufmann von Venedig II,9

Der Übermut der Ämter.

The insolence of office.

Hamlet III,1

Anfang und Ende

Merkt nun den Anfang.
Mark the inducement.
König Heinrich VIII. II,4

Der Anfang, der ist tot und begraben!
The beginning, that is dead and buried.
Wie es euch gefällt I,2

Zu zeigen unsre Pflicht durch dieses kurze Spiel,
Das ist der wahre Zweck von unserm End' und Ziel.
To show our simple skill,
That is the true beginning of our end.
Ein Sommernachtstraum V,1

Ende gut, alles gut: das Ziel beut Kronen;
Wie auch der Lauf, das Ende wird ihn lohnen.
All's well that ends well: still the fine's the crown;
Whate'er the course, the end is the renown.
Ende gut, alles gut IV,4

Das Ende krönt's.
The end crowns all.
Troilus und Cressida IV,5

Ist dies das verheiß'ne Ende?
Is this the promis'd end?
König Lear V,3

Angst – s. Furcht

Arbeit

Die Arbeit, die uns freut, wird zum Ergötzen.
The labour we delight in physics pain.
Macbeth II,2

Zur Arbeit, die uns lieb, stehn früh wir auf
Und gehn mit Freuden dran.
To business that we love we rise betime,
And go to't with delight.
Antonius und Cleopatra IV,4

Arbeit ist jede Ruh, die Euch nicht dient.
The rest is labour, which is not us'd for you.
Macbeth I,4

Es gibt müh'volle Spiele, und die Arbeit
Erhöht die Lust dran.
There be some sports are painful, and their labour
Delight in them sets off.
Der Sturm III,1

's ist einem Menschen nicht zu verargen, daß er in seinem Beruf arbeitet.
'Tis no sin for a man to labour in his vocation.
König Heinrich IV., Erster Teil, I,2

Mühe wird mit Hoffnung sich erfrischen.
Labour shall refresh itself with hope.
König Heinrich V. II,2

Für unsre Händ' ist nicht genug zu tun.
There is not work enough for all our hands.
König Heinrich V. IV,2

Argwohn

Seht, welche fert'ge Zunge Argwohn hat!
Der, welcher fürchtet, was er wissen will,
Hat durch Instinkt aus andrer Augen Kenntnis,
Geschehn sei, was er fürchtet.
See what a ready tongue suspicion hath!
He that but fears the thing he would not know

Hath by instinct knowledge from others' eyes
Than what he fear'd is chanced.
König Heinrich IV., Zweiter Teil, I,1

Ein schneller Unfall soll nie Argwohn zeugen.
One sudden foil shall never breed distrust.
König Heinrich VI., Erster Teil, III,3

Ich halt's für Feigheit,
Argwöhnisch bleiben, wo ein edles Herz
Die offne Hand als Liebespfand gereicht.
I hold it cowardice
To rest mistrustful where a noble heart
Hath pawn'd an open hand in sign of love.
König Heinrich VI., Dritter Teil, IV,2

Arm und reich

Ich bin so arm wie Hiob, gnädiger Herr, aber nicht so geduldig.
I am as poor as Job, my lord, but not so patient.
König Heinrich IV., Zweiter Teil, I,2

Arm und vergnügt ist reich und überreich;
Doch Krösus' Reichtum ist so arm als Winter
Für den, der immer fürchtet, er verarme.
Poor and content is rich, and rich enough,
But riches, fineless, is as poor as winter
To him that ever fears he shall be poor.
Othello III,3

O traurig Los
Des Armen, der an Königs Gunst gebunden!
O, how wretched
Is that poor man that hangs on princes' favours!
König Heinrich VIII. III,2

Der ärmste Mensch, gezähmt durch Schicksalsschläge.
A most poor man, made tame to fortune's blows.
König Lear IV,6

Das Ärmste
Führt zu dem reichsten Ziel.
Most poor matters
Point to rich ends.
Der Sturm III,1

Nur meine Armut, nicht mein Wille weicht.
My poverty, but not my will, consents.
Romeo und Julia V,1

Du Armut ohne Dach.
You houseless poverty.
König Lear III,4

Sie trägt am Leib die Einkünft' eines Herzogs,
Und unsrer Armut spottet sie im Herzen.
She bears a duke's revenues on her back,
And in her heart she scorns our poverty.
König Heinrich VI., Zweiter Teil, I,3

Arznei

Nein, ich will die Arznei nicht wegwerfen, außer an Kranke.
No, I will not cast away my physic but on those that are sick.
Wie es euch gefällt III,2

Arznei verlängt das Leben wohl, doch rafft
Der Tod zuletzt den Arzt auch hin.
By med'cine life may be prolong'd, yet death
Will seize the doctor too.
Cymbelin V,5

Nimm Arznei, o Pomp!
Gib preis dich, fühl einmal, was Armut fühlt.
Take physic, pomp,
Expose thyself to feel what wretches feel.
König Lear III,4

Jeder Schlagbaum, jeder Querstrich, jedes Hindernis wird mir eine Arznei sein.
Any bar, any cross, any impediment will be medicinable to me.
Viel Lärm um nichts II,2

Arzt

Gib, Himmel, seinem Arzt nur in den Sinn,
Ihm augenblicklich in sein Grab zu helfen!
Now put it, God, in the physician's mind
To help him to his grave immediately!
König Richard II. II,1

Tu's, töte deinen Arzt und gibt den Lohn
Der schnöden Krankheit.
Kill thy physician, and the fee bestow
Upon the foul disease.
König Lear I,1

Sie bedarf
Des Beicht'gers mehr noch als des Arztes.
More needs she the divine than the physician.
Macbeth V,1

Aufstehen

Früh aufstehn lehren uns die schlimmen Nachbarn,
Was teils gesund und gute Wirtschaft ist.
For our bad neighbour makes us early stirrers,
Which is both healthful and good husbandry.
König Heinrich V. IV,1

Kamst du so spät zu Bett, Freund, daß du nun
So spät aufstehst?

Was it so late, friend, ere you went to bed,
That you do lie so late?
Macbeth II,3

Aufstieg und Fall

Durch Bettler fallen große Männer oft.

Great men oft die by vile Besonians.
König Heinrich VI., Zweiter Teil, IV,1

Ein tiefer Fall führt oft zu höherm Glück.

Some falls are means the happier to arise.
Cymbelin IV,2

Die Jungen steigen, wenn die Alten fallen.

The younger rises when the old doth fall.
König Lear III,3

Der steigt durch Schuld, der muß durch Tugend fallen;
Vom Eis, das bricht, kommt der gesund herab –
Den stürzt ein einz'ger Fehltritt in das Grab.

Some rise by sin, and some by virtue fall.
Some run from brakes of ice and answer none,
And some condemned for a fault alone.
Maß für Maß II,1

Der Große stürzt: seht seinen Günstling fliehn;
Der Arme steigt, und Feinde lieben ihn.

The great man down, you mark his favourite flies,
The poor advanced makes friends of enemies.
Hamlet III,2

Zwar, Größe, wenn sie mit dem Glück zerfällt,
Zerfällt mit Menschen auch. Der Hingestürzte
Liest sein Geschick so schnell im Blick der Menge,
Als er den Fall gefühlt.

'Tis certain, greatness, once fall'n out with fortune,
Must fall out with men too: what the declin'd is,
He shall as soon read in the eyes of others,
As feel in his own fall.
Troilus und Cressida III,3

Ich mag durch andrer Fall nicht Größe suchen.
I seek not to wax great by others' waning.
König Heinrich VI., Zweiter Teil, IV,10

Wer hoch steht, den kann mancher Windstoß treffen,
Und wenn er fällt, so wird er ganz zerschmettert.
They that stand high have many blasts to shake them,
And if they fall, they dash themselves to pieces.
König Richard III. I,3

Auge

Der Kindheit Aug' allein
Scheut den gemalten Teufel.
'Tis the eye of childhood
That fears a painted devil.
Macbeth II,2

Mit einem heitern, einem nassen Aug'.
With an auspicious and a dropping eye.
Hamlet I,2

Ich seh dich finster an von ganzem Herzen:
Verwundet nun mein Aug', so laß dich's töten.
Now I do frown on thee with all my heart,
And if mine eyes can wound, now let them kill thee.
Wie es euch gefällt III,5

HAMLET.
Mein Vater – mich dünkt, ich sehe meinen Vater.
HORATIO.
Wo, mein Prinz?

HAMLET.
In meines Geistes Aug', Horatio.

HAMLET.
My father, – methinks I see my father.
HORATIO.
O where, my lord?
HAMLET.
In my mind's eye, Horatio.
Hamlet I,2

Geh, Schuft, mir aus dem Auge!

Out, varlet, from my sight!
König Lear II,4

Welch ein Auge! Mir scheint es wie ein Aufruf zur Verführung.

What an eye she has! methinks it sounds a parley to provocation.
Othello II,3

Noch blickt mein eines Auge nach dir hin,
Das andre wandte sich, so wie mein Sinn.

One eye yet looks on thee;
But with my heart the other eye doth see.
Troilus und Cressida V,2

Das Auge sieht sich nicht
Als nur im Widerschein durch andre Dinge.

The eye sees not itself
But by reflection, by some other things.
Julius Cäsar I,2

Zieh deiner Augen Fransenvorhang auf
Und sag, was siehst du dort?

The fringed curtains of thine eye advance,
And say what thou seest yond.
Der Sturm I,2

Zum Gaffen hat das Volk die Augen: laßt sie!
    Men's eyes were made to look, and let them gaze.
    Romeo und Julia III,1

Selbst Augen
Sind manchmal, wie das Urteil, blind.
    Our very eyes
    Are sometimes like our judgments, blind.
    Cymbelin IV,2

Habt Ihr Augen?
Die Weide dieses schönen Bergs verlaßt Ihr
Und mästet Euch im Sumpf?
    Have you eyes?
    Could you on this fair mountain leave to feed,
    And batten on this moor?
    Hamlet III,4

Ei, um die beiden Augen nach beiden Seiten der Nase hin zu gebrauchen, damit man in das, was man nicht herausriechen kann, ein Einsehen habe.

Why, to keep one's eyes of either side 's nose, that what a man cannot smell out, he may spy into.

König Lear I,5

Ausschweifung

Er fischt, trinkt und verschwendet
Der Nächte Kerzen ausschweifend.
    He fishes, drinks, and wastes
    The lamps of night in revel.
    Antonius und Cleopatra I,4

Drum in der Ferne lebend,
Ergaben wir uns wilder Ausschweifung,

Wie Menschen immer es zu halten pflegen,
Daß sie am lustigsten fern von zu Hause sind.

[We] therefore, living hence, did give ourself
To barbarous licence; as 'tis ever common
That men are merriest when they are from home.

König Heinrich V. I,2

B

Bacchus

Komm, du König, weinbekränzt,
Bacchus, dessen Auge glänzt:
Du verjagst die Leidgedanken!
In den Locken Efeuranken,
Trinkt, bis alle Welten schwanken,
Trinkt, bis alle Welten schwanken!
 Come, thou monarch of the vine,
 Plumpy Bacchus with pink eyne!
 In thy fats our cares be drown'd,
 With thy grapes our hairs be crown'd:
 Cup us till the world go round,
 Cup us till the world go round!
 Antonius und Cleopatra II,7

Bach

Der Bach, der nur mit sanftem Murmeln schleicht,
Tobt ungeduldig, wird er eingehemmt.
Doch wird sein schöner Lauf nicht aufgehalten,
Spielt er ein süßes Lied mit Glanzgestein
Und streift mit zartem Kuß jedwede Binse,
Die er auf seinem Pilgerpfad berührt.
 The current that with gentle murmur glides,
 Thou know'st, being stopp'd, impatiently doth rage;
 But, when his fair course is not hindered,
 He makes sweet music with the enamell'd stones,
 Giving a gentle kiss to every sedge
 He overtaketh in his pilgrimage.
 Die beiden Veroneser II,7

Wo tief der Bach ist, läuft das Wasser glatt.
Smooth runs the water where the brook is deep.
König Heinrich VI., Zweiter Teil, III,1

Es neigt ein Weidenbaum sich übern Bach
Und zeigt im klaren Strom sein graues Laub,
Mit welchem sie phantastisch Kränze wand
Von Hahnfuß, Nesseln, Maßlieb, Kuckucksblumen.
There is a willow grows aslant a brook
That shows his hoary leaves in the glassy stream.
Therewith fantastic garlands did she make
Of crow-flowers, nettles, daisies, and long purples.
Hamlet IV,7

Bann – s. Verbannung

Bart – s. Haar

Bastard

Wer nicht nach Wahrnehmung der Sitte schmeckt,
Der ist ja nur ein Bastard seiner Zeit.
For he is but a bastard to the time,
That does not smack of observation.
König Johann I,1

Götter, schirmt Bastarde!
Gods, stand up for bastards!
König Lear I,2

Beförderung

Es tun,
Befördert mich.
To do this deed,
Promotion follows.
Ein Wintermärchen I,2

Beförderung geht Euch nach Empfehl' und Gunst,
Nicht nach ehmal'gem Rang, wo jeder Zweite
Den Platz des Vormanns erbt.

Preferment goes by letter and affection,
Not by the old gradation, where each second
Stood heir to the first.

Othello I,1

Du bist nicht nach der Sitte dieser Zeiten,
Wo niemand mühn sich will als um Beförderung,
Und kaum, daß er sie hat, erlischt sein Dienst
Gleich im Besitz.

Thou art not for the fashion of these times,
Where none will sweat but for promotion,
And having that, do choke their service up
Even with the having.

Wie es euch gefällt II,3

Begnadigung – s. Gnade

Beichte

Wer Rätsel beichtet, wird in Rätseln losgesprochen.

Riddling confession finds but riddling shrift.

Romeo und Julia II,3

Beleidigung

Beleid'ge keinen, sei dem Feinde furchtbar,
Durch Kraft mehr als Gebrauch: den Freund bewahre
So wie dein Herz.

Do wrong to none: be able for thine enemy
Rather in power than use; and keep thy friend
Under thy own life's key.

Ende gut, alles gut I,1

Alle Beleidigungen, gnädigster Herr, kommen vom Herzen.
All offences, my lord, come from the heart.
König Heinrich V. IV,8

Kränkt mich nicht
Durch Mißtraun.
Make me not offended
In your distrust.
Antonius und Cleopatra III,2

Je mehr er kränkt, je mehr verhöhnt er mich.
The more my wrong, the more his spite appears.
Der Widerspenstigen Zähmung IV,3

Und, bitt' Euch, kränkt mich nicht für meine Liebe.
And, for my love, I pray you wrong me not.
Der Kaufmann von Venedig I,3

Wer lebt, der nicht
Gekränkt ist oder kränkt? Wer stirbt, und nimmt
Nicht eine Wund' ins Grab von Freundeshand?
Who lives, that's not depraved or depraves?
Who dies, that bears not one spurn to their graves
Of their friends' gift?
Timon von Athen I,2

Gottes Kränkung ist die ärgste.
God's wrong is most of all.
König Richard III. IV,4

Hältst du es würdig eines edlen Mannes,
Sich stets der Kränkung zu erinnern?
Think'st thou it honourable for a noble man
Still to remember wrongs?
Coriolan V,3

Bereitschaft

In Bereitschaft sein ist alles.
The readiness is all.
Hamlet V,2

Beten – s. Gebet

Betrug

Das ist ein guter Trug,
Der den erst schlägt, der erst sich legt auf Trug.
That is good deceit
Which mates him first that first intends deceit.
König Heinrich VI., Zweiter Teil, III,1

Ach, daß der Trug so holde Bildung stiehlt
Und Bosheit mit der Tugend Larve deckt!
Ah! that deceit should steal such gentle shapes,
And with a virtuous vizard hide deep vice!
König Richard III. II,2

Will ich dies schon nicht üben zum Betrug,
So will ich's doch, Betrug zu meiden, lernen.
Though I will not practise to deceive,
Yet, to avoid deceit, I mean to learn.
König Johann I,1

Wer trügen will, kann einen Schein wohl stehlen.
Who cannot steal a shape that means deceit?
König Heinrich VI., Zweiter Teil, III,1

Bettler / Bettelei

Es gibt ihrer hier in unserm Griechenlande, die mit Betteln mehr verdienen als wir mit Arbeiten.

Here's them in our country of Greece gets more with begging than we can do with working.
Perikles II,1

Er hat Vernunft noch, sonst könnt' er nicht betteln.
He has some reason, else he could not beg.
König Lear IV,1

Der schlechtste Bettler
Hat bei der größten Not noch Überfluß.
Our basest beggars
Are in the poorest thing superfluous.
König Lear II,4

Kometen sieht man nicht, wenn Bettler sterben;
Der Himmel selbst flammt Fürstentod herab.
When beggars die, there are no comets seen;
The heavens themselves blaze forth the death of princes.
Julius Cäsar II,2

Gut, weil ich noch ein Bettler, will ich schelten,
Und sagen, Reichtum sei die einz'ge Sünde.
Und bin ich reich, spricht meine Tugend frei:
Kein Laster geb' es außer Bettelei.
Well, whiles I am a beggar, I will rail,
And say there is no sin but to be rich;
And being rich, my virtue then shall be,
To say there is no vice but beggary.
König Johann II,2

Der Bettler,
Der Ritter worden, jagt sein Pferd zu Tod.
Beggars mounted run their horse to death.
König Heinrich VI., Dritter Teil, I,4

Und sein armes Selbst,
Ein Bettler nur, der Luft anheimgefallen,
Mit seiner Krankheit, allvermiedner Armut,
Geht nun, wie Schmach, allein.
His poor self,
A dedicated beggar to the air,

With his disease of all-shunn'd poverty,
Walks like contempt alone.
Timon von Athen IV,2

So sind also unsere Bettler Körper, und unsere Monarchen und gespreizten Helden der Bettler Schatten.

Then are our beggars bodies, and our monarchs and outstreched heroes the beggars' shadows.
Hamlet II,2

Ich bin nicht angetan wie eine Bettlerin, drum steht mir Bitten nicht an.

I am not furnished like a beggar; therefore to beg will not become me.
Wie es euch gefällt, Epilog

Steht mit des Bettlers Knie auch seine Stärke
Dir zu Gebote?

Canst thou, when thou command'st the beggar's knee,
Command the health of it?
König Heinrich V. IV,1

Bezahlen

Schlecht ist der Knecht, der blecht.

Base is the slave that pays.
König Heinrich V. II,1

»Zecht und zahlt!« so heißt's.

The word is 'Pitch and pay.'
König Heinrich V. II,3

Wenn ich Euch irgendwas schulde, so will ich es in Prügeln bezahlen.

If I owe you anything I will pay you in cudgels.
König Heinrich V. V,1

Ihr bezahlt viel zu teuer, was gern gegeben wird.
You pay a great deal too dear for what's given freely.
Ein Wintermärchen I,1

Bier

Ich wollte, ich wäre in einer Bierschenke in London! Ich wollte meinen ganzen Ruhm für einen Krug Bier und Sicherheit geben.
Would I were in an alehouse in London! I would give all my fame for a pot of ale, and safety.
König Heinrich V. III,2

Ein Bierzapf ist ein gutes Gewerbe, ein alter Mantel gibt ein neues Wams, und ein verwelkter Lakai einen frischen Zapfer.
A tapster is a good trade: an old cloak makes a new jerkin; a withered serving-man a fresh tapster.
Die lustigen Weiber von Windsor I,3

Blick

Ich trau ihm nicht, sein Blick erregt mir Schrecken.
His looks I fear, and his intents I doubt.
Romeo und Julia V,3

Hab ich den Blick verschleiert,
So kehrt die Unruh meiner Mienen sich
Nur gegen mich allein.
If I have veil'd my look,
I turn the trouble of my countenance
Merely upon myself.
Julius Cäsar I,2

Wer liebte je, und nicht beim ersten Blick?
Who ever loved, that loved not at first sight?
Wie es euch gefällt III,5

Blick hell und licht:
Mißtraun erregt verändert Angesicht.
Only look up clear;
To alter favour ever is to fear.
Macbeth I,5

Komm, täuschen wir mit heiterm Blick die Stunde:
Birg, falscher Schein, des falschen Herzens Kunde!
Away, and mock the time with fairest show:
False face must hide what the false heart doth know.
Macbeth I,7

Wir hoffen günstig, solcher Blicke Gift
Verliere seine Kraft, und dieser Tag
Werd' all Klag' und Zwist in Liebe wandeln.
The venom of such looks, we fairly hope,
Have lost their quality, and that this day
Shall change all griefs and quarrels into love.
König Heinrich V. V,2

Blut

Es wird mit Blut kein fester Grund gelegt,
Kein sichres Leben schafft uns Anderer Tod.
There is no sure foundation set on blood;
No certain life achiev'd by others' death.
König Johann IV,2

Weh! weh der Hand, die dieses Blut vergoß!
Woe to the hand that shed this costly blood!
Julius Cäsar III,1

Denn wer sein Heil in Blut getaucht,
Der findet nur ein blutig, unecht Heil.
For he that steeps his safety in true blood
Shall find but bloody safety, and untrue.
König Johann III,4

Kann wohl des großen Meergotts Ozean
Dies Blut von meiner Hand rein waschen? Nein:
Weit eh'r kann diese meine Hand mit Purpur
Die unermeßlichen Gewässer färben
Und Grün in Rot verwandeln.

Will all great Neptune's ocean wash this blood
Clean from my hand? No, this my hand will rather
The multitudinous seas incarnadine,
Making the green one red.

Macbeth II,2

Auf deiner Stirn ist Blut.

There's blood upon thy face.

Macbeth III,4

Blut ward auch sonst vergossen, schon von alters,
Eh menschlich Recht den frommen Staat verklärte.

Blood hath been shed ere now, i'th' olden time,
Ere human statute purg'd the gentle weal.

Macbeth III,4

Aber wer hätte gedacht, daß der alte Mann noch so viel Blut in sich hätte?

Yet who would have thought the old man to have had so much blood in him?

Macbeth V,1

Noch immer riecht es hier nach Blut; alle Wohlgerüche Arabiens würden diese kleine Hand nicht wohlriechend machen.

Here's the smell of the blood still. All the perfumes of Arabia will not sweeten this little hand.

Macbeth V,1

Das Blut wallt mehr
Beim Löwenhetzen als beim Hasenjagen!

The blood more stirs,
To rouse a lion, than to start a hare!

König Heinrich IV., Erster Teil, I,3

Ein Tropfen Bluts aus deines Landes Busen
Muß mehr dich reun als Ströme fremden Bluts.
One drop of blood drawn from thy country's bosom,
Should grieve thee more than streams of foreign gore.
König Heinrich VI., Erster Teil, III,3

Böses / Bosheit

Zu böse ist mehr als böse: auf die Weise entgeht mir eine Gabe Gottes, denn es heißt: »Gott gibt einer bösen Kuh kurze Hörner, aber einer zu bösen Kuh gibt er gar keine.«

Too curst is more than curst. I shall lessen God's sending that way, for it is said, 'God sends a curst cow short horns, but to a cow too curst he sends none.'

Viel Lärm um nichts II,1

Und läg' auf bösen Taten auch die ganze Erde drauf,
Sie steigen dennoch vor der Menschen Auge auf.
Foul deeds will rise,
Though all the earth o'erwhelm them, to men's eyes.
Hamlet I,2

Doch zu begreifen ist's bei bösen Wegen,
Daß sie am Ende nie gedeihn zum Segen.
But by bad courses may be understood
That their events can never fall out good.
König Richard II. II,1

Wie oft bewirkt die Wahrnehmung der Mittel
Zu böser Tat, daß man sie böslich tut!
How oft the sight of means to do ill deeds
Makes ill deeds done!
König Johann IV,2

Böser Wille sprach noch niemals gut.
Ill will never said well.
König Heinrich V. III,7

Ich tat nichts Böses: doch jetzt denk ich dran,
Dies ist die ird'sche Welt, wo Böses tun
Oft löblich ist und Gutes tun zuweilen
Schädliche Torheit heißt.

I have done no harm. But I remember now
I am in this earthly world, where to do harm
Is often laudable; to do good sometime,
Accounted dangerous folly.

Macbeth IV,2

Aber man soll Böses mit Gutem vergelten.

But we must do good against evil.

Ende gut, alles gut II,5

Böses Wort verdoppelt böse Tat.

Ill deeds are doubled with an evil word.

Die Komödie der Irrungen III,2

Was für ein Zügel hält die freche Bosheit,
Wenn sie bergab in wildem Laufe stürmt?

What rein can hold licentious wickedness
When down the hill he holds his fierce career?

König Heinrich V. III,3

Und so bekleid ich meine nackte Bosheit
Mit alten Fetzen, aus der Schrift gestohlen,
Und schein ein Heil'ger, wo ich Teufel bin.

And thus I clothe my naked villainy
With odd old ends stol'n out of holy writ,
And seem a saint when most I play the devil.

König Richard III. I,3

Die Bosheit wird durch Tat erst ganz gestaltet.

Knavery's plain face is never seen, till us'd.

Othello II,1

Bosheit treibt Spott mit Liebe!

Villainy hath made mocks with love!

Othello V,2

'S ist nicht das Schlimmste,
Solang man sagen kann: dies ist das Schlimmste.
The worst is not
So long as we can say 'This is the worst.'
König Lear IV,1

Doch scheut Ihr Euch, das Schlimmste anzuhören,
So laßt es ungehört aufs Haupt Euch fallen.
But, if you be afeard to hear the worst,
Then let the worst unheard fall on your head.
König Johann IV,2

Bösewicht – s. Schurke

Bote

Der bösen Zeitung Gift macht krank den Boten.
The nature of bad news infects the teller.
Antonius und Cleopatra I,2

Dies ist ein schwacher, unbrauchbarer Mensch,
Zum Botenlaufen nur geschickt.
This is a slight unmeritable man,
Meet to be sent on errands.
Julius Cäsar IV,1

Zu Liebesboten taugen nur Gedanken,
Die zehnmal schneller fliehn als Sonnenstrahlen,
Wenn sie die Nacht von finstern Hügeln scheuchen.
Love's heralds should be thoughts,
Which ten times faster glide than the sun's beams
Driving back shadows over louring hills.
Romeo und Julia II,5

Der Bringer unwillkommner Zeitung
Hat ein nachteilig Amt.

The first bringer of unwelcome news
Hath but a losing office.
König Heinrich IV., Zweiter Teil, I,1

Botschaft (s. auch Neuigkeiten)

Ist dein Bericht schon traurig, gib ihn fröhlich –
Und klingt er gut, verdirb die Weise nicht,
Indem du sie mit saurer Miene spielst.
Though news be sad, yet tell them merrily.
If good, thou sham'st the music of sweet news
By playing it to me with so sour a face.
Romeo und Julia II,5

Geht künftig selbst, wenn Ihr 'ne Botschaft habt.
Henceforward do your messages yourself.
Romeo und Julia II,5

Obwohl es redlich ist, war's nimmer gut,
Die schlimme Nachricht bringen: Freudenbotschaft
Verkünd' ein Heer von Zungen, doch die schlimme
Mag selbst sich melden, wenn man sie empfindet.
Though it be honest, it is never good
To bring bad news: give to a gracious message
An host of tongues, but let ill tidings tell
Themselves, when they be felt.
Antonius und Cleopatra II,5

Stopf mir fruchtbare Zeitung in mein Ohr,
Das lange brach gelegen.
Ram thou thy fruitful tidings in mine ears,
That long time have been barren.
Antonius und Cleopatra II,5

Du warest stets der Vater guter Zeitung.
Thou still hast been the father of good news.
Hamlet II,2

Britannien – s. Länder und Völker

Buch

Ich will zu meinem Buch,
Denn vor der Abendmahlzeit hab ich noch
Viel Nöt'ges zu verrichten.
    I'll to my book;
    For yet, ere supper-time, must I perform
    Much business appertaining.
    Der Sturm III,1

War je ein Buch, so arger Dinge voll,
So schön gebunden?
    Was ever book containing such vile matter
    So fairly bound?
    Romeo und Julia III,2

Auch sagt das Buch: so wie die frühste Knospe
Vom Wurm zernagt wird, eh sie aufgeblüht,
So wandl' auch jungen, zarten Sinn die Liebe
In Torheit, daß vergiftet wird die Knospe,
Daß schon das Grün im ersten Lenz verwelkt
Und jeder künft'gen Hoffnung schöne Frucht.
    And writers say, as the most forward bud
    Is eaten by the canker ere it blow,
    Even so by love the young and tender wit
    Is turn'd to folly; blasting in the bud,
    Losing his verdure even in the prime,
    And all the fair effects of future hopes.
    Die beiden Veroneser I,1

Mühevoll den Geist zum Buch gewendet,
Suchen der Wahrheit Licht.
    Painfully to pore upon a book
    To seek the light of truth.
    Liebes Leid und Lust I,1

Da ihm bekannt, ich liebe meine Bücher,
Gab er mir Bänd' aus meinem Büchersaal,
Mehr wert mir als mein Herzogtum.

> Knowing I loved my books, he furnish'd me
> From mine own library with volumes that
> I prize above my dukedom.
>
> *Der Sturm* I,2

Und tiefer als ein Senkblei je geforscht
Will ich mein Buch ertränken.

> And deeper than did ever plummet sound
> I'll drown my book.
>
> *Der Sturm* V,1

Bühne – s. Schauspiel / Schauspieler

C

Cäsar

Er beschreitet, Freund, die enge Welt
Wie ein Kolossus, und wir kleinen Leute,
Wir wandeln unter seinen Riesenbeinen
Und schaun umher nach einem schnöden Grab.

He doth bestride the narrow world
Like a Colossus, and we petty men
Walk under his huge legs, and peep about
To find ourselves dishonourable graves.

Julius Cäsar I,2

Mit was für Speise nährt der Cäsar sich,
Daß er so groß ward?

Upon what meat doth this our Caesar feed
That he is grown so great?

Julius Cäsar I,2

Brutus, auch du? – So falle Cäsar.

Et tu, Brute! Then fall, Caesar.

Julius Cäsar III,1

Das war ein Cäsar: Wann kommt seinesgleichen?

Here was a Caesar. When comes such another?

Julius Cäsar III,2

Weil Cäsar mich liebte, wein ich um ihn; weil er glücklich war, freue ich mich; weil er tapfer war, ehr ich ihn; aber weil er herrschsüchtig war, erschlug ich ihn.

As Caesar loved me, I weep for him; as he was fortunate, I rejoice at it; as he was valiant, I honour him; but, as he was ambitious, I slew him.

Julius Cäsar III,2

Der Julius Cäsar war ein großer Mann:
Womit sein Mut begabte seinen Witz,
Das schrieb sein Witz, dem Mute Leben schaffend.
Der Tod besiegte diesen Sieger nicht:
Er lebt im Ruhm noch, obwohl nicht im Leben.

That Julius Caesar was a famous man;
With what his valour did enrich his wit,
His wit set down to make his valour live:
Death makes no conquest of this conqueror,
For now he lives in fame, though not in life.

König Richard III. III,1

Der Ehrgeiz dieses Cäsar
(So angeschwollen, daß er fast zersprengte
Den Bau der Welt) warf ohne Schein und Vorwand
Dies Joch auf uns.

Caesar's ambition,
Which swelled so much that it did almost stretch
The sides o'th' world, against all colour here
Did put the yoke upon 's.

Cymbelin III,1

Cupido – s. Amor

D

Dänemark – s. Länder und Völker

Dank

Dank erscheint
Dem edlen Mann als ehrenwerter Lohn.
    Thanks to men
    Of noble minds is honourable meed.
    Titus Andronicus I,1

Mein ganzer Schatz besteht nur noch in Dank,
Der nicht gespürt wird, aber – mehr bereichert –
Euch eure Lieb' und Mühe lohnen soll.
    All my treasury
    Is yet but unfelt thanks, which, more inrich'd,
    Shall be your love and labour's recompense.
    König Richard II. II,3

Ich dank Euch innig:
In diesem Plan ist Leben.
    I am bound to you:
    There is some sap in this.
    Ein Wintermärchen IV,4

Nichts da gedankt von Dank, stolziert von Stolz!
    Thank me no thankings, nor proud me no prouds.
    Romeo und Julia III,5

Demut

O zahme, schimpfliche, verhaßte Demut!
    O calm, dishonourable, vile submission!
    Romeo und Julia III,1

Doch oft bestätigt sich's:
Die Demut ist der jungen Ehrsucht Leiter.
Wer sie hinanklimmt, kehrt den Blick ihr zu.
Doch hat er erst die höchste Spross' erreicht,
Dann kehret er der Leiter seinen Rücken,
Schaut himmelan, verschmäht die niedern Tritte,
Die ihn hinaufgebracht.

But 'tis a common proof,
That lowliness is young ambition's ladder,
Whereto the climber-upward turns his face;
But when he once attains the upmost round,
He then unto the ladder turns his back,
Looks in the clouds, scorning the base degrees
By which he did ascend.

Julius Cäsar II,1

Deutschland – s. Länder und Völker

Dichter / Dichtung

Des Dichters Aug', in schönem Wahnsinn rollend,
Blitzt auf zum Himmel, blitzt zur Erd' hinab,
Und wie die schwangre Phantasie Gebilde
Von unbekannten Dingen ausgebiert,
Gestaltet sie des Dichters Kiel, benennt
Das luft'ge Nichts und gibt ihm festen Wohnsitz.

The poet's eye, in a fine frenzy rolling,
Doth glance from heaven to earth, from earth to heaven;
And, as imagination bodies forth
The forms of things unknown, the poet's pen
Turns them to shapes, and gives to airy nothing
A local habitation and a name.

Ein Sommernachtstraum V,1

Denn die wahrste Poesie erdichtet am meisten, und Liebhaber sind der Poesie ergeben, und was sie in Poesie schwören, davon kann man sagen, sie erdichten es als Liebhaber.

For the truest poetry is the most feigning; and lovers are given to poetry; and what they swear in poetry may be said as lovers they do feign.
Wie es euch gefällt III,3

Ja, viel kann Poesie, das Himmelskind.
Ay, much is the force of heaven-bred poesy.
Die beiden Veroneser III,2

Wie ein Gewand ist unsre Poesie,
Heilsam, wo man es hegt.
Our poesy is as a gum, which oozes
From whence 'tis nourish'd.
Timon von Athen I,1

Ich wär' ein Kitzlein lieber, und schrie »Miau«,
Als einer von den Vers-Balladen-Krämern.
Ich hör 'nen eh'rnen Leuchter lieber drehn
Oder ein trocknes Rad die Achse kratzen –
Das würde mir die Zähne gar nicht stumpfen,
So sehr nicht als gezierte Poesie.
's ist wie der Paßgang eines steifen Gauls.
I had rather be a kitten, and cry – mew,
Than one of these same metre ballad-mongers;
I had rather hear a brazen canstick turn'd,
Or a dry wheel grate on the axle-tree;
And that would set my teeth nothing on edge,
Nothing so much as mincing poetry;
'Tis like the forc'd gait of a shuffling nag.
König Heinrich IV., Erster Teil, III,1

Das sind abgeschmackte alte Reime, um die Narren im Bierhause zum Lachen zu bringen.
These are old fond paradoxes to make fools laugh i' the alehouse.
Othello II,1

Zerreißt ihn für seine schlechten Verse! Zerreißt ihn für seine schlechten Verse!

Tear him for his bad verses, tear him for his bad verses.

Julius Cäsar III,3

Ich bitte Euch, verderbt meine Verse nicht weiter damit, sie erbärmlich abzulesen.

I pray you, mar no more of my verses with reading them ill-favouredly.

Wie es euch gefällt III,2

Wenn eines Menschen Verse nicht verstanden werden und eines Menschen Witz von dem geschickten Kinde Verstand nicht unterstützt wird, das schlägt einen Menschen härter nieder als eine große Rechnung in einem kleinen Zimmer.

When a man's verses cannot be understood, nor a man's good wit seconded with the forward child, understanding, it strikes a man more dead than a great reckoning in a little room.

Wie es euch gefällt III,3

Dick und dünn

Sie ist zu dick für mein Umarmen, hoff ich!

She is too big I hope for me to compass.

Die Komödie der Irrungen IV,1

Still, du Dickwanst!

Peace, ye fat-guts!

König Heinrich IV., Erster Teil, II,2

Wär er nur fetter!

Would he were fatter!

Julius Cäsar I,2

Laßt wohlbeleibte Männer um mich sein,
Mit glatten Köpfen, und die nachts gut schlafen.

Let me have men about me that are fat,
Sleek-headed men, and such as sleep a-nights.
Julius Cäsar I,2

Ein fetter Bauch hat magres Hirn; je feister
Die Rippen, um so eh'r bankrott die Geister.
Fat paunches have lean pates, and dainty bits
Make rich the ribs, but bankrupt quite the wits.
Liebes Leid und Lust I,1

Dieb

Ein offnes Ohr, ein scharfes Auge und eine schnelle Hand sind einem Beutelschneider unentbehrlich; eine gute Nase gehört auch dazu, Arbeit für die andern Sinne auszuwittern. Ich sehe, dies ist eine Zeit, in der der Ungerechte gedeiht.

To have an open ear, a quick eye, and a nimble hand, is necessary for a cut-purse; a good nose is requisite also, to smell out work for the other senses. I see this is the time that the unjust man doth thrive.
Ein Wintermärchen IV,4

Nun, ich glaube, er ist weder ein Beutelschneider noch ein Pferdedieb; aber was seine Wahrhaftigkeit in der Liebe betrifft, so halte ich ihn für so hohl als einen umgekehrten Becher oder eine wurmstichige Nuß.

Yes, I think he is not a pick-purse, nor a horse-stealer, but for his verity in love, I do think him as a concave as a covered goblet or a worm-eaten nut.
Wie es euch gefällt III,4

Zum Raube lächeln, heißt den Dieb bestehlen,
Doch selbst beraubst du dich durch nutzlos Quälen.
The robb'd that smiles steals something from the thief,
He robs himself, that spends a bootless grief.
Othello I,3

Es hat der Dieb ein freies Recht zum Raub,
Wenn erst der Richter stiehlt.

Thieves for their robbery have authority,
When judges steal themselves.

Maß für Maß II,2

Selbst Diebe richtet man abwesend nicht,
Sieht man gleich offenbare Schuld an ihnen.

Thieves are not judg'd but they are by to hear,
Although apparent guilt be seen in them.

König Richard II. IV,1

Hol's der Henker, wenn Diebe nicht ehrlich gegeneinander sein können.

A plague upon't, when thieves cannot be true one to another!

König Heinrich IV., Erster Teil, II,2

Wir sind nicht Diebe, Menschen nur im Mangel.

We are not thieves, but men that much do want.

Timon von Athen IV,3

Ich will verhungern, eh ich einen Schritt weiter raube.

I'll starve ere I'll rob a foot further.

König Heinrich IV., Erster Teil, II,2

Seeräuber können leicht spottwohlfeil handeln
Und Freund' erkaufen und an Dirnen schenken,
Hoch lebend so wie Herrn, bis alles fort.

Pirates may make cheap pennyworths of their pillage,
And purchase friends, and give to courtezans,
Still revelling, like lords, till all be gone.

König Heinrich VI., Zweiter Teil, I,1

Diener

Kein Mensch ist zu gut, seinem Fürsten zu dienen.

No man's too good to serve his prince.

König Heinrich IV., Zweiter Teil, III,2

Ein guter Diener tut nicht jeden Dienst:
Nur was gerecht, ist Pflicht.

Every good servant does not all commands;
No bond but to do just ones.

Cymbelin V,1

Wir können
Nicht alle Herrn sein, nicht kann jeder Herr
Getreue Diener haben. Seht Ihr doch
So manchen pflicht'gen, kniegebeugten Schuft,
Der, ganz verliebt in seine Sklavenfessel,
Ausharrt, recht wie die Esel seines Herrn,
Ums Heu, und wird im Alter fortgejagt –
Peitscht mir solch redlich Volk! Dann gibt es andre,
Die, ausstaffiert mit Blick und Form der Demut,
Ein Herz bewahren, das nur sich bedenkt:
Die nur Scheindienste liefern ihren Obern,
Durch sie gedeihn und, wann ihr Pelz gefüttert,
Sich selbst Gebieter sind. Die Burschen haben Witz,
Und dieser Zunft zu folgen ist mein Stolz.

We cannot all be masters, nor all masters
Cannot be truly follow'd. You shall mark
Many a duteous and knee-crooking knave,
That, doting on his own obsequious bondage,
Wears out his time, much like his master's ass,
For nought but provender, and when he's old, cashier'd,
Whip me such honest knaves: others there are,
Who, trimm'd in forms, and visages of duty,
Keep yet their hearts attending on themselves,
And, throwing but shows of service on their lords,
Do well thrive by 'em, and when they have lin'd their coats,
Do themselves homage, those fellows have some soul
And such a one do I profess myself.

Othello I,1

Manches Dieners Zunge schwatzt nur seines Herrn Verderben herbei.

Many a man's tongue shakes out his master's undoing.
Ende gut, alles gut II,4

Niemals noch ertrug die Majestät
Das finstre Trotzen einer Dienerstirn.
Majesty might never yet endure
The moody frontier of a servant brow.
König Heinrich IV., Erster Teil, I,3

Dienst, so wie Lehnspflicht, lohnt sich selbst im Tun.
The service and the loyalty I owe,
In doing it pays itself.
Macbeth I,4

Dienst ist keine Erbschaft.
Service is no heritage.
Ende gut, alles gut I,3

Herr, wer Euch dient für Gut und Geld
Und nur gehorcht zum Schein,
Packt ein, sobald ein Regen fällt,
Läßt Euch im Sturm allein.
That sir which serves and seeks for gain,
And follows but for form,
Will pack when it begins to rain,
And leave thee in the storm.
König Lear II,4

Dolch

Ist das ein Dolch, was ich vor mir erblicke,
Der Griff mir zugekehrt?
Is this a dagger, which I see before me,
The handle toward my hand?
Macbeth II,1

Nur reden will ich Dolche, keine brauchen.

I will speak daggers to her, but use none.

Hamlet III,2

Sie spricht lauter Dolche, und jedes Wort durchbohrt; wenn ihr Atem so fürchterlich wäre als ihre Ausdrücke, so könnte niemand in ihrer Nähe leben, sie würde alles bis an den Nordpol vergiften.

She speaks poniards, and every word stabs; if her breath were as terrible as her terminations, there would be no living near her, she would infect to the North Star.

Viel Lärm um nichts II,1

Dulden

Wird erst ein Mann an dir so viel verschulden,
Dann jagst du aus dem Dienst blödsinnig Dulden.

But if thou live to see like right bereft,
This fool-begg'd patience in thee will be left.

Die Komödie der Irrungen II,1

Ich bin nicht die erste,
Die, Gutes wollend, dulden muß das Schwerste.

We are not the first
Who, with best meaning, have incurr'd the worst.

König Lear V,3

Ihr Götter! Götter! Muß ich all dies erdulden?

O ye gods, ye gods! Must I endure all this?

Julius Cäsar IV,3

Die Liebe erdulden! Eine hübsche Phrase!

»Suffer love!« – a good epithet!

Viel Lärm um nichts V,2

Ich will sie [die Knechtschaft] nicht länger ertragen, obwohl ich noch kein kluges Mittel weiß, ihr zu entgehen.

I will no longer endure it, though yet I know no wise remedy how to avoid it.

Wie es euch gefällt I,1

E

Ehe – s. Heirat

Ehre (s. auch Ruhm)

Der Ehre
Gedanke herrscht allein in aller Brust.
  Honour's thought
  Reigns solely in the breast of every man.
  König Heinrich V. II, Prolog

Der reinste Schatz in diesem ird'schen Lauf,
Mein teurer Fürst, ist unbefleckte Ehre,
Ohn' die der Mensch bemalter Lehm nur wäre.
  The purest treasure mortal times afford
  Is spotless reputation – that away,
  Men are but gilded loam, or painted clay.
  König Richard II. I,1

Ehr' ist des Lebens einziger Gewinn;
Nehmt Ehre weg, so ist mein Leben hin.
  Mine honour is my life. Both grow in one.
  Take honour from me, and my life is done.
  König Richard II. I,1

Die Ehre fordert Gradheit,
Wenn Kön'ge töricht werden.
  To plainness honour's bound
  When majesty falls to folly.
  König Lear I,1

Die Götter sei'n mir günstig, wie ich mehr
Die Ehre lieb', als vor dem Tod mich scheue.
  For let the gods so speed me as I love
  The name of honour more than I fear death.
  Julius Cäsar I,2

Ehre ist der Inhalt meiner Rede.
Honour is the subject of my story.
Julius Cäsar I,2

Verfolge ja den Pfad, der vor dir liegt;
Denn Ehre wandelt in so engem Hohlweg,
Daß e i n e r Platz nur hat.
Take the instant way;
For honour travels in a strait so narrow,
Where one but goes abreast.
Troilus und Cressida III,3

Meine Ehre trotzt des Schicksals Sturm.
Mine honour keeps the weather of my fate.
Troilus und Cressida V,3

Wer Ehre haßt, der haßt die Götter oben.
For who hates honour hates the gods above.
Perikles II,3

Der Ehre Schlepp'
Ist länger als ihr Vorderkleid.
Honour's train
Is longer than his foreskirt.
König Heinrich VIII. II,3

Kann Ehre ein Bein ansetzen? – Nein! Oder einen Arm? – Nein! Oder den Schmerz einer Wunde stillen? – Nein! Ehre versteht sich also nicht auf die Chirurgie? – Nein! Was ist Ehre? – Ein Wort! Was steckt in dem Wort Ehre? Was ist diese Ehre? – Luft!

Can honour set-to a leg? No. Or an arm? No. Or take away the grief of a wound? No. Honour hath no skill in surgery, then? No. What is honour? A word. What is in that word, Honour? What is that honour? Air.

König Heinrich IV., Erster Teil, V,1

Je klein're Zahl, je größres Ehrenteil.

The fewer men, the greater share of honour.

König Heinrich V. IV,3

Ehrlichkeit / Ehrbarkeit

Denn Ehrbarkeit mit Schönheit gepaart ist wie eine Honigbrühe über Zucker.

For honesty coupled to beauty is to have honey a sauce to sugar.

Wie es euch gefällt III,3

Wahrhaftig, Ehrbarkeit an eine garstige Schmutzdirne wegzuwerfen hieße gut Essen auf eine unreinliche Schüssel legen.

Truly, and to cast away honesty upon a foul slut were to put good meat into an unclean dish.

Wie es euch gefällt III,3

Reiche Ehrbarkeit, Herr, wohnt wie ein Geizhals in einem armen Hause, wie eine Perle in einer garstigen Auster.

Rich honesty dwells like a miser, sir, in a poor house, as your pearl in your foul oyster.

Wie es euch gefällt V,4

Es steht der Ehrbarkeit nicht an, mit dem Teufel Knicker zu spielen.

'Tis not for gravity to play at cherry-pit with Satan.

Was ihr wollt III,4

Ehrlich sein heißt, wie es in dieser Welt hergeht, ein Auserwählter unter Zehntausenden zu sein.

To be honest, as this world goes, is to be one man picked out of ten thousand.

Hamlet II,2

Keine Zeit ist so schlimm, wo man nicht ehrlich sein könnte.

There is no time so miserable but a man may be true.

Timon von Athen IV,3

Ha, ha! was für ein Narr ist doch Ehrlichkeit!
Ha, ha! what a fool Honesty is!
Ein Wintermärchen IV,4

Gradheit ist 'ne Törin,
Die das verfehlt, wonach sie strebt.
Honesty's a fool,
And loses that it works for.
Othello III,3

Doch wir wurden
Getäuscht in deiner Redlichkeit, getäuscht
In dem, was so uns schien.
But we have been
Deceiv'd in thy integrity, deceiv'd
In that which seems so.
Ein Wintermärchen I,2

Eid – s. Schwur

Eifersucht

Kann Eifersucht um solchen Mann uns plagen?
Wenn er entfloh, ich würd' es nicht beklagen.
Who would be jealous, then, of such a one?
No evil lost is wail'd when it is gone.
Die Komödie der Irrungen IV,2

Das sind die Grillen deiner Eifersucht!
These are the forgeries of jealousy.
Ein Sommernachtstraum II,1

Oh, bewahrt Euch, Herr, vor Eifersucht,
Dem grüngeaugten Scheusal, das besudelt
Die Speise, die es nährt.
O, beware, my lord, of jealousy;
It is the green-eyed monster, which doth mock
That meat it feeds on.
Othello III,3

Dinge, leicht wie Luft,
Sind für die Eifersucht Beweis, so stark
Wie Bibelsprüche.
Trifles light as air
Are to the jealous confirmations strong
As proofs of holy writ.
Othello III,3

Das gift'ge Schrein der eifersücht'gen Frau
Wirkt tödlicher als tollen Hundes Zahn.
The venom clamours of a jealous woman
Poisons more deadly than a mad dog's tooth.
Die Komödie der Irrungen V,1

Eile

Ich eil, ich eil, sieh, wie ich eil:
So fliegt vom Bogen des Tartaren Pfeil.
I go, I go; look how I go,
Swifter than arrow from the Tartar's bow.
Ein Sommernachtstraum III,2

Wir überrennen
Durch jähe Eil' das Ziel, nach dem wir rennen,
Und gehn's verlustig.
We may outrun,
By violent swiftness, that which we run at,
And lose by over-running.
König Heinrich VIII. I,1

Wer hastig läuft, der fällt: drum eile nur mit Weil'.
Wisely and slow. They stumble that run fast.
Romeo und Julia II,3

Nur Eile rettet mich, Verzug ist Tod.
I must be gone and live, or stay and die.
Romeo und Julia III,5

So laßt uns eilen,
Denn des Feindes Übermacht nährt sich durch Weilen.
Let's away;
Advantage feeds him fat, while men delay.
König Heinrich IV., Erster Teil, III,2

Geschwindigkeit wird nie so sehr bewundert,
Als von Saumseligen.
Celerity is never more admir'd
Than by the negligent.
Antonius und Cleopatra III,7

Doch zaudre nicht! Sei schnell vor allen Dingen!
Wir können dies vor Tage noch vollbringen.
But, notwithstanding, haste, make no delay.
We may effect this business yet ere day.
Ein Sommernachtstraum III,2

Verzug führt Bettelei im lahmen Schneckenschritt.
Delay leads impotent and snail-pac'd beggary.
König Richard III. IV,3

Einmal, keinmal

Einmal besser als keinmal, und besser spät als nie.
Better once than never, for never too late.
Der Widerspenstigen Zähmung V,1

Eitelkeit

Die Eitelkeit, der nimmersatte Geier,
Fällt nach verzehrtem Vorrat selbst sich an.
Light vanity, insatiate cormorant,
Consuming means, soon preys upon itself.
König Richard II. II,1

Heisa, ein Schwarm von Eitelkeit bricht ein!
Hey-day, what a sweep of vanity comes this way!
Timon von Athen I,2

Elend (s. auch Not)

Solch Elend ist zu viel für Menschenkraft!
These miseries are more than may be borne.
Titus Andronicus III,1

Nein, Elend liebt es, über sich zu spotten.
No, misery makes sport to mock itself.
König Richard II. II,1

Im Elend bleibt kein andres Heilungsmittel,
Als Hoffnung nur.
The miserable have no other medicine
But only hope.
Maß für Maß III,1

Ende – s. Anfang und Ende

England – s. Länder und Völker

Erfahrung

Erfahrung wird durch Fleiß und Müh erlangt
Und durch den raschen Lauf der Zeit gereift.
Experience is by industry achiev'd,
And perfected by the swift course of time.
Die beiden Veroneser I,3

Was bist du alt, wenn dir Erfahrung mangelt:
Wenn du sie hast, warum mißbrauchst du sie?
Why art thou old, and want'st experience?
Or wherefore dost abuse it, if thou hast it?
König Heinrich VI., Zweiter Teil, V,1

Unleugbar ist's, und die Erfahrung lehrt,
Wie Ruhmsucht zum Verbrechen sich entehrt.
And, out of question, so it is sometimes,
Glory grows guilty of detested crimes.
Liebes Leid und Lust IV,1

Erinnerung / Gedächtnis

Laßt die Erinnerung uns nicht belasten
Mit dem Verdrusse, der vorüber ist.

Let us not burthen our remembrance with
A heaviness that's gone.

Der Sturm V,1

Mein Gedächtnis ist völlig rein und frei von Vorstellungen eines Unrechts, das ich jemandem zugefügt haben sollte.

My remembrance is very free and clear from any image of offence done to any man.

Was ihr wollt III,4

Wie eine Glut die andre Glut vernichtet,
So wie ein Keil den anderen vertreibt,
Ganz so ist das Gedächtnis vor'ger Liebe
Von einem neuen Bild durchaus vergessen.

Even as one heat another heat expels,
Or as one nail by strength drives out another,
So the remembrance of my former love
Is by a newer object quite forgotten.

Die beiden Veroneser II,4

Erziehung

Denn nennt Ihr das Erziehung für einen Edelmann von meiner Geburt, was vor der Stallung eines Ochsen nichts voraus hat?

For call you that keeping for a gentleman of my birth, that differs not from the stalling of an ox?

Wie es euch gefällt I,1

Essen

Nichts als sitzen, sitzen, essen, essen.

Nothing but sit and sit, and eat and eat!

Der Widerspenstigen Zähmung V,2

Hier weht der Wind zu scharf, wir müssen woanders essen.
There is something in the wind, that we cannot get in.
Die Komödie der Irrungen III,1

Ich wünsche nur, das Essen
Möge mit meinem Willkomm und Freundesgruß sich messen.
Pray God, our cheer
May answer my good will, and your good welcome here.
Die Komödie der Irrungen III,1

Unruhig Essen gibt ein schlecht Verdaun.
Unquiet meals make ill digestions.
Die Komödie der Irrungen V,1

Nun, auf die Eßlust folg' ein gut Verdauen.
Now good digestion wait on appetite.
Macbeth III,4

Er ißt nichts als Tauben, Liebste, und die brüten ihm heißes Blut, und heißes Blut erzeugt heiße Gedanken, und heiße Gedanken erzeugen heiße Werke, und heiße Werke sind Liebe.
He eats nothing but doves, love; and that breeds hot blood, and hot blood begets hot thoughts, and hot thoughts beget hot deeds, and hot deeds is love.
Troilus und Cressida III,1

Ihr trefft wohl bessre Küche, doch nimmer bessern Willen.
Better cheer may you have, but not with better heart.
Die Komödie der Irrungen III,1

Mich dünkt, Eu'r Magen sollt' Euch Glocke sein
und Euch nach Hause schlagen ohne Boten.
Methinks, you maw, like mine, should be your clock,
And strike you home without a messenger.
Die Komödie der Irrungen I,2

Denn immer rüstig sind Soldatenmägen.
For soldier's stomachs always serve them well.
König Heinrich VI., Erster Teil, II,3

Der Hunger
Würzt die geringe Mahlzeit.
Our stomachs
Will make what's homely, savoury.
Cymbelin III,6

Und sind die Adern leer, ist kalt das Blut,
Dann schmollen wir dem Morgen, sind unwillig
Zu geben und vergeben; doch gefüllt
Die Röhren und Kanäle unsers Bluts
Mit Wein und Nahrung, macht die Seele schmeid'ger
Als priesterliches Fasten.
The veins unfill'd, our blood is cold, and then
We pout upon the morning, are unapt
To give or to forgive; but when we have stuff'd
These pipes and these conveyances of our blood
With wine and feeding, we have suppler souls
Than in our priest-like fasts.
Coriolan V,1

Was süß schmeckt, wird oft bitter beim Verdaun.
Things sweet to taste prove in digestion sour.
König Richard II. I,3

F

Falschheit

So falsch, bei Gott, als Gott die Wahrheit ist.
As false, by heaven, as heaven itself is true.
König Richard II. IV,1

Laß Huld und Anmut deine Untreu schmücken;
Kleid' als der Tugend Boten schnöde Sünden;
Verstellung berg' ihr deines Lasters Flecken
Und leihe dir der Heiligen Betragen;
Sei heimlich falsch.
Look sweet, speak fair, become disloyalty;
Apparel vice like virtue's harbinger;
Bear a fair presence, though your heart be tainted;
Teach sin the carriage of a holy saint,
Be secret-false.
Die Komödie der Irrungen III,2

's ist heil'ger Trug, ein wenig falsch zu sein,
Bringt süßes Schmeichelwort den Geist zur Ruh.
'Tis holy sport to be a little vain
When the sweet breath of flattery conquers strife.
Die Komödie der Irrungen III,2

Ich bitt Euch sehr, verliebt Euch nicht in mich,
Denn ich bin falscher als Gelübd' im Trunk.
I pray you, do not fall in love with me,
For I am falser than vows made in wine.
Wie es euch gefällt III,5

Der Teufel kann sich auf die Schrift berufen.
Ein arg Gemüt, das heil'ges Zeugnis vorbringt,
Ist wie ein Schalk mit Lächeln auf der Wange,
Ein schöner Apfel, in dem Herzen faul:
O wie der Falschheit Außenseite glänzt!

The devil can cite Scripture for his purpose, –
An evil soul producing holy witness
Is like a villain with a smiling cheek,
A goodly apple rotten at the heart.
O, what a goodly outside falsehood hath!
Der Kaufmann von Venedig I,3

Und Falschheit heilet Falschheit, wie das Feuer
In den versengten Adern Feuer kühlt.
And falsehood falsehood cures, as fire cools fire
Within the scorched veins of one new burn'd.
König Johann III,1

Wie leicht wird's hübschen Gleißnern nicht, ihr Bild
Der Weiber weichen Herzen einzuprägen!
How easy is it for the proper-false
In women's waxen hearts to set their forms!
Was ihr wollt II,2

Fehler

In solcher Zeit wie dieser ziemt es nicht,
Daß jeder kleine Fehl bekrittelt werde.
In such a time as this it is not meet
That every nice offence should bear his comment.
Julius Cäsar IV,3

Der Handwerksmann, der's allzugut will machen,
Verdirbt aus Ehrgeiz die Geschicklichkeit,
Und öfters, wenn man einen Fehl entschuldigt,
Macht ihn noch schlimmer die Entschuldigung:
Wie Flicken, die man setzt auf kleine Risse,
Da sie den Fehl verbergen, mehr entstellen
Als selbst der Fehl, eh man ihn so geflickt.
When workmen strive to do better than well,
They do confound their skill in covetousness;
And oftentimes excusing of a fault

Doth make the fault the worse by the excuse;
As patches, set upon a little breach,
Discredit more in hiding of the fault,
Than did the fault before it was so patch'd.
König Johann IV,2

Der ärgste Fehler, den Ihr habt, ist verliebt zu sein.
The worst fault you have is to be in love.
Wie es euch gefällt III,2

Ich will kein lebendig Wesen in der Welt schelten als mich selber, an dem ich die meisten Fehler kenne.
I will chide no breather in the world but myself, against whom I know most faults.
Wie es euch gefällt III,2

In ihm seht
Den Mann, der alle Fehler in sich faßt,
Die jedermann verlocken.
You shall find there
A man who is the abstract of all faults
That all men follow.
Antonius und Cleopatra I,4

Ihr Götter, leiht
Uns Fehler, damit wir Menschen sei'n.
You, gods, will give us
Some faults to make us men.
Antonius und Cleopatra V,1

O welche Masse häßlich schnöder Fehler
Sieht schmuck aus bei dreihundert Pfund des Jahrs!
O, what a world of vile ill-favour'd faults
Looks handsome in three hundred pounds a-year!
Die lustigen Weiber von Windsor III,4

Durch Fehler, sagt man, sind die besten Menschen
Gebildet, werden meist um soviel besser,
Weil sie vorher ein wenig schlimm.

They say best men are moulded out of faults,
And, for the most, become much more the better
For being a little bad.
Maß für Maß V,1

Aber wir haben alle unsere Fehler.
But nobody but has his fault.
Die lustigen Weiber von Windsor I,4

So mancher scheint von allen Fehlern rein;
O wär' er's auch! und jeder Fehl vom Schein!
That we were all, as some would seem to be,
From our faults, as faults from seeming, free!
Maß für Maß III,2

Darf man ein klein Versehn aus Trunkenheit
Nicht übersehn, wie muß der Blick es rügen,
Erscheint vor uns, gekäut, verschluckt, verdaut
Ein Hauptverbrechen?
If little faults, proceeding on distemper,
Shall not be wink'd at, how shall we stretch our eye
When capital crimes, chew'd, swallow'd, and digested,
Appear before us?
König Heinrich V. II,2

Feiertage

Wenn alle Tag' im Jahr gefeiert würden,
So würde Spiel so lästig sein wie Arbeit:
Doch seltne Feiertage sind erwünscht,
Und nichts erfreut wie unversehne Dinge.
If all the year were playing holidays,
To sport would be as tedious as to work;
But when they seldom come, they wish'd-for come,
And nothing pleaseth but rare accidents.
König Heinrich IV., Erster Teil, I,2

Feigheit

Der Feige stirbt schon vielmal, eh er stirbt,
Die Tapfern kosten einmal nur den Tod.
Cowards die many times before their deaths;
The valiant never taste of death but once.
Julius Cäsar II,2

Wie manche Feige, die Gefahren stehn
Wie Spreu dem Winde, tragen doch am Kinn
Den Bart des Herkules und finstern Mars.
How many cowards, whose hearts are all as false
As stairs of sand, wear yet upon their chins
The beards of Hercules and frowning Mars.
Der Kaufmann von Venedig III,2

Feige Hunde
Sind mit dem Maul am freisten, wenn ihr Wild
Schon weit vorausläuft.
Coward dogs
Most spend their mouths, when what they seem
to threaten
Runs far before them.
König Heinrich V. II,4

Zanksücht'ger Feigling, dessen Zunge donnert,
Und der das Eisen nicht zu brauchen wagt!
Foul-spoken coward, that thunder'st with thy tongue,
And with thy weapon nothing dar'st perform.
Titus Andronicus II,1

Feind

Du plagst mich, böser Feind, noch vor der Hölle.
Fiend, thou torment'st me ere I come to hell!
König Richard II. IV,1

Wenn der Feind ein Esel ist und ein Narr und ein plappernder Hasenfuß, denkt Ihr, es sei schicklich, daß wir auch – seht Ihr – ein Esel und ein Narr und ein plappernder Hasenfuß sein?

If the enemy is an ass and a fool and a prating coxcomb, is it meet, think you, that we should also, look you, be an ass and a foll and a prating coxcomb?

König Heinrich V. IV,1

Weit besser ist es, wenn der Feind u n s sucht.

'Tis better that the enemy seek us.

Julius Cäsar IV,3

Den Feind zu scheun, da Furcht die Stärke hemmt,
Das gibt dem Feinde Stärk' in Eurer Schwäche.

To fear the foe, since fear oppresseth strength,
Gives in your weakness strength unto your foe.

König Richard II. III,3

Der böse Feind ist trotzig, und läßt sich nicht trotzig begegnen.

The fiend is rough, and will not be roughly us'd.

Was ihr wollt III,4

O daß wir einen bösen Feind in den Mund nehmen, damit er unser Gehirn stehle!

O, that men should put an enemy in their mouths to steal away their brains!

Othello II,3

Der böse Feind beißt mich im Rücken.

The foul fiend bites my back.

König Lear III,6

Weil ich nicht schmeicheln und beschwatzen kann,
Zulachen, streicheln, hintergehn und kriechen,
Fuchsschwänzelnd wie ein Franzmann und ein Aff',
So hält man mich für einen häm'schen Feind.

Because I cannot flatter and speak fair,
Smile in men's faces, smooth, deceive, and cog,

Duck with French nods and apish courtesy,
I must be held a rancorous enemy.
König Richard III. I,3

Im Fall der Gegenwehr ist es am besten,
Den Feind für mächt'ger halten, als er scheint.
In cases of defence 'tis best to weigh
The enemy more mighty than he seems.
König Heinrich V. II,4

Uns wird aufgelauert,
Und viele Feinde bellen um uns her;
Und manche, so da lächeln, fürcht' ich, tragen
Im Herzen tausend Unheil.
We are at the stake,
And bay'd about with many enemies;
And some that smile have in their hearts, I fear,
Millions of mischiefs.
Julius Cäsar IV,1

Und hätt' ich zwanzigmal so viele Feinde,
Und jeder hätte zwanzigmal mehr Macht –
Die alle könnten keine Not mir schaffen,
Solang ich redlich bin, getreu und schuldlos.
And had I twenty times so many foes,
And each of them had twenty times their power,
All these could not procure me any scathe,
So long as I am loyal, true, and crimeless.
König Heinrich VI., Zweiter Teil, II,4

Für Feinde beten Priester, Prinzen töten.
Priests pray for enemies, but princes kill.
König Heinrich VI., Zweiter Teil, V,2

Den Todfeind solltet Ihr so tödlich quälen!
Lay breath so bitter on your bitter foe.
Ein Sommernachtstraum III,2

Feuer

Wer eilig will ein mächtig Feuer machen,
Nimmt schwaches Stroh zuerst.
Those that with haste will make a mighty fire
Begin it with weak straws.
Julius Cäsar I,3

Wo zwei wüt'ge Feuer sich begegnen,
Vertilgen sie, was ihren Grimm genährt:
Wenn kleiner Wind die kleine Flamme facht,
So bläst der Sturm schnell Feu'r und alles aus.
Where two raging fires meet together,
They do consume the thing that feeds their fury.
Though little fire grows great with little wind,
Yet extreme gusts will blow out fire and all.
Der Widerspenstigen Zähmung II,1

Sein wildes, wüstes Brausen kann nicht dauern,
Denn heft'ge Feuer brennen bald sich aus.
His rash fierce blaze of riot cannot last.
For violent fires soon burn out themselves.
König Richard II. II,2

Ein Feuer brennt das andre nieder:
Ein Schmerz kann eines andern Qualen mindern.
One fire burns out another's burning.
One pain is lessened by another's anguish.
Romeo und Julia I,2

Verdecktes Feuer brennt mit größrer Kraft.
Fire, that 's closest kept, burns most of all.
Die beiden Veroneser I,2

Leicht wird ein kleines Feuer ausgetreten,
Das, erst geduldet, Flüsse nicht mehr löschen.
A little fire is quickly trodden out,
Which, being suffer'd, rivers cannot quench.
König Heinrich VI., Dritter Teil, IV,8

Seid rührig wie die Zeit: Feu'r gegen Feuer.
Bedroht den Droher.

Be stirring as the time; be fire with fire;
Threaten the threat'ner.

König Johann V,1

Fleisch

O schmölze doch dies allzu feste Fleisch.

O, that this too too solid flesh would melt.

Hamlet I,2

Ein Pfund von Menschenfleisch, von einem Menschen
Genommen, ist so schätzbar, auch so nutzbar nicht
Als Fleisch von Schöpsen, Ochsen, Ziegen.

A pound of man's flesh taken from a man,
Is not so estimable, profitable neither
As flesh of muttons, beefs, or goats.

Der Kaufmann von Venedig I,3

Ich bin ein großer Rindfleischesser, und ich glaube, das tut meinem Witz Schaden.

I am a great eater of beef, and I believe that does harm my wit.

Was ihr wollt I,3

Fluch

Dringt denn ein Fluch die Wolken durch zum Himmel?
Wohl! trennt die schweren Wolken, rasche Flüche!

Can curses pierce the clouds and enter heaven?
Why then, give way, dull clouds, to my quick curses!

König Richard III. I,3

Fluch über euch, Verräter, Mörder all!

A plague upon you, murderous traitors all!

König Lear V,3

Der allgemeine Fluch der Menschen, Torheit und Unwissenheit, sei dein in reichlicher Fülle!

The common curse of mankind, folly and ignorance, be thine in great revenue!

Troilus und Cressida II,3

Ich fluch ihm, doch das nährt sein Feuer nur.

I give him curses, yet he gives me love.

Ein Sommernachtstraum I,1

's ist der Fluch der Zeit, daß Tolle Blinde führen!

'Tis the times' plague, when madmen lead the blind.

König Lear IV,1

Fluch allen: keinen laß Erbarmen finden,
Das Fleisch vor Hunger am Gebein verschwinden,
Eh du dem Bettler hilfst.

Hate all, curse all, show charity to none,
But let the famished flesh slide from the bone
Ere thou relieve the beggar.

Timon von Athen IV,3

Noch mehr verdient, was ich von dir erfuhr:
Denn fluchen sollt' ich dir und schalt dich nur.

Now I but chide, but I should use thee worse,
For thou, I fear, hast given me cause to curse.

Ein Sommernachtstraum III,2

Ihr lehrtet Sprache mir, und mein Gewinn
Ist, daß ich weiß zu fluchen.

You taught me language; and my profit on't
Is, I know how to curse.

Der Sturm I,2

Flucht

Zu fliehn ist sichrer
Das, was uns droht, als fragen, wie's entsprang.

'Tis safer to
Avoid what's grown than question how 'tis born.
Ein Wintermärchen I,2

Die Flucht ist Wahnsinn. Wenn nicht unsre Taten,
Macht Furcht uns zu Verrätern.
His flight was madness. When our actions do not,
Our fears do make us traitors.
Macbeth IV,2

Und wie der Wandrer vor dem Bären rennt,
Lauf' ich vor der, die meine Frau sich nennt.
As from a bear a man would run for life,
So fly I from her that would be my wife.
Die Komödie der Irrungen III,2

Folter

O sel'ge Folter, wenn der Folterer
Mich Antwort lehrt zu meiner Lossprechung!
O happy torment, when my torturer
Doth teach me answers for deliverance!
Der Kaufmann von Venedig III,2

Fortuna (s. auch Glück)

Spielt Fortuna nun mit mir Karnickel?
Doth Fortune play the huswife with me now?
König Heinrich V. V,1

Fortuna herrscht in den weltlichen Gaben, nicht in den Zügen der Natur.
Fortune reigns in gifts of the world, not in the lineaments of nature.
Wie es euch gefällt I,2

Fortuna, die arge Hur',
Tut auf den Reichen nur.

Fortune, that arrant whore,
Ne'er turns the key to th' poor.
König Lear II,4

Pfui, Metze du, Fortuna!
Out, out, thou strumpet, Fortune!
Hamlet II,2

Fortuna wird blind gemalt, mit einer Binde vor ihren Augen, um Euch anzudeuten, daß das Glück blind ist! Ferner wird sie auch mit einem Rade gemalt, um Euch anzudeuten, was die Moral daraus ist, daß sie wechselnd und unbeständig ist, und Veränderung und Wankelmütigkeiten; und ihr Fuß, seht Ihr, ist auf einen kugelförmigen Stein gestellt, der rollt und rollt und rollt.

Fortune is painted blind, with a muffler afore her eyes, to signify to you that Fortune is blind: and she is painted also with a wheel, to signify to you, which is the moral of it, that she is turning, and inconstant, and mutability, and variation: and her foot, look you, is fixed upon a spherical stone, which rolls, and rolls, and rolls.
König Heinrich V. III,6

Fortuna ist eine vortreffliche Moral.
Fortune is an excellent moral.
König Heinrich V. III,6

Nun, Fortuna,
Gut' Nacht! Noch einmal lächl' und dreh dein Rad.
Fortune, good night; smile once more; turn thy wheel!
König Lear II,2

Frau / Weib

Prinz, du bist so nachdenklich, nimm dir eine Frau! nimm dir eine Frau!
Prince, thou art sad, get thee a wife, get thee a wife.
Viel Lärm um nichts V,4

Doch schlimm, wenn Fraun verstockt und ungenügsam.
But a harsh hearing, when women are froward.
Der Widerspenstigen Zähmung V,2

Ein Weib spielt mit 'nem Eunuchen wohl so gut
Als mit 'nem Weibe.
As well a woman with an eunuch play'd,
As with a woman.
Antonius und Cleopatra II,5

Ich bin Eu'r Weib, wenn Ihr mich haben wollt –
Sonst sterb ich Eure Magd.
I am your wife if you will marry me;
If not, I'll die your maid:
Der Sturm III,1

Du bist närrisch, Weib.
Wife, thou art a fool.
König Richard II. V,2

Wähle doch das Weib
Sich einen Ältern stets! So fügt sie sich ihm an.
So herrscht sie dauernd in des Gatten Brust.
Let still the woman take
An elder than herself; so wears she to him,
So sways she level in her husband's heart.
Was ihr wollt II,4

Ein Weib darf fallen, wohnt in Männern solche Schwäche.
Women may fall when there's no strength in men.
Romeo und Julia II,3

Schwachheit, dein Nam' ist Weib!
Frailty, thy name is woman!
Hamlet, I,2

Denn da sein Weib ihm solch ein Segen ist,
Find't er des Himmels Lust auf Erden schon.

For, having such a blessing in his lady,
He finds the joys of heaven here on earth.
Der Kaufmann von Venedig III,5

Ein Weib kann lustig und doch ehrlich sein.
Wives may be merry, and yet honest too.
Die lustigen Weiber von Windsor IV,2

Die Weiber nehmen oft durch Männer zu.
Women grow by men.
Romeo und Julia I,3

Der Weiber Zungen können schlau verführen.
Women are shrewd tempters with their tongues.
König Heinrich VI., Erster Teil, I,2

Weiber sind sanft, mild, mitleidsvoll und biegsam.
Women are soft, mild, pitiful, and flexible.
König Heinrich VI., Dritter Teil, I,4

Langsam im Reden zu sein, ist eines Weibes einzige Tugend.
To be slow in words is a woman's only virtue.
Die beiden Veroneser III,1

Denn keine Regung,
Die sich zum Laster neigt im Mann, ich schwör es,
Die nicht des Weibes Teil: sei's Lügen, merkt,
Es ist des Weibes; Schmeicheln, ihrs; Trug, ihrs;
Wollüst'ger Sinn, ihrs, ihrs; die Rachsucht, ihrs;
Geiz, Ehrsucht, Hohn, Hoffart im steten Wechsel,
Verleumdung, seltsam Lüsten, Wankelmut,
Was Laster heißt, was nur die Hölle kennt,
Ist ihrs, zum Teil, wenn ganz nicht; ja, doch ganz.
For there's no motion
That tends to vice in man, but I affirm
It is the woman's part: be 't lying, note it,
The woman's; flattering, hers; deceiving, hers;
Lust and rank thoughts, hers, hers; revenges, hers;

Ambitions, covetings, change of prides, disdain,
Vice longing, slanders, mutability,
All faults that my be nam'd, nay, that hell knows,
Why, hers, in part or all, but rather all.
Cymbelin II,5

O Teufel! Könnte
Die Erde sich von Weibertränen schwängern,
Aus jedem Tropfen wüchs' ein Krokodil.
O devil, devil!
If that the earth could teem with woman's tears,
Each drop she falls would prove a crocodile.
Othello IV,1

Freien

Freien, heiraten und bereuen sind wie eine Kurante, ein Menuett und eine Pavana: der erste Antrag ist rasch und heiß wie eine Kurante, und ebenso phantastisch; die Hochzeit manierlich, sittsam wie ein Menuett, voll altfränkischer Feierlichkeit; und dann kommt die Reue und fällt mit ihren lahmen Beinen in die Pavana immer schwerer und schwerer, bis sie in ihr Grab sinkt.

Wooing, wedding, and repenting is as a Scotch jig, a measure, and a cinque-pace; the first suit is hot and hasty, like a Scotch jig, and full as fantastical; the wedding, mannerly-modest, as a measure, full of state and ancientry; and then comes repentance, and, with his bad legs, falls into the cinque-pace faster and faster, till he sink into his grave.
Viel Lärm um nichts II,1

Männer sind Mai, wenn sie freien, und Dezember in der Ehe. Mädchen sind Frühling, solange sie Mädchen sind, aber der Himmel verändert sich, wenn sie Frauen werden.

Men are April when they woo, December when they wed; maids are May when they are maids, but the sky changes when they are wives.
Wie es euch gefällt IV,1

So trübe Zeit gewährt nicht Zeit zum Frein.
These times of woe afford no times to woo.
Romeo und Julia III,4

Nun treib ich auf Geratewohl mich um,
Vielleicht zu frein und zu gedeihn – wie's geht.
I have thrust myself into this maze
Happily to wive and thrive as best I may.
Der Widerspenstigen Zähmung I,2

Kommt, freit um mich, freit um mich, denn ich bin jetzt in einer Festtagslaune und könnte wohl einwilligen.
Come, woo me, woo me, for now I am in a holiday humour, and like enough to consent.
Wie es euch gefällt IV,1

Hat er das Gemüt eines Heiligen und das Geblüt eines Teufels, so wollte ich lieber, er weihte mich, als er freite mich.
If he have the condition of a saint, and the complexion of a devil, I had rather he should shrive me than wive me.
Der Kaufmann von Venedig I,2

Ja, sie ist schön: drum muß man um sie werben;
Sie ist ein Weib: drum kann man sie gewinnen.
She's beautiful, and therefore to be woo'd:
She is a woman, therefore to be won.
König Heinrich VI., Erster Teil, V,3

Fraun sind Engel stets, geworben;
Ahnung ist Lust, doch im Genuß erstorben.
Women are angels, wooing:
Things won are done, joy's soul lies in the doing.
Troilus und Cressida I,2

Freiheit

Frei sollst du sein
Wie Wind auf Bergen.

Thou shalt be as free
As mountain winds.
Der Sturm I,2

In Banden Königin zu sein ist schnöder,
Als Knecht zu sein in niedrer Dienstbarkeit:
Denn Fürsten sollten frei sein.
To be a queen in bondage is more vile,
Than is a slave in base servility;
For princes should be free.
König Heinrich VI., Erster Teil, V,3

So ziehn wir denn in Frieden,
Denn Freiheit ist uns, nicht der Bann beschieden.
Now we go in content
To liberty, and not to banishment.
Wie es euch gefällt I,3

Trotz'ge Freiheit wird durch Zucht gebeugt.
Headstrong liberty is lash'd with woe.
Die Komödie der Irrungen II,1

Wie Überfüllung strenge Fasten zeugt,
So wird die Freiheit, ohne Maß gebraucht,
In Zwang verkehrt.
As surfeit is the father of much fast,
So every scope by the immoderate use
Turns to restraint.
Maß für Maß I,3

Mag Freiheit alle Winkel
Der Erde sonst gebrauchen: Raum genug
Hab ich in solchem Kerker.
All corners else o'th' earth
Let liberty make use of; space enough
Have I in such a prison.
Der Sturm I,2

Und doch, die Wahrheit zu sagen, mir ist die Narrenteidung der Freiheit lieber als die Moral der Gefangenschaft.

And yet, to say the truth, I had as lief have the foppery of freedom as the morality of imprisonment.

Maß für Maß I,3

Frechheit zieht den Richter an der Nase;
Der Säugling schlägt die Amm', und ganz verloren
Geht aller Anstand.

Liberty plucks Justice by the nose,
The baby beats the nurse, and quite athwart
Goes all decorum.

Maß für Maß I,4

Zeigst du so dich, Lear,
Lebt Freiheit auswärts und Verbannung hier.

Since thus thou wilt appear,
Friendship lives hence, and banishment is here.

König Lear I,1

Freude

Gehen die Sachen kraus und bunt,
Freu ich mich von Herzensgrund.

Those things do best please me
That befall prepost'rously.

Ein Sommernachtstraum III,2

In so bedrängter Zeit kommt Freude recht.

Joy comes well in such a needy time.

Romeo und Julia III,5

Umfasse Gram und Leid
Stets dessen Herz, der euch nicht Freude wünscht!

Let grief and sorrow still embrace his heart
That doth not wish you joy!

Der Sturm V,1

Freunde / Freundschaft

Es sollt' ein Freund des Freundes Schwächen tragen.
A friend should bear his friend's infirmities.
Julius Cäsar IV,3

Nicht bring' ein Wahn dich um den tapfern Freund,
Noch trüb' ein finstrer Blick sein edles Herz.
Lose not so noble a friend on vain suppose,
Nor with sour looks afflict his gentle heart.
Titus Andronicus I,2

Den Freund, der dein, und dessen Wahl erprobt,
Mit eh'rnen Haken klammr' ihn an dein Herz.
Doch härte deine Hand nicht durch Begrüßung
Von jedem neugeheckten Bruder.
The friends thou hast, and their adoption tried,
Grapple them to thy soul with hoops of steel,
But do not dull thy palm with entertainment
Of each new-hatched unfledged courage.
Hamlet I,3

Und wer in Not versucht den falschen Freund,
Verwandelt ihn sogleich in einen Feind.
And who in want a hollow friend doth try
Directly seasons him his enemy.
Hamlet III,2

Verlornen Freund bejammern
Ist lange nicht so heilsam noch gedeihlich,
Als sich des neugefundnen Freunds erfreun.
To wail friends lost
Is not by much so wholesome-profitable,
As to rejoice at friends but newly found.
Liebes Leid und Lust V,2

Ich achte mich in keinem Stück so glücklich,
Als daß mein Sinn der Freunde treu gedenkt.

I count myself in nothing else so happy
As in a soul rememb'ring my good friends.
König Richard II. II,3

Er hat nur Freunde, die aus Furcht es sind:
Die werden ihn in tiefster Not verlassen.
He hath no friends but what are friends for fear,
Which in his dearest need will shrink from him.
König Richard III. V,2

O Welt! du rollend Rad! Geschworne Freunde,
Die in zwei Busen nur ein Herz getragen,
Die Zeit und Bett und Mahl und Arbeit teilten,
Vereinigt stets, als wie ein Zwillingspaar,
In ungetrennter Liebe, brechen aus
Urplötzlich durch den Hader um ein Nichts
In bittern Haß. – So auch erboste Feinde,
Die Haß und Grimm nicht schlafen ließ vor Plänen,
Einander zu vertilgen, durch 'nen Zufall,
Ein Ding, kein Ei wert, werden Herzensfreunde,
Und Doppelgatten ihre Kinder.
O world, thy slippery turns! Friends now fast sworn,
Whose double bosoms seem to wear one heart,
Whose hours, whose bed, whose meal and exercise,
Are still together, who twin, as 'twere, in love
Unseparable, shall within this hour,
On a dissension of a doit, break out
To bitterest enmity: so, fellest foes,
Whose passions and whose plots have broke their sleep
To take the one the other, by some chance,
Some trick not worth an egg, shall grow dear friends
And interjoin their issues.
Coriolan IV,2

Oh, ihr Götter, denk ich, was bedürfen wir irgend der Freunde, wenn wir ihrer niemals bedürften? Sie wären ja die unnützesten Geschöpfe auf der Welt, wenn wir sie nie gebrauchten, und glichen lieblichen Instrumenten, die in ihrem Kasten an der Wand hängen und ihre Töne für sich selbst behalten.

> O, you gods! think I, what need we have any friends, if we should ne'er have need of 'em? they were the most needless creatures living, should we ne'er have use for 'em; and would most resemble sweet instruments hung up in cases, that keep their sounds to themselves.
> *Timon von Athen* I,2

Statt falscher Freunde wünsch ich euch zu Feinden.

> I rather wish you foes than hollow friends.
> *König Heinrich VI.*, Dritter Teil, IV,1

Bewahr' Euch Gott vor solchen falschen Freunden!

> God keep you [...] from such false friends!
> *König Richard III.* III,1

Verwahrt ihn wohl,
Erweist nur Gutes ihm! Ich habe lieber
Zu Freunden solche Männer als zu Feinden.

> Keep this man safe;
> Give him all kindness. I had rather have
> Such men my friends than enemies.
> *Julius Cäsar* V,4

Viel Freundschaft ist falsch, und die Liebe nur Träumen.

> Most friendship is feigning, most loving mere folly.
> *Wie es euch gefällt* II,7

Freundschaft hält stand in allen Dingen,
Nur in der Liebe Dienst und Werbung nicht.

> Friendship is constant in all other things
> Save in the office and affairs of love.
> *Viel Lärm um nichts* II,1

Freundschaft ist eine Schmeichlerin.

> There is flattery in friendship.
> *König Heinrich V.* III,7

Die Freundschaft, welche Weisheit nicht knüpfte, kann Torheit leicht auflösen.

The amity that wisdom knits not, folly may easily untie.

Troilus und Cressida II,3

Frieden (s. auch Krieg)

Wer soll bemüht sein, Frieden zu befördern,
Wenn Kirchendiener sich des Haders freun?

Who should study to prefer a peace,
If holy churchmen take delight in broils?

König Heinrich VI., Erster Teil, III,1

Gesegnet, die auf Erden Frieden stiften.

Blessed are the peace-makers on earth.

König Heinrich VI., Zweiter Teil, II,1

Das Friedenstiften ziemt des Greisen Sinn.

To be a make-peace shall become my age.

König Richard II. I,1

Früchte

Unter faulen Äpfeln gibt's nicht viel Wahl.

There's small choice in rotten apples.

Der Widerspenstigen Zähmung I,1

Die schwächste Frucht
Fällt vor den andern.

The weakest kind of fruit
Drops earliest to the ground.

Der Kaufmann von Venedig IV,1

Ich mag um Neujahr Rosen nicht verlangen,
Noch Schnee, wenn Lenz und Mai mit Blüten prangen:
Jegliche Frucht muß Reif' und Zeit erlangen.

At Christmas I no more desire a rose,
Than wish a snow in May's new-fangled shows;
But like of each thing that in season grows.
Liebes Leid und Lust I,1

Es wächst die Erdbeer unter Nesseln auf,
Gesunde Beeren reifen und gedeihn
Am besten neben Früchten schlechtrer Art.
The strawberry grows underneath the nettle,
And wholesome berries thrive and ripen best
Neighbour'd by fruit of baser quality.
König Heinrich V. I,1

Gedeiht auch schlechtes Unkraut ohne Sonne,
Von Früchten reift zuerst, die erst geblüht!
Though other things grow fair against the sun,
But fruits that blossom first, will first be ripe.
Othello II,3

Fürst – s. Könige und Fürsten

Furcht

Der Menschen Herzen sind voll Furcht
The hearts of men are full of fear.
König Richard III. II,3

Furcht gibt Sicherheit.
Best safety lies in fear.
Hamlet I,3

Die Furcht macht Teufel aus Engeln; sie sieht nie richtig.
Fears make devils of cherubins; they never see truly.
Troilus und Cressida III,2

Blinde Furcht, von sehender Vernunft geführt, geht sichrer zum Ziel als blinde Vernunft, die ohne Furcht strauchelt. Das Schlimmste fürchten, heilt oft das Schlimmste.

Blind fear, that seeing reason leads, finds safer footing than blind reason stumbling without fear: to fear the worst oft cures the worst.

Troilus und Cressida III,2

Ohnmächtig bin ich durch seltsame Furcht,
Die Glieder zittern kalt im Todesschweiß,
Mein Herz argwohnt mehr, als mein Aug' erspäht.

I am surprised with an uncouth fear;
A chilling sweat o'er-runs my trembling joints:
My heart suspects more than mine eye can see.

Titus Andronicus II,4

Eure Furcht – die, wie man sagt,
Des Unrechts Schritt begleitet.

Your fears, which (as they say) attend
The steps of wrong.

König Johann IV,2

Laß bleiche Furcht bei niedern Menschen hausen,
Nicht einer königlichen Brust sich nahn.

Let pale-fac'd fear keep with the mean-born man,
And find no harbour in a royal heart.

König Heinrich VI., Zweiter Teil, III,1

Der echte Adel weiß von keiner Furcht.

True nobility is exempt of fear.

König Heinrich VI., Zweiter Teil, IV,1

Die Furcht schafft Unordnung, und statt zu schirmen,
Verwundet sie.

Fear frames disorder, and disorder wounds
Where it should guard.

König Heinrich VI., Zweiter Teil, V,2

Tollkühn sein,
Heißt aus der Furcht geschreckt sein.

To be furious
Is to be frighted out of fear.
Antonius und Cleopatra III,13

Große Furcht wagt weder Kampf noch Flucht.
Extreme fear can neither fight nor fly.
Der Raub der Lucretia 230

Doch jetzt bin ich umschränkt, gepfercht, umpfählt,
Geklemmt von niederträcht'ger Furcht und Zweifeln.
But now I am cabined, cribbed, confined, bound in
To saucy doubts and fears.
Macbeth III,4

Das sind die wahren Bilder deiner Furcht.
This is the very painting of your fear.
Macbeth III,4

Du sollst sterben.
Dann sag ich zu der bleichen Furcht: du lügst!
Thou shalt not live,
That I may tell pale-hearted fear it lies.
Macbeth IV,1

Die ich verehre, fürcht ich:
Die Klugen; über Narren lach ich nur;
Die fürcht ich nicht.
Those that I reverence, those I fear, the wise:
At fools I laugh, not fear them.
Cymbelin IV,2

Warum ich fürchten sollte, weiß ich nicht,
Da ich von Schuld nichts weiß; doch fühl ich, daß ich fürchte.
Why I should fear, I know not,
Since guiltiness I know not, but yet I feel I fear.
Othello V,2

Kalt rieselt matter Schau'r durch meine Adern,
Der fast die Lebenswärm' erstarren macht.

A faint cold fear thrills through my veins
That almost freezes up the heat of life.

Romeo und Julia IV,3

Erlebte Greuel
Sind schwächer als das Graun der Einbildung.

Present fears
Are less than horrible imaginings.

Macbeth I,3

G

Gast

Freunde, denkt, ihr seid
Hier meine Gäste; frevelt nicht an mir.
Good my friends, consider
You are my guests: do me no foul play, friends.
König Lear III,7

Ich hörte sagen, ungeladne Gäste
Sind nicht willkommner meist, als wenn sie gehn.
And I have heard it said, unbidden guests
Are often welcomest when they are gone.
König Heinrich VI., Erster Teil, II,2

Beim Gefecht gegens Ende und zum Anfang beim Feste,
Ziemt träge Streiter und hungrige Gäste.
To the latter end of a fray, and the beginning of a feast,
Fits a dull fighter, and a keen guest.
König Heinrich IV., Erster Teil, IV,2

Das Fest ist feil,
Wird nicht das Mahl durch Freundlichkeit gewürzt,
Durch Willkomm erst geschenkt. Man speist am besten
Daheim; doch auswärts macht die Höflichkeit
Den Wohlgeschmack der Speisen, nüchtern wäre
Gesellschaft sonst.
The feast is sold
That is not often vouch'd, while 'tis a-making,
'Tis given with welcome. To feed were best at home;
From thence, the sauce to meat is ceremony,
Meeting were bare without it.
Macbeth III,4

Viel besser freudlos, keinem Speise bieten,
Als vielen, die mehr noch als Feinde wüten.
Happier is that he has no friend to feed,
Than such that do e'en enemies exceed.
Timon von Athen I,2

Geben und Nehmen

Kein Borger sei und auch Verleiher nicht;
Sich und den Freund verliert das Darlehn oft,
Und Borgen stumpft der Wirtschaft Spitze ab.
Neither a borrower nor a lender be,
For loan oft loses both itself and friend,
And borrowing dulls the edge of husbandry.
Hamlet I,3

Ich bin nicht in der Gebelaune heut.
I am not in the giving vein to-day.
König Richard III. IV,2

Annehmen ist nicht geben.
To take is not to give.
König Richard III. I,2

Doch merk ich wohl,
Man muß mit zartem Sinn zu geben wissen:
Denn Klugheit thront noch höher als Gewissen.
But, I perceive,
Men must learn now with pity to dispense,
For policy sits above conscience.
Timon von Athen III,2

Wer zurücknimmt,
Kann nicht mit Recht behaupten, daß er gibt:
Wenn so der Große tut, nicht ziemt uns nachzuspielen,
Weil an den Reichen stets die Fehler selbst gefielen.

And there's none
Can truly say he gives, if he receives:
If our betters play at that game, we must not dare
To imitate them; faults that are rich are fair.
Timon von Athen I,2

Wenn sie nur schenkt, wird jede Hand verehrt.
A giving hand, though foul, shall have fair praise.
Liebes Leid und Lust IV,1

Gebet

Bet ich und denk ich, geht Gedank' und Beten
Verschiednen Weg. Gott hat mein hohles Wort,
Indes mein Dichten, nicht die Zunge hörend,
An Isabellen ankert.
When I would pray and think, I think and pray
To several subjects: heaven hath my empty words,
Whilst my invention, hearing not my tongue,
Anchors on Isabel.
Maß für Maß II,4

Bete, du Unschuldiger, und hüte dich vor dem bösen Feind.
Pray, innocent, and beware the foul fiend.
König Lear III,6

Ein tugendhafter, christlicher Beschluß,
Für die zu beten, die uns Böses tun!
A virtuous and a Christian-like conclusion,
To pray for them that have done scathe to us.
König Richard III. I,3

Sein schlimmster Fehler ist, daß er so erpicht aufs Beten ist: in dem Stück ist er ein bißchen wunderlich.
His worst fault is that he is given to prayer; he is something peevish that way.
Die lustigen Weiber von Windsor I,4

Beten kann ich nicht,
Ist gleich die Neigung dringend wie der Wille.
Pray can I not,
Though inclination be as sharp as will.
Hamlet III,3

Ja, da hilft nun kein Beten mehr.
Nay, that's past praying for.
König Heinrich IV., Erster Teil, II,4

Zu Teufeln fleht: kein Gott will von uns wissen.
Pray to the devils; the gods have given us over.
Titus Andronicus IV,2

Je mehr ich fleh, je minder ich erlange.
The more my prayer, the lesser is my grace.
Ein Sommernachtstraum II,2

Denn viel Gebete
Tun not mir, um den Himmel zu bewegen,
Daß er auf meinen Zustand gnädig lächle,
Der, wie du weißt, verderbt und sündlich ist.
For I have need of many orisons
To move the heavens to smile upon my state,
Which, well thou know'st, is cross and full of sin.
Romeo und Julia IV,3

Hast du zur Nacht gebetet, Desdemona?
Have you pray'd to-night, Desdemona?
Othello V,2

Doch warum
Konnt' ich nicht »Amen« sprechen? War mir doch
Die Gnad' am meisten not, und »Amen« stockte
Mir in der Kehle.
But wherefore could not I pronounce 'Amen'?
I had most need of blessing, and 'Amen'
Stuck in my throat.
Macbeth II,2

Geburt

Schlecht stammt von schlecht, niedrig von niedrig nur.
Cowards father cowards, and base things sire base.
Cymbelin IV,2

Oh, wär ich nie geboren!
O that ever I was born!
Ein Wintermärchen IV,3

Wir Neugebornen weinen, zu betreten
Die große Narrenbühne.
When we are born, we cry that we are come
To this great stage of fools.
König Lear IV,6

Eine schwere Bürde war mir die Geburt;
Launisch und eigensinnig deine Kindheit.
A grievous burden was thy birth to me;
Tetchy and wayward was thy infancy.
König Richard III. IV,4

Gedächtnis – s. Erinnerung

Gedanken

Wenn du mich liebst,
Sprich, was du denkst!
If thou dost love me,
Show me thy thought.
Othello III,3

Er denkt zu viel: Die Leute sind gefährlich.
He thinks too much: such men are dangerous.
Julius Cäsar I,2

Gedank' und Urteil, wie im Wahnsinn, toben
Blind um die Wahrheit irrend hin und her:

Der ich dich schön gepriesen, hell gedacht,
Die schwarz wie Höll' und finster wie die Nacht.
My thoughts and my discourse as madmen's are,
At random from the truth vainly express'd;
For I have sworn thee fair and thought thee bright,
Who art as black as hell, as dark as night.
Sonett 147

Ich fange an, blutige Gedanken zu haben.
I do begin to have bloody thoughts.
Der Sturm IV,1

Seit kurzem quälen
Mich Regungen von streitender Natur,
Gedanken, einzig für mich selbst geschickt,
Die Schatten wohl auf mein Betragen werfen.
Vexed I am
Of late with passions of some difference,
Conceptions only proper to myself,
Which give some soil, perhaps, to my behaviours.
Julius Cäsar I,2

Gefährliche Gedanken sind gleich Giften,
Die man zuerst kaum wahrnimmt am Geschmack,
Allein nach kurzer Wirkung auf das Blut,
Gleich Schwefelminen glühn.
Dangerous conceits are in their natures poisons,
Which at the first are scarce found to distaste,
But with a little act upon the blood
Burn like the mines of sulphur.
Othello III,3

Gib den Gedanken, die du hegst, nicht Zunge,
Noch einem ungebührlichen die Tat.
Give thy thoughts no tongue,
Nor any unproportioned thought his act.
Hamlet I,3

Gedanken sind nicht Taten;
Vorsätze nur Gedanken.

Thoughts are no subjects,
Intents but merely thoughts.

Maß für Maß V,1

Täuscht mich nicht, Gedanken:
Ich halte fest und folg euch ohne Wanken.

My project may deceive me,
But my intents are fix'd, and will not leave me.

Ende gut, alles gut I,1

Weibergedanken eilen immer ihren Handlungen voraus.

Certainly a woman's thought runs before her actions.

Wie es euch gefällt IV,1

Geduld

Geduld ist gut für Memmen.

Patience is for poltroons.

König Heinrich VI., Dritter Teil, I,1

Wenn auch die Geduld eine müde Mähre ist, so schleppt sie sich doch fort.

Though patience be a tired mare, yet she will plod.

König Heinrich V. II,1

Was wir an Niedern rühmen als Geduld,
Ist blasse Feigheit in der edlen Brust.

That which in mean men we intitle patience,
Is pale cold cowardice in noble breasts.

König Richard II. I,2

Geduld ist schal, und ich hab nun genug.

Patience is stale, and I am weary of it.

König Richard II. V,4

Nichtsnutzig alles jetzt!
Geduld ist läppisch, Ungeduld ziemt nur
Den tollgewordnen Hunden!

All's but naught:
Patience is sottish, and impatience does
Become a dog that's mad.

Antonius und Cleopatra IV,13

Wie arm sind die, die nicht Geduld besitzen!

How poor are they that ha' not patience!

Othello II,3

Gebt, Götter, mir Geduld. Geduld tut not!

You Heavens, give me that patience, patience I need!

König Lear II,4

Unheilbar ist der Schade; die Geduld
Sagt, sie vermag hier nichts.

Irreparable is the loss; and patience
Says it is past her cure.

Der Sturm V,1

Sich härmend, und in bleicher, welker Schwermut,
Saß sie wie die Geduld auf einer Gruft,
Dem Grame lächelnd.

She pin'd in thought,
And with a green and yellow melancholy
She sat like patience on a monument,
Smiling at grief.

Was ihr wollt II,4

Geduld, du junger, rosenwangiger Cherub!

Patience, thou young and rose-lipp'd cherubin.

Othello IV,2

Ach, Ungeduld begleitet wahre Leiden.

O, but impatience waiteth on true sorrow.

König Heinrich VI., Dritter Teil, III,3

Wer kann beim Äußersten geduldig sein?
Who can be patient in such extremes?
König Heinrich VI., Dritter Teil, I,1

Sei ruhig, denn die Welt ist groß und weit.
Be patient, for the world is broad and wide.
Romeo und Julia III,3

Seid ruhig bis zum Schluß.
Be patient till the last.
Julius Cäsar III,2

Gefahr

So ist es immer vor des Wechsels Tagen.
Auf höhern Antrieb mißtraun die Gemüter
Der kommenden Gefahr.
Before the days of change, still is it so:
By a divine instinct men's minds mistrust
Ensuing danger.
König Richard III. II,3

In Ohnmacht unterlassen das Notwend'ge,
Heißt eine Vollmacht zeichnen der Gefahr:
Und heimlich faßt Gefahr uns wie ein Fieber,
Selbst wenn wir müßig in der Sonne sitzen.
Omission to do what is necessary
Seals a commission to a blank of danger;
And danger, like an ague, subtly taints
Even then when we sit idly in the sun.
Troilus und Cressida III,3

Denn ich bin frischen Mutes und entschlossen,
Zu trotzen standhaft jeglicher Gefahr.
For I am fresh of spirit, and resolv'd
To meet all perils very constantly.
Julius Cäsar V,1

Aufrichtig sein und redlich bringt Gefahr.

To be direct and honest, is not safe.

Othello III,3

Aus der Nessel Gefahr pflücken wir die Blume Sicherheit.

Out of this nettle, danger, we pluck this flower, safety.

König Heinrich IV., Erster Teil, II,3

Denn manchen, welcher an der Schwelle stolpert,
Verwarnt dies, drinnen laure die Gefahr.

For many men that stumble at the threshold,
Are well foretold that danger lurks within.

König Heinrich VI., Dritter Teil, IV,7

Es ist mehr Ehre, weil's gefährlicher.

'Tis the more honour, because more dangerous.

König Heinrich VI., Dritter Teil, IV,3

Geheimnis

Was ich bin und was ich will, ist so geheim wie jungfräuliche Reize.

What I am, and what I would, are as secret as maidenhead.

Was ihr wollt I,5

Ich habe Mannessinn, doch Weibeskraft.
Wie fällt doch ein Geheimnis Weibern schwer!

I have a man's mind, but a woman's might.
How hard it is for women to keep counsel!

Julius Cäsar II,4

Die kranke Seele will ins taube Kissen
Entladen ihr Geheimnis.

Infected minds
To deaf pillows will discharge their secrets.

Macbeth V,1

Gehorsam

Gehorchen mag, wer nicht zu herrschen weiß.
Let them obey that know not how to rule.
König Heinrich VI., Zweiter Teil, V,1

Gehorchen lern ich, eh ich lieben will.
Ere I learn love, I'll practise to obey.
Die Komödie der Irrungen II,1

Zur Leiche mach ich den, der nicht gehorcht!
I'll make a corpse of him that disobeys!
König Richard III. I,2

Der Fürsten Herzen küssen den Gehorsam,
So lieblich dünkt er ihnen.
The hearts of princes kiss obedience,
So much they love it.
König Heinrich VIII. III,1

Geist (s. auch Gemüt)

Oh, welch ein edler Geist ist hier zerstört!
O, what a noble mind is here o'erthrown!
Hamlet III,1

Da schied ein hoher Geist!
There's a great spirit gone!
Antonius und Cleopatra I,2

Ein kühner Geist im treuen Busen ist
Ein Kleinod in zehnfach verschloss'ner Kist.
A jewel in a ten-times barr'd-up chest
Is a bold spirit in a loyal breast.
König Richard II. I,1

Stolz soll der Beutel sein, der Anzug arm,
Denn nur der Geist macht unsern Körper reich.

Our purses shall be proud, our garments poor,
For 'tis the mind that makes the body rich.
Der Widerspenstigen Zähmung IV,3

Oft ist's der eigne Geist, der Rettung schafft
Die wir beim Himmel suchen.
Our remedies oft in ourselves do lie,
Which we ascribe to heaven.
Ende gut, alles gut I,1

Ein Mensch von dürft'gem Geiste, der sich nährt
Von Gegenständen, Künsten, Nachahmungen,
Die, alt und schon von andern abgenutzt,
Erst seine Mode werden.
A barren-spirited fellow; one that feeds
On objects, arts, and imitations,
Which, out of use and stal'd by other men,
Begin his fashion.
Julius Cäsar IV,1

Noch felsenhafte Burg, noch eh'rne Mauern,
Noch dumpfe Kerker, noch der Ketten Last
Sind Hindernisse für des Geistes Stärke.
Nor stony tower, nor walls of beaten brass,
Nor airless dungeon, nor strong links of iron,
Can be retentive to the strength of spirit.
Julius Cäsar I,3

Ein goldner Mut fragt nichts nach niedern Schlacken.
A golden mind stoops not to shows of dross.
Der Kaufmann von Venedig II,7

Geister / Gespenster

HORATIO.
O seht, mein Prinz, es kommt!

HAMLET.
Engel und Boten Gottes, steht uns bei!
Sei du ein Geist des Segens, sei ein Kobold,
Bring Himmelslüfte oder Dampf der Hölle,
Sei dein Beginnen boshaft oder liebreich,
Du kommst in so fragwürdiger Gestalt.

HORATIO.
Look, my lord, it comes.
HAMLET.
Angels and ministers of grace defend us!
Be thou a spirit of health or goblin damned,
Bring with thee airs from heaven or blasts from hell,
Be thy intents wicked or charitable,
Thou com'st in such a questionable shape.
Hamlet I,4

Ich bin deines Vaters Geist,
Verdammt auf eine Zeitlang, nachts zu wandern
Und tags gebannt zu fasten in der Glut,
Bis die Verbrechen meiner Zeitlichkeit
Hinweggeläutert sind.

I am thy father's spirit,
Doomed for a certain term to walk the night,
And for the day confined to fast in fires
Till the foul crimes done in my days of nature
Are burnt and purged away.
Hamlet I,5

Ruh, ruh, verstörter Geist!

Rest, rest, perturbed spirit!
Hamlet I,5

Nun, toller Geist,
Was spuken hier im Wald für Abenteuer?

How now, mad spirit?
What night-rule now about this haunted grove?
Ein Sommernachtstraum III,2

Ich rufe Geister aus der wüsten Tiefe.

I can call spirits from the vasty deep.

König Heinrich IV., Erster Teil, III,1

Du armes irdisch-lebendes Gespenst!

Poor mortal living ghost.

König Richard III. IV,4

Geld (s. auch Gold)

Ich will Euer Geld nicht!

I will none of your money.

König Heinrich V. IV,8

Mehr [weiß ich] nicht, als daß ich weiß, daß einer sich desto schlimmer befindet, je kränker er ist; und wem's an Geld, Gut und Genügen gebricht, daß dem drei gute Freunde fehlen.

No more but that I know the more one sickens, the worse at ease he is; and that he that wants money, means, and content is without three good friends.

Wie es euch gefällt III,2

Tu Geld in deinen Beutel!

Put money in thy purse!

Othello I,3

Ich bin zu Späßen heut nicht aufgelegt;
Sag mir, und scherze nicht, wo ist das Geld?

I am not in a sportive humour now:
Tell me, and dally not, where is the money?

Die Komödie der Irrungen II,2

Wo Geld vorangeht, sind alle Wege offen.

If money go before, all ways do lie open.

Die lustigen Weiber von Windsor II,2

Geld ist ein guter Soldat, mein Herr, und macht sich Bahn.

Money is a good soldier, sir, and will on.

Die lustigen Weiber von Windsor I,2

Es braut ein Unglück gegen meine Ruh,
Denn diese Nacht träumt' ich von Säcken Geldes.

There is some ill a-brewing towards my rest,
For I did dream of money-bags to-night.

Der Kaufmann von Venedig II,5

Man wägt nicht jede Münze;
Man nimmt auch leichtes Stück des Bildes wegen.

They weigh not every stamp;
Though light, take pieces for the figure's sake.

Cymbelin V,4

Gemüt

Ein niedrig schlecht Gemüt nur strebt
Nicht höher an, als sich ein Vogel schwingt.

'Tis is but a base ignoble mind
That mounts no higher than a bird can soar.

König Heinrich VI., Zweiter Teil, II,1

Denn es gibt kein besser Zeichen von einem wackern Gemüt als eine harte Hand.

For there's no better sign of a brave mind than a hard hand.

König Heinrich VI., Zweiter Teil, IV,2

Wenn ein unlautres Gemüt herrliche Fähigkeiten besitzt, so lobt man, indem man bedauert; es sind Vorzüge und zugleich Verräter.

Where an unclean mind carries virtuous qualities, there commendations go with pity, they are virtues and traitors too.

Ende gut, alles gut I,1

Sein oder Nichtsein, das ist hier die Frage:
Ob's edler im Gemüt, die Pfeil' und Schleudern
Des wütenden Geschicks erdulden, oder,

Sich waffnend gegen eine See von Plagen,
Durch Widerstand sie enden.

To be, or not to be; that is the question:
Whether 'tis nobler in the mind to suffer
The slings and arrows of outrageous fortune,
Or to take arms against a sea of troubles,
And, by opposing, end them.

Hamlet III,1

Gerechtigkeit – s. Recht

Gerücht

Gerücht ist eine Pfeife,
Die Argwohn, Eifersucht, Vermutung bläst,
Und von so leichtem Griffe, daß sogar
Das Ungeheuer mit zahllosen Köpfen,
Die immer streit'ge wandelbare Menge,
Drauf spielen kann.

Rumour is a pipe,
Blown by surmises, jealousies, conjectures;
And of so easy and so plain a stop,
That the blunt monster with uncounted heads,
The still-discordant wavering multitude,
Can play upon it.

König Heinrich IV., Zweiter Teil, Prolog

Die Ohren auf! Denn wer von euch verstopft
Des Hörens Tor, wenn laut Gerüchte spricht?

Open your ears; for which of you will stop
The vent of hearing, when loud Rumour speaks?

König Heinrich IV., Zweiter Teil, Prolog

Schlimmer als wahres Übel ist erklungen
Falsch süße Tröstung von Gerüchtes Zungen.

From Rumour's tongues
They bring smooth comforts false, worse than true wrongs.

König Heinrich IV., Zweiter Teil, Prolog

Geschäfte

Der Strom der menschlichen Geschäfte wechselt.
Nimmt man die Flut wahr, führet sie zum Glück:
Versäumt man sie, so muß die ganze Reise
Des Lebens sich durch Not und Klippen winden.
Wir sind nun flott auf solcher hohen See
Und müssen, wenn der Strom uns hebt, ihn nutzen;
Wo nicht, verlieren wir des Zufalls Gunst.

There is a tide in the affairs of men,
Which, taken at the flood, leads on to fortune;
Omitted, all the voyage of their life
Is bound in shallows and in miseries.
On such a full sea are we now afloat,
And we must take the current when it serves,
Or lose our ventures.

Julius Cäsar IV,3

Geschäfte,
Die mitternächtlich umgehn wie die Geister,
Sind wildrer Art in sich als solches Treiben,
Das Fördrung sucht bei Tag.

Affairs that walk –
As they say spirits do – at midnight, have
In them a wilder nature than the business
That seeks dispatch by day.

König Heinrich VIII. V,1

Gesellschaft

Gesellschaft ist kein Trost
Dem Ungesell'gen.

Society is no comfort
To one not sociable.

Cymbelin IV,2

Gesellschaft sei'n mir meine Laut' und Bücher,
Durch Lesen und Musik mich zu erheitern.
My books and instruments shall be my company,
On them to look and practise by myself.
Der Widerspenstigen Zähmung I,1

Es ist gewiß, sowohl weises Betragen als einfältige Aufführung nimmt einer vom andern an, wie Krankheiten anstecken: deswegen mag sich jeder mit seiner Gesellschaft vorsehen.
It is certain that either wise bearing or ignorant carriage is caught, as men take diseases, one of another: therefore, let men take heed of their company.
König Heinrich IV., Zweiter Teil, V,1

Gesetz (s. auch Recht / Gerechtigkeit)

Schafft das Gesetz kein Recht,
So sei's gesetzlich, nicht dem Unrecht wehren.
When law can do no right,
Let it be lawful that law bar no wrong.
König Johann III,1

So gibt's in jedem Volksrecht ein Gesetz
Als Zügel solcher wütenden Begierden,
Die in Empörung alle Schranken brechen.
There is a law in each well-order'd nation,
To curb those raging appetites that are
Most disobedient and refractory.
Troilus und Cressida II,2

Gesetz [war] sein Wille.
His opinion was his law.
König Heinrich VIII. IV,2

Hier gilt ein scharf Gesetz, ein starres Recht,
Als Kappzaum und Gebiß halsstarr'gen Pferden.

We have strict statutes and most biting laws,
The needful bits and curbs to headstrong steeds.
Maß für Maß I,4

Was kümmert's das Gesetz,
Ob Dieb den Dieb verurteilt?
What knows the laws
That thieves do pass on thieves?
Maß für Maß II,1

Nicht tot war das Gesetz, obwohl es schlief.
The law hath not been dead, though it hath slept.
Maß für Maß II,2

Wenn Ihr das tut, dann mag sich das Gesetz nur das Maul wischen.
This being done, let the law go whistle.
Ein Wintermärchen IV,4

Pfui über Eu'r Gesetz.
Fie upon your law.
Der Kaufmann von Venedig IV,1

Kein Ansehn in Venedig
Vermag ein gültiges Gesetz zu ändern.
There is no power in Venice
Can alter a decree established.
Der Kaufmann von Venedig IV,1

Gesetze für jede Sünde,
Doch Sünden so beschützt, daß eure Satzung
Wie Warnungstafeln in des Baders Stube
Dasteht, und was verpönt, nur wird verhöhnt.
Laws for all faults,
But faults so countenanc'd that the strong statutes
Stand like the forfeits in a barber's shop,
As much in mock as mark.
Maß für Maß V,1

Das Gehirn kann Gesetze für das Blut aussinnen, aber eine hitzige Natur springt über eine kalte Vorschrift hinaus.

The brain may devise laws for the blood, but a hot temper leaps o'er a cold decree.

Der Kaufmann von Venedig I,2

Denn des Gesetzes Inhalt und Bescheid
Hat volle Übereinkunft mit der Buße,
Die hier im Schein als schuldig wird erkannt.

For the intent and purpose of the law
Hath full relation to the penalty
Which here appeareth due upon the bond.

Der Kaufmann von Venedig IV,1

Gesicht

Hinfäll'ger Glanz erleuchtet das Gesicht,
Hinfällig wie der Glanz ist das Gesicht.

A brittle glory shineth in this face;
As brittle as the glory is the face.

König Richard II. IV,1

Aber noch kein hübsches Weib hatte je ein Gesicht ohne Falsch.

But there is never a fair woman has a true face.

Antonius und Cleopatra II,6

Eine Wolke ist in seinem Gesicht.

He has a cloud in 's face.

Antonius und Cleopatra III,2

Gott hat euch ein Gesicht gegeben, und ihr macht euch ein anders.

God hath given you one face, and you make yourselves another.

Hamlet III,1

Dein Gesicht gefällt mir gar nicht, muß ich dir gestehn.
I do not like thy look, I promise thee.
Viel Lärm um nichts IV,2

Dein Angesicht, mein Than,
Ist wie ein Buch, wo wunderbare Dinge
Geschrieben stehn.
Your face, my thane, is as a book where men
May read strange matters.
Macbeth I,5

Aller Menschen Gesichter sind ohne Falsch, wie auch ihre Hände beschaffen sind.
All men's faces are true, whatsoe'er their hands are.
Antonius und Cleopatra II,6

Warum so blaß die Wange?
Wie sind die Rosen dort so schnell verwelkt?
Why is your cheek so pale?
How chance the roses there do fade so fast?
Ein Sommernachtstraum I,1

Ruf Farb' auf deine Wangen.
Put colour in thy cheek.
Antonius und Cleopatra IV,12

Deine Kreidewangen
Verführen all' zur Furcht.
Those linen cheeks of thine
Are counsellors to fear.
Macbeth V,3

Gestalt – s. Körper

Gewinn

Gewinn ist Segen, wenn man ihn nicht stiehlt.
And thrift is blessing if men steal it not.
Der Kaufmann von Venedig I,3

Wie wunderbar benetzen wir oft unsern Gewinn mit Tränen!
How mightily some other times we drown our gain in tears!
Ende gut, alles gut IV,3

Nichts scheint denen trübe, die gewinnen.
Nothing can seem foul to those that win.
König Heinrich IV., Erster Teil, V,1

Wenn Menschen alles wagen,
Tun sie's in Hoffnung köstlichen Gewinns.
Men that hazard all
Do it in hope of fair advantages.
Der Kaufmann von Venedig II,7

Wer gewinnt, der lacht.
They laugh that win.
Othello IV,1

Gewissen

So macht Gewissen Feige aus uns allen;
Der angebornen Farbe der Entschließung
Wird des Gedankens Blässe angekränkelt.
Thus conscience does make cowards of us all,
And thus the native hue of resolution
Is sickled o'er with the pale cast of thought.
Hamlet III,1

SEBASTIAN.
Doch Eu'r Gewissen?
ANTONIO.
Ei, Herr, wo sitzt das? Wär's der Frost im Fuß,
Müßt' ich in Socken gehn; allein ich fühle
Die Gottheit nicht im Busen!
SEBASTIAN.
But for your conscience.

ANTONIO.
Ay, sir, where lies that? If 'twere a kibe
'Twould put me to my slipper; but I feel not
This deity in my bosom.
Der Sturm II,1

Ein gutes Gewissen aber wird jede mögliche Genugtuung geben.

But a good conscience will make any possible satisfaction.
König Heinrich IV., Zweiter Teil, Epilog

Jetzt kenn ich selber mich, jetzt fühl ich Frieden
In mir, hoch über aller ird'schen Würde,
Ein klar und rein Gewissen.

I know myself now, and I feel within me
A peace above all earthly dignities,
A still and quiet conscience.
König Heinrich VIII. III,2

Dich nage rastlos des Gewissens Wurm!

The worm of conscience still be-gnaw thy soul!
König Richard III. I,3

Ich will nichts damit zu schaffen haben, es ist ein gefährlich Ding, es macht einen zur Memme. Man kann nicht stehlen, ohne daß es einen anklagt, man kann nicht schwören, ohne daß es einen zum Stocken bringt; man kann nicht bei seines Nachbars Frau liegen, ohne daß es einen verrät! 's ist ein verschämter, blöder Geist, der einem im Busen Aufruhr stiftet; es macht einen voller Schwierigkeiten: es hat mich einmal dahin gebracht, einen Beutel voll Gold wieder herzugeben, den ich von ungefähr gefunden hatte; es macht jeden zum Bettler, der es hegt: es wird aus Städten und Flecken vertrieben als ein gefährlich Ding, und jedermann, der gut zu leben denkt, verläßt sich auf sich selbst und lebt ohne Gewissen.

I'll not meddle with it. It makes a man a coward. A man cannot steal but it accuseth him. A man cannot swear but it checks him. A man cannot lie with his neighbour's wife but it detects him. 'Tis a blushing, shamefaced spirit that mutinies in a man's bosom. It fills one full of obstacles. It made me once restore a purse of gold that by chance I found. It beggars any man that keeps it. It is turned out of all towns and cities for a dangerous thing, and every man that means to live well endeavours to trust to himself and live without it.

König Richard III. I,4

Jeglich Gewissen ist wie tausend Schwerter,
Zu fechten mit dem blut'gen Bösewicht.

Every man's conscience is a thousand swords
To fight against this guilty homicide.

König Richard III. V,2

O feig' Gewissen, wie du mich bedrängst!

O coward conscience, how dost thou afflict me!

König Richard III. V,3

Hat mein Gewissen doch viel tausend Zungen,
Und jede Zunge bringt verschiednes Zeugnis,
Und jedes Zeugnis straft mich einen Schurken.

My conscience hath a thousand several tongues,
And every tongue brings in a several tale,
And every tale condems me for a villain.

König Richard III. V,3

Gewissen ist ein Wort für Feige nur,
Zum Einhalt für den Starken erst erdacht:
Uns ist die Wehr Gewissen, Schwert Gesetz.

Conscience is but a word that cowards use,
Devis'd at first to keep the strong in awe:
Our strong arms be our conscience, swords our law.

König Richard III. V,3

Gewohnheit

Gewohnheit stören,
Heißt alles stören.

> The breach of custom
> Is breach of all.
> *Cymbelin* IV,2

Dies ist nur eine Gewohnheit Eurer Zunge; Euer Vorsatz ist, hoffe ich, ehrbarer.

> This is but a custom in your tongue; you bear a graver purpose, I hope.
> *Cymbelin* I,5

Wie wird dem Menschen Übung doch Gewohnheit!

> How use doth breed a habit in a man!
> *Die beiden Veroneser* V,4

Strenge Gewohnheiten schmiegen sich vor großen Königen.

> Nice customs curtsy to great kings.
> *König Heinrich V.* V,2

Gift

Um den Kessel dreht euch rund,
Werft das Gift in seinen Schlund.
Kröte, die im kalten Stein
Tag' und Nächte, dreimal neun,
Zähen Schleim im Schlaf gegoren,
Soll zuerst im Kessel schmoren!

> Round about the cauldron go,
> In the poison'd entrails throw.
> Toad, that under cold stone
> Days and nights has thirty-one
> Swelter'd venom sleeping got,
> Boil thou first i'th' charmed pot.
> *Macbeth* IV,1

Bei den Göttern!
Ihr sollt hinunterwürgen Euren Gift,
Und wenn Ihr börstet!

By the gods,
You shall digest the venom of your spleen,
Though it do split you.

Julius Cäsar IV,3

Komm, Stärkungstrank, nicht Gift.

Come, cordial, and no poison.

Romeo und Julia V,1

Gib
Mir eine Dose Gift: solch scharfen Stoff,
Der schnell durch alle Adern sich verteilt,
Daß tot der lebensmüde Trinker hinfällt,
Und daß die Brust den Odem von sich stößt.

Let me have
A dram of poison, such soon-speeding gear
As will disperse itself through all the veins,
That the life-weary taker may fall dead
And that the trunk may be discharged of breath.

Romeo und Julia V,1

Gedanken schwarz, Gift wirksam, Hände fertig,
Gelegne Zeit, kein Wesen gegenwärtig.

Thoughts black, hands apt, drugs fit, and time agreeing,
Confederate season, else no creature seeing.

Hamlet III,2

So tu denn, Gift, dein Werk.

Then, venom, to thy work.

Hamlet V,2

Oh, ich sterbe, Horatio!
Das starke Gift bewältigt meinen Geist.

O, I die, Horatio!
The potent poison quite o'ercrows my spirit.

Hamlet V,2

Sei wirksam, Gift,
Sei wirksam!
    Work on,
    My medicine, work!
    Othello IV,1

Im Gift ist Arzenei, und diese Zeitung,
Die, wär' ich wohl, mich hätte krank gemacht,
Macht, da ich krank bin, mich beinah gesund.
    In poison there is physic; and these news,
    Having been well, that would have made me sick,
    Being sick, have in some measure made me well.
    König Heinrich IV., Zweiter Teil, I,1

O wackrer Apotheker!
Dein Trank wirkt schnell.
    O true apothecary!
    Thy drugs are quick.
    Romeo und Julia V,3

Das schwärende Getränk, wovon die Wirkung
So mit des Menschen Blut in Feindschaft steht,
Daß es durch die natürlichen Kanäle
Des Körpers hurtig wie Quecksilber läuft
Und wie ein saures Lab, in Milch getropft,
Mit plötzlicher Gewalt gerinnen macht
Das leichte, reine Blut.
    The leperous distilment, whose effect
    Holds such an enmity with blood of man
    That swift as quicksilver it courses through
    The natural gates and alleys of the body,
    And with a sudden vigour it doth posset
    And curd, like eager droppings into milk,
    The thin and wholesome blood.
    Hamlet I,5

Glauben

Kein Glaube, keine Treu noch Redlichkeit
Ist unter Männern mehr. Sie sind meineidig:
Falsch sind sie, lauter Schelme, lauter Heuchler!

There's no trust,
No faith, no honesty in men; all perjured,
All forsworn, all naught, all dissemblers.

Romeo und Julia III,2

Habt Ihr nicht Mut, zu glauben, was Ihr seht, so bekennt auch nicht, was Ihr wißt.

If you dare not trust that you see, confess not that you know.

Viel Lärm um nichts III,2

Glaubt nicht, der Liebe leichter Pfeil durchbohre
Des echten Mannes Brust.

Believe not that the dribbling dart of love
Can pierce a complete bosom.

Maß für Maß I,4

Glaubt an kein Mitleid mehr!

Let pity not be believ'd!

König Lear IV,3

Glück

Was nicht zu retten, laß dem falschen Glück,
Und gib Geduld für Kränkung ihm zurück.

What cannot be preserv'd when fortune takes,
Patience her injury a mockery makes.

Othello I,3

Jeder mache sich nur für alle übrigen zu schaffen, und keiner sorge für sich selbst, denn alles ist nur Glück.

Every man shift for all the rest, and let no man take care for himself; for all is but fortune.
Der Sturm V,1

Um siebzehn ziemt's, daß mit dem Glück man buhle,
Doch achtzig ist zu alt für diese Schule.
At seventeen years many their fortunes seek,
But at fourscore it is too late a week.
Wie es euch gefällt II,3

's ist nur Glück, alles ist Glück.
'Tis but fortune; all is fortune.
Was ihr wollt II,5

Das Glück 'nes braven Kerls kommt wohl einmal
Ins Stocken.
A good man's fortune may grow out at heels.
König Lear II,2

Das Glück ist aufgeräumt
Und wird in dieser Laun' uns nichts versagen.
Fortune is merry,
And in this mood will give us anything.
Julius Cäsar III,2

Glück ist allein das wahre Band der Liebe –
Mit ihrem frischen Rot verwandelt auch
Ihr Herz die Trübsal.
Prosperity's the very bond of love,
Whose fresh complexion and whose heart together
Affliction alters.
Ein Wintermärchen IV,4

Helft mir, Glück und Raschheit!
Briefness and Fortune, work!
König Lear II,1

Glück, du weißt,
Triffst du uns hart, so trotzen wir zumeist.

Fortune knows,
We scorn her most, when most she offers blows.

Antonius und Cleopatra III,9

Wenn das Glück den Menschen wohltun will,
So blickt es sie mit droh'nden Augen an.

When fortune means to men most good,
She looks upon them with a threat'ning eye.

König Johann III,4

Beug nicht den Nacken
Dem Joch des Glücks, dein unverzagter Mut
Muß über jeden Unfall triumphieren.

Yield not thy neck
To fortune's yoke, but let thy dauntless mind
Still ride in triumph over all mischance.

König Heinrich VI., Dritter Teil, III,3

Glück, Freunde, Glück! Und heitre Liebestage
Nach Herzenswunsch!

Joy, gentle friends, joy and fresh days of love
Accompany your hearts!

Ein Sommernachtstraum V,1

Ein jeder Platz, besucht vom Aug' des Himmels,
Ist Glückes-Hafen einem weisen Mann.

All places that the eye of heaven visits
Are to a wise man ports and happy havens.

König Richard II. I,3

Glücklich sind, die erfahren, was man an ihnen aussetzt, und sich darnach bessern können.

Happy are they that hear their detractions and can put them to mending.

Viel Lärm um nichts II,3

Glücklich, weil wir nicht überglücklich sind.

Happy, in that we are not over-happy.

Hamlet II,2

Glücklich bist du nicht:
Was du nicht hast, dem jagst du ewig nach,
Vergessend, was du hast.

Happy thou art not;
For what thou hast not, still thou striv'st to get,
And what thou hast, forget'st.

Maß für Maß III,1

Aber ach, welch bittres Ding ist es, Glückseligkeit nur durch andrer Augen zu erblicken!

But, O, how bitter a thing it is to look into happiness through another man's eyes!

Wie es euch gefällt V,2

Glücksstern, geh mir auf!

Happy star reign now!

Ein Wintermärchen I,2

Gnade

Wenn Gnade Mörder schont, verübt sie Mord!

Mercy but murders, pardoning those that kill.

Romeo und Julia III,1

Wie hoffst du Gnade, da du keine übst?

How shalt thou hope for mercy, rend'ring none?

Der Kaufmann von Venedig IV,1

Die Art der Gnade weiß von keinem Zwang:
Sie träufelt wie des Himmels milder Regen
Zur Erde unter ihr, zwiefach gesegnet:
Sie segnet den, der gibt, und den, der nimmt.

The quality of mercy is not strain'd.
It droppeth as the gentle rain from heaven

Upon the place beneath. It is twice blest:
It blesseth him that gives, and him that takes.
Der Kaufmann von Venedig IV,1

Ach, wenn uns erst erlosch der Gnade Licht,
Nichts geht dann recht: wir wollen, wollen nicht!
Alack, when once our grace we have forgot,
Nothing goes right; we would, and we would not.
Maß für Maß IV,4

Taub bin ich jeglicher Beschönigung:
Kein Flehn, kein Weinen kauft Begnadigung,
Drum spart sie.
I will be deaf to pleading and excuses.
Nor tears nor prayers shall purchase out abuses.
Therefore use none.
Romeo und Julia III,1

Denn Gnädigsein gibt echten Adel kund.
Sweet mercy is nobility's true badge.
Titus Andronicus I,2

Gold (s. auch Geld)

Alles ist nicht Gold, was gleißt.
All that glitters is not gold.
Der Kaufmann von Venedig II,7

Gold, das Heil'ge lockt.
Saint-seducing gold.
Romeo und Julia I,1

Da ist dein Gold, ein schlimmres Gift den Seelen
Der Menschen.
There is thy gold – worse poison to men's souls.
Romeo und Julia V,1

Eh werde alles Gold und Silber Kot,
Wie's denn auch ist, und dem nur kostbar scheint,
Der Kot als Gott verehrt.

All gold and silver rather turn to dirt!
As 't is no better reckon'd, but of those
Who worship dirty gods.

Cymbelin III,6

Gold ist's ja,
Das Zutritt kauft, sehr oft. Ja, es besticht
Dianens Förster, daß sie selbst das Wild
Dem Dieb entgegentreiben. Gold ist's ja,
Was Brave mordet und den Räuber schützt:
Ja, manchmal Dieb und Redlich bringt zum Galgen.

'Tis gold
Which buys admittance; oft it doth; yea, and makes,
Diana's rangers false themselves, yield up
Their deer to the stand o' the stealer; and 'tis gold
Which makes the true man kill'd and saves the thief;
Nay, sometime hangs both thief and true man.

Cymbelin II,3

Wie schleunig die Natur in Aufruhr fällt,
Wird Gold ihr Gegenstand!

How quickly nature falls into revolt,
When gold becomes her object!

König Heinrich IV., Zweiter Teil, IV,4

Gold kommt immer recht.

Gold cannot come amiss.

König Heinrich VI., Zweiter Teil, I,2

Buch, Glock' und Kerze sollen mich nicht schrecken,
Wenn Gold und Silber mir zu kommen winkt.

Bell, book, and candle shall not drive me back
When gold and silver becks me to come on.

König Johann III,3

Ja, dieser rote Sklave löst und bindet
Geweihte Bande; segnet den Verfluchten.
Er macht den Aussatz lieblich, ehrt den Dieb
Und gibt ihm Rang, gebeugtes Knie und Einfluß
Im Rat der Senatoren.

This yellow slave
Will knit and break religions, bless the accurs'd,
Make the hoar leprosy ador'd, place thieves,
And give them title, knee, and approbation,
With senators on the bench.

Timon von Athen IV,3

Gott

Ja, so gerecht ist Gott zum Schutz der Unschuld.

So just is god, to right the innocent.

König Richard III. I,3

Gott wird es rächen.

God will revenge it.

König Richard III. II,1

Gott steh' uns bei!

God help the while!

König Richard III. II,3

Wenn Wolken ziehn, nimmt man den Mantel um;
Wenn Blätter fallen, ist der Winter nah:
Wer harrt der Nacht nicht, wenn die Sonne sinkt?
Unzeit'ge Stürme künden Teurung an!
Noch kann es gut gehn: doch, wenn's Gott so lenkt,
Ist's mehr, als ich erwart und wir verdienen.

When clouds are seen, wise men put on their cloaks;
When great leaves fall, then winter is at hand;
When the sun sets, who doth not look for night?
Untimely storms make men expect a dearth.

All may be well; but, if God sort it so,
'Tis more than we deserve, or I expect.
König Richard III. II,3

Bewahr' und schirm' uns Gott und unsre Unschuld!
God and our innocence defend and guard us!
König Richard III. III,5

Wie Gott doch wirkt in seinen Kreaturen!
To see how God in all his creatures works!
König Heinrich VI., Zweiter Teil, II,1

Gott sei gelobt, der gläub'gen Seelen Licht
Im Finstern gibt, und in Verzweiflung Trost!
God be prais'd! that to believing souls
Gives light in darkness, comfort in despair!
König Heinrich VI., Zweiter Teil, II,1

Was kann vermieden werden,
Das sich zum Ziel die mächt'gen Götter setzten?
What can be avoided
Whose end is purpos'd by the mighty gods?
Julius Cäsar II,2

Tausend Knie', zehntausend
Jahr' nacheinander, fastend, nackt, auf kahlem
Gebirg', im steten Winter, ew'gem Sturm –
Die Götter könnt' es nicht bewegen, dahin
Zu schauen, wo du lägest.
A thousand knees
Ten thousand years together, naked, fasting,
Upon a barren mountain, and still winter
In storm perpetual, could not move the gods
To look that way thou wert.
Ein Wintermärchen III,2

Was Fliegen sind
Den müß'gen Knaben, das sind wir den Göttern:
Sie töten uns zum Spaß.

As flies to wanton boys, are we to th' Gods;
They kill us for their sport.
König Lear IV,1

Daß eine Gottheit unsre Zwecke formt,
Wie wir sie auch entwerfen.

There's a divinity that shapes our ends,
Rough-hew them how we will.
Hamlet V,2

Grab

Ein siegeprangend Grab soll dich empfangen.
Ein Grab? Nein, eine Leucht', erschlagner Jüngling!
Denn hier liegt Julia: ihre Schönheit macht
Zur lichten Feierhalle dieses Gewölb'.

I'll bury thee in a triumphant grave.
A grave? O, no, a lantern, slaughter'd youth,
For here lies Juliet, and her beauty makes
This vault a feasting presence full of light.
Romeo und Julia V,3

Mir kann die Erd' ein schlechtes Grab nur geben.

The earth can yield me but a common grave.
Sonett 81

Hier werfe ich mich hin und messe mir mein Grab.

Here lie I down, and measure out my grave.
Wie es euch gefällt II,6

Drum, Timon, grabe dir alsbald dein Grab,
Lieg, wo der Seeschaum täglich schlagen mag
Den Stein.

Then, Timon, presently prepare thy grave.
Lie where the light foam of the sea may beat
Thy gravestone daily.
Timon von Athen IV,3

Von Troste rede niemand,
Von Gräbern sprecht, von Würmern, Leichensteinen!
Of comfort no man speak.
Let's talk of graves, of worms, and epitaphs.
König Richard II. III,2

Ein Grabscheit und ein Spaten wohl,
Samt einem Kittel aus Lein,
Und oh, eine Grube gar tief und hohl
Für solchen Gast muß sein.
A pickaxe and a spade, a spade,
For and a shrouding-sheet;
O, a pit of clay for to be made
For such a guest is meet.
Hamlet V,1

Wer in unserem Zeitalter sich nicht selbst eine Grabschrift aufsetzt, ehe er stirbt, der wird nicht länger im Gedächtnis leben, als die Glocke läutet und die Witwe weint.

If a man do not erect in this age his own tomb ere he dies, he shall live no longer in a monument that the bell rings and the widow weeps.

Viel Lärm um nichts V,2

Hab ich mit Blum' und Laub die Gruft bestreut
Und hergesagt ein Hundert von Gebeten,
Zweimal, wie ich sie weiß, mit Seufzern, Tränen.
With wild wood-leaves and weeds I ha' strew'd his grave
And on it said a century of prayers,
Such as I can, twice o'er, I'll weep and sigh.
Cymbelin IV,2

Mein weites Reich für eine kleine Gruft,
Ganz kleine, kleine, unbekannte Gruft.

My large kingdom for a little grave,
A little, little grave, an obscure grave.

König Richard II. III,3

Es gibt keine so alten Edelleute als Gärtner, Grabenmacher und Totengräber: sie pflanzen Adams Profession fort.

There is no ancient gentlemen but gardeners, ditchers, and gravemakers; they hold up Adam's profession.

Hamlet V,1

Gram (s. auch Kummer, Sorgen)

Wenn der Gram auch eine Katze ums Leben bringen kann, so hast du doch wohl Herz genug, den Gram ums Leben zu bringen.

Though care killed a cat, thou hast mettle enough in thee to kill care.

Viel Lärm um nichts V,1

Der Gram zerstört den Geist mir.

The grief hath craz'd my wits.

König Lear III,4

Verloren wär' der Gram um den Verlornen.

It were lost sorrow to wail one that's lost.

König Richard III. II,2

Und nicht verständig ist's, dem Gram so helfen,
Dir selbst zum Schaden.

And 'tis not wisdom thus to second grief
Against yourself.

Viel Lärm um nichts V,1

Gram macht aus einer Stunde zehn.

Grief makes one hour ten.

König Richard II. I,3

Oh, wär' ich meinem Gram
Gewachsen oder kleiner als mein Name!

O, that I were as great
As is my grief, or lesser than my name!

König Richard II. III,3

Es ist sehr wahr, mein Gram wohn innen ganz,
Und diese äußern Weisen der Betrübnis
Sind Schatten bloß vom ungesehnen Gram,
Der schweigend in gequälter Seele schwillt.

'Tis very true, my grief lies all within,
And these external manners of laments
Are merely shadows to the unseen grief
That swells with silence in the tortur'd soul.

König Richard II. IV,1

Gram dehnt die Zeit.

Sad hours seem long.

Romeo und Julia I,1

Es ist ausgemacht, der Gram zehrt am Leben.

I am sure care's an enemy to life.

Was ihr wollt I,3

Oft hört' ich, Gram erweiche das Gemüt,
Er mach' es zaghaft und entart' es ganz:
Drum denk auf Rache und laß ab vom Weinen.

Oft have I heard that grief softens the mind,
And makes it fearful and degenerate;
Think therefore on revenge, and cease to weep.

König Heinrich VI., Zweiter Teil, IV,4

Greuel – s. Furcht

Griechen – s. Länder und Völker

Gruft – s. Grab

Größe

Der Größe Mißbrauch ist, wenn von der Macht
Sie das Gewissen trennt.
The abuse of greatness is, when it disjoins
Remorse from power.
Julius Cäsar II,1

Ist auch die Größe ein störriger Bär, so wird sie doch oft durch Gold bei der Nase herumgeführt.
Though authority be a stubborn bear, yet he is oft led by the nose with gold.
Ein Wintermärchen IV,4

Die Größe, die du suchst, wird dich erdrücken.
Thou seek'st the greatness that will overwhelm thee.
König Heinrich IV., Zweiter Teil, IV,4

Ich stand auf meiner Größe höchster Sprosse,
Und von der Mittagslinie meines Ruhms
Eil ich zum Niedergang. Ich werde fallen,
Wie in der Nacht ein glänzend Dunstgebild,
Und niemand mehr mich sehn.
I've touch'd the highest point of all my greatness,
And from that full meridian of my glory
I haste now to my setting. I shall fall
Like a bright exhalation in the evening,
And no man see me more.
König Heinrich VIII. III,2

Der Großen Arm reicht weit.
Great men have reaching hands.
König Heinrich VI., Zweiter Teil, IV,7

Wahnsinn bei Großen darf nicht ohne Wache gehn.
Madness in great ones must not unwatched go.
Hamlet III,1

Das ist der Großen Qual:
Sie haben minder Vorrecht als der Niedre.
'Tis the plague of great ones:
Prerogatived are they less than the base.
Othello III,3

Und solche Männer haben nimmer Ruh,
Solang sie jemand größer sehn als sich –
Das ist es, was sie so gefährlich macht.
Such men as he be never at heart's ease
Whiles they behold a greater than themselves,
And therefore are they very dangerous.
Julius Cäsar I,2

Einige werden hoch geboren, einige erwerben Hoheit, und einigen wird sie zugeworfen.
Some are born great, some achieve greatness, and some have greatness thrust upon 'em.
Was ihr wollt II,5

Wie klein bin ich? Nicht gar so klein, daß nicht
Dir meine Nägel an die Augen reichten.
How low am I? I am not yet so low
But that my nails can reach unto thine eyes.
Ein Sommernachtstraum III,2

Grund

Der Grund ist nur mein Will! Ich will nicht kommen:
Das g'nügt zu des Senats Befriedigung.
The cause is in my will: I will not come;
That is enough to satisfy the Senate.
Julius Cäsar II,2

Starke Gründe machen seltsam wagen.
Strong reasons make strange actions.
König Johann III,4

Den bessern Gründen müssen gute weichen.
Good reasons must of force give place to better.
Julius Cäsar IV,3

Gunst

Bin ich schon nicht so in der Gunst wie Ihr,
Mit Liebe so umbettet, so beglückt,
Ja elend g'nug, um ungeliebt zu lieben:
Ihr solltet mich bedauern, nicht verachten.
What though I be not so in grace as you,
So hung upon with love, so fortunate,
But miserable most, to love unlov'd?
This you should pity rather than despise.
Ein Sommernachtstraum III,2

Der Mann, der dem Monarchen thront im Herzen,
Und reift im Sonnenscheine seiner Gunst,
Wenn er des Königs Schutz mißbrauchen wollte,
Ach, welches Unheil stiften könnt' er nicht
Im Schatten solcher Hoheit!
That man that sits within a monarch's heart,
And ripens in the sunshine of his favour,
Would he abuse the countenance of the king,
Alack, what mischiefs might he set abroach,
In shadow of such greatness!
König Heinrich IV., Zweiter Teil, IV,2

Gunst heischet diese Gunst,
Und wenn dem Lamm der Löwe liebekost,
So hört das Lamm nie auf ihm nachzugehn.
These graces challenge grace;
And, when the lion fawns upon the lamb,
The lamb will never cease to follow him.
König Heinrich VI., Dritter Teil, IV,8

Gutes

An sich ist nichts weder gut noch böse, das Denken macht es erst dazu.

> There is nothing either good or bad, but thinking makes it so.
>
> *Hamlet* II,2

Wie ist Natur verdreht,
Wenn »Allzugut« als schlimmste Sünde steht!

> Strange, unusual blood,
> When man's worst sin is, he does too much good!
>
> *Timon von Athen* IV,2

Wie weit die kleine Kerze Schimmer wirft!
So scheint die gute Tat in arger Welt.

> How far that little candle throws his beams!
> So shines a good deed in a naughty world.
>
> *Der Kaufmann von Venedig* V,1

Was Menschen Übles tun, das überlebt sie,
Das Gute wird mit ihnen oft begraben.

> The evil that men do lives after them,
> The good is oft interred with their bones.
>
> *Julius Cäsar* III,2

Wer bessern will, macht oft das Gute schlimmer.

> Striving to better, oft we mar what's well.
>
> *König Lear* I,4

Denn Güte, die vollblütig wird, erstirbt
Im eignen Allzuviel.

> For goodness, growing to a plurisy,
> Dies in his own too-much.
>
> *Hamlet* IV,7

Die Vorstellung des Guten gibt
Nur desto stärkeres Gefühl des Schlimmern.

The apprehension of the good
Gives but the greater feeling to the worse.
König Richard II. I,3

Es steht Euch vielleicht mehr Gutes bevor, als in Eurer Wissenschaft ist, Euch träumen zu lassen.

There is more good toward you peradventure than is in your knowledge to dream of.
König Heinrich V. IV,8

H

Haar

Himmel! wie sollte ich wohl einen Mann mit einem Bart im Gesicht aushalten: lieber schlief' ich auf Wolle.

Lord, I could not endure a husband with a beard on his face: I had rather lie in the woollen.

Viel Lärm um nichts II,1

Wer einen Bart hat, ist mehr als ein Jüngling, und wer keinen hat, weniger als ein Mann.

He that hath a beard is more than a youth, and he that hath no beard is less than a man.

Viel Lärm um nichts II,1

In der Tat, er sieht um einen Bart jünger aus.

Indeed, he looks younger than he did, by the loss of a beard.

Viel Lärm um nichts III,2

Du hast mehr Haar am Kinne, als mein Karrengaul Fritz am Schwanze hat.

Thou hast got more hair on thy chin than Dobbin my fill-horse has on his tail.

Der Kaufmann von Venedig II,2

Wenn einer von Natur kahl wird, so gibt es keine Zeit für ihn, sein Haar wiederzubekommen.

There's no time for a man to recover his hair that grows bald by nature.

Die Komödie der Irrungen II,2

Und doch hat mancher Mensch mehr Haar als Witz.

Why, but there's many a man hath more hair than wit.

Die Komödie der Irrungen II,2

Ich bin ein so zärtlicher Esel: wenn mein Haar mich nur ein bißchen kitzelt, gleich muß ich mich kratzen.

I am such a tender ass, if my hair do but tickle me I must scratch.

Ein Sommernachtstraum IV,1

Habe(n)

Ich darf nicht wiederholen, was ich habe,
Es hilft nicht zu beklagen, was mir fehlt.

For what I have, I need not to repeat,
And what I want, it boots not to complain.

König Richard II. III,4

Der verdient zu haben,
Der kühn und sicher zu erlangen weiß.

They well deserve to have,
That know the strong'st and surest way to get.

König Richard II. III,4

Haben ist haben, denn es ist eine Figur in der Redekunst, daß Getränk, wenn es aus einem Becher in ein Glas geschüttet wird, eines leer macht, indem es das andere füllt.

To have is to have. For it is a figure in rhetoric, that drink being poured out of a cup into a glass, by filling the one, doth empty the other.

Wie es euch gefällt V,1

Händel – s. Streit

Häßlichkeit

Er ist unförmig, widrig, krumm und alt,
Wüst von Gesicht, von Körper mißgestalt;
Verderbt, unfreundlich, fern von aller Güte,
Ruchlos im Tun und mehr noch im Gemüte.

He is deformed, crooked, old, and sere,
Ill-fac'd, worse bodied, shapeless everywhere;
Vicious, ungentle, foolish, blunt, unkind,
Stigmatical in making, worse in mind.
Die Komödie der Irrungen IV,2

Die eigne Häßlichkeit ist nicht am Satan
So graunvoll als am Weibe.
Proper deformity seems not in the fiend
So horrid as in woman.
König Lear IV,2

Hand

Willst du Hand an mich legen, Schurke?
Wilt thou lay hands on me, villain?
Wie es euch gefällt I,1

Der da droben hat alles in seiner Hand.
All is in his hands above.
Die lustigen Weiber von Windsor I,4

Laß ja die Hand los, wenn ein großes Rad den Hügel hinabrollt, damit dir's nicht den Hals breche, wenn du ihm folgst; wenn aber das große Rad den Hügel hinaufgeht, dann laß dich's nachziehn.

Let go thy hold when a great wheel runs down a hill, lest it break thy neck with following it; but the great one that goes up the hill, let him draw thee after.
König Lear II,4

Gib deine Hand mir. – Diese Hand ist feucht.
Give me your hand. This hand is moist.
Othello III,4

Dann, Hände, sprecht für mich!
Speak, hands, for me!
Julius Cäsar III,1

Sind Eure Hände hurtiger zum Raufen,
So hab ich längre Beine doch zum Laufen.
Your hands than mine are quicker for a fray;
My legs are longer though, to run away.
Ein Sommernachtstraum III,2

Haß

Haß ich sie schon, ich will kein Leid ihr tun.
Although I hate her, I'll not harm her so.
Ein Sommernachtstraum III,2

Ich seh, wenn süße Liebe läßt von Art,
Wird sie zum tödlichsten und herbsten Haß.
Sweet love, I see, changing his property,
Turns to the sourest and most deadly hate.
König Richard II. III,2

Die Liebe böser Freunde wird zur Furcht,
Die Furcht zum Haß: und einem oder beiden
Bringt Haß Gefahren und verdienten Tod.
The love of wicked men converts to fear,
That fear to hate, and hate turns one or both
To worthy danger and deserved death.
König Richard II. V,2

Stolz kann ich nie auf das sein, was ich hasse,
Doch dankbar selbst für Haß, gemeint wie Liebe.
Proud can I never be of what I hate,
But thankful even for hate that is meant love.
Romeo und Julia III,5

Wir hassen bald, was oft uns Furcht erregt.
In time we hate that which we often hear.
Antonius und Cleopatra I,3

Gehaßt mehr als die schlimmste Pest,
Die das Gerücht und Bücher je geschildert!

Hated too, worse than the great'st infection
That e'er was heard or read!
Ein Wintermärchen I,2

HERMIA.
Je mehr gehaßt, je mehr verfolgt er mich.
HELENA.
Je mehr geliebt, je ärger haßt er mich.
HERMIA.
The more I hate, the more he follows me.
HELENA.
The more I love, the more he hateth me.
Ein Sommernachtstraum I,1

Haus

Kein Wohnort ist dies Haus – 'ne Mördergrube:
Verabscheut, fürchtet es, geht nicht hinein!
This is no place, this house is but a butchery;
Abhor it, fear it, do not enter it.
Wie es euch gefällt II,3

Wer stets zu Haus bleibt, hat nur Witz fürs Haus.
Home-keeping youth have ever homely wits.
Die beiden Veroneser I,1

Das Haus bewahrt, wer nicht sein Geld kann wahren.
Who cannot keep his wealth must keep his house.
Timon von Athen III,3

Nichts Böses kann in solchem Tempel wohnen.
Hat ein so schönes Haus der böse Geist,
So werden gute Wesen neben ihm
Zu wohnen trachten.
There's nothing ill can dwell in such a temple:
If the ill spirit have so fair a house,
Good things will strive to dwell with't.
Der Sturm I,2

Ein schwindlig und unzuverlässig Haus
Hat der, der auf das Herz des Volkes baut.
An habitation giddy and unsure
Hath he that buildeth on the vulgar heart.
König Heinrich IV., Zweiter Teil, I,3

Wenn wir bauen wollen,
Beschaun wir erst den Platz, ziehn einen Riß;
Und sehn wir die Gestalt des Hauses nun,
Dann müssen wir des Baues Aufwand schätzen.
Ergibt sich's, daß er über unsre Kräfte,
Was tun wir, als den Riß von neuem ziehn
Mit weniger Gemächern, oder ganz
Abstehn vom Bau?
When we mean to build,
We first survey the plot, then draw the model;
And when we see the figure of the house,
Then must we rate the cost of the erection;
Which if we find outweighs ability,
What do we then but draw anew the model
In fewer offices; or, at last, desist
To build at all?
König Heinrich IV., Zweiter Teil, I,3

Heirat (s. auch Freien)

Die Eh' ist eine Sache von mehr Wert,
Als daß man sie durch Anwaltschaft betriebe.
Marriage is a matter of more worth
Than to be dealt in by attorneyship.
König Heinrich VI., Erster Teil, V,5

Was ist gezwungne Eh' als eine Hölle,
Ein Leben voll von Zwist und stetem Hader?
For what is wedlock forced but a hell,
An age of discord and continual strife?
König Heinrich VI., Erster Teil, V,5

Übereilte Eh' tut selten gut.

Hasty marriage seldom proveth well.

König Heinrich VI., Dritter Teil, IV,1

Wären die Leute nur zufrieden, das zu sein, was sie einmal sind, so gäbe es keine Skrupel in der Ehe.

If men would be contented to be what they are, there were no fear in marriage.

Ende gut, alles gut I,3

Das, was die Bande zweiter Ehe flicht,
Ist schnöde Sucht nach Vorteil, Liebe nicht.

The instances that second marriage move
Are base respects to thrift, but none of love.

Hamlet III,2

Narren verhalten sich zu Ehemännern wie Sardellen zu Heringen: der Ehemann ist der größere von beiden.

Fools are as like husbands as pilchers are to herrings – the husband's the bigger.

Was ihr wollt III,1

Oh! Fluch des Ehestands,
Daß unser diese zarten Wesen sind,
Und nicht ihr Lüsten!

O curse of marriage,
That we can call these delicate creatures ours
And not their appetites!

Othello III,3

Dein Ehstand,
Mein armer Knabe, ward dir früh zum Wehstand!

'Tis hard:
A young man married is a man that's marr'd.

Ende gut, alles gut II,3

Ist nicht eine Heirat ein Ding in Ehren, auch bei Bettlern?

Is not marriage honourable in a beggar?

Viel Lärm um nichts III,4

Ich mache nur ein magres Glück bei der Partie, und doch ist's eine erstaunlich fette Heirat.

> I have but lean luck in the match, and yet is she a wondrous fat marriage.
>
> *Die Komödie der Irrungen* III,2

Ich kam zur reichen Heirat her nach Padua;
Wenn reich, kam ich zum Glück hierher nach Padua.

> I come to wive it wealthily in Padua;
> If wealthily, then happily in Padua.
>
> *Der Widerspenstigen Zähmung* I,2

Gott bewahre mich davor, einen Wucherer zu heiraten.

> Bless me from marrying a usurer!
>
> *Ein Wintermärchen* IV,4

Meinst du denn, Hortensio, daß, obgleich ihr Vater sehr reich ist, jemand so sehr verrückt sein sollte, die Hölle heiraten zu wollen?

> Think'st thou, Hortensio, though her father be very rich, any man is so very a fool to be married to hell?
>
> *Der Widerspenstigen Zähmung* I,1

Wer heiratet, ist ein Narr.

> They are fools that marry.
>
> *Julius Cäsar* III,3

Wie eine Stadt mit Mauern vornehmer ist als ein Dorf, so ist die Stirn eines verheirateten Mannes ehrenvoller als die nackte Schläfe eines Junggesellen.

> As a walled town is more worthier than a village, so is the forehead of a married man more honourable than the bare brow of a bachelor.
>
> *Wie es euch gefällt* III,3

Ich bin, seht doch, gezwungen,
Die Hand zu reichen, meinem Sinn entgegen,

Dem tollen Grobian, halb verrückt von Launen,
Der eilig freit und langsam Hochzeit macht.
I must, forsooth, be forced
To give my hand, opposed against my heart,
Unto a mad-brain rudesby full of spleen,
Who wooed in haste and means to wed at leisure.
Der Widerspenstigen Zähmung III,2

Mit Leichenjubel und mit Hochzeitklage.
With mirth in funeral and with dirge in marriage.
Hamlet I,2

Die lang vermählt lebt, ist nicht wohl vermählt:
Wohl ist vermählt, die früh der Himmel wählt.
She's not well married that lives married long,
But she's best married that dies married young.
Romeo und Julia IV,5

Krieg wird Zeitvertreib
Bei solchem Hauskreuz und verhaßtem Weib.
War is no strife
To the dark house and the detested wife.
Ende gut, alles gut II,3

Mir wird sie angetraut, nicht meinen Kleidern.
To me she's married, not unto my clothes.
Der Widerspenstigen Zähmung III,2

Dies ist die Art, durch Lieb' ein Weib zu töten.
This is a way to kill a wife with kindness.
Der Widerspenstigen Zähmung IV,1

Henker

Der Henker, dessen Herz,
Des Tods gewohnter Anblick doch verhärtet,
Fällt nicht das Beil auf den gebeugten Nacken,
Bis er sich erst entschuldigt.

The common executioner,
Whose heart th' accustomed sight of death makes hard,
Falls not the axe upon the humbled neck
But first begs pardon.
Wie es euch gefällt III,5

Ich möchte keineswegs dein Henker sein;
Ich fliehe dich, um dir kein Leid zu tun.
I would not be thy executioner.
I fly thee, for I would not injure thee.
Wie es euch gefällt III,5

Steh, Heuchler, auf! Wünsch' ich schon deinen Tod,
So will ich doch nicht sein Vollstrecker sein.
Arise, dissembler: though I wish thy death,
I will not be thy executioner.
König Richard III. I,2

Herrschaft – s. Macht

Herz

Er hat ein Herz, so gesund und ganz wie eine Glocke, und seine Zunge ist der Klöpfel, denn was sein Herz denkt, spricht seine Zunge aus.
He hath a heart as sound as a bell, and his tongue is the clapper – for what his heart thinks, his tongue speaks.
Viel Lärm um nichts III,2

Zeig mir dein Herz demütig, nicht dein Knie,
Des Ehrbezeigung falsch und trüglich ist.
Show me thy humble heart, and not thy knee,
Whose duty is deceivable and false.
König Richard II. II,3

Mein Herz ist zehnmal heitrer als mein Blick.
My heart is ten times lighter than my looks.
König Richard III. V,3

Eu'r Herz ist voll von etwas, das vom Fest
Den Sinn Euch ablenkt.
Your heart is full of something that does take
Your mind from feasting.
Ein Wintermärchen IV,4

Ich kenn' ihr Herz, es ist so spröd und wild
Wie ungezähmte Falken.
I know her spirits are as coy and wild
As haggards of the rock.
Viel Lärm um nichts III,1

Den Augenblick, da ich Euch sahe, flog
Mein Herz in Euern Dienst: da wohnt es nun,
Um mich zum Knecht zu machen.
The very instant that I saw you, did
My heart fly to your service; there resides,
To make me slave to it.
Der Sturm III,1

Nun werde kalt, Siziliens heißer Ätna,
Und sei mein Herz ein glühnder Flammenpfuhl!
Now let hot Etna cool in Sicily,
And be my heart an ever-burning hell!
Titus Andronicus III,1

Ein Rasen dien' als Kissen für uns zwei:
Ein Herz, ein Bett, zwei Busen, eine Treu.
One turf shall serve as pillow for us both;
One heart, one bed, two bosoms, and one troth.
Ein Sommernachtstraum II,2

Es schmolz mein Herz bei Frauentränen wohl,
Die doch gemeine Überschwemmung sind.
My heart has melted at a lady's tears,
Being an ordinary inundation.
König Johann V,2

Du ziehst mich an, hartherziger Magnet!
Doch ziehest du nicht Eisen, denn mein Herz
Ist echt wie Stahl. Laß ab, mich anzuziehn,
So hab ich dir zu folgen keine Macht.

You draw me, you hard-hearted adamant;
But yet you draw not iron, for my heart
Is true as steel. Leave you your power to draw,
And I shall have no power to follow you.

Ein Sommernachtstraum II,1

Ach, welch ein schwaches Ding
Das Herz des Weibes ist!

Ay me, how weak a thing
The heart of woman is!

Julius Cäsar II,4

O Festigkeit, steh unverrückt mir bei,
Stell einen Fels mir zwischen Herz und Zunge!

O constancy, be strong upon my side;
Set a huge mountain 'tween my heart and tongue!

Julius Cäsar II,4

Ein fleckenloses Herz zagt nicht so leicht.

A heart unspotted is not easily daunted.

König Heinrich VI., Zweiter Teil, III,1

Ein gutes Bein fällt ein, ein gerader Rücken wird krumm, ein schwarzer Bart wird weiß, ein krauser Kopf wird kahl, ein schönes Gesicht runzelt sich, ein volles Aug wird hohl: aber ein gutes Herz, Käthchen, ist die Sonne und der Mond, oder vielmehr die Sonne und nicht der Mond, denn es scheint hell und wechselt nie, sondern bleibt treulich in seiner Bahn.

A good leg will fall, a straight back will stoop, a black beard will turn white, a curled pate will grow bald, a fair face will wither, a full eye will wax hollow; but a good heart, Kate, is the sun and the moon; or rather the sun, and not the moon; for it shines bright and never changes, but keeps his course truly.

König Heinrich V. V,2

Leichtes Herz lebt lang.
Light heart lives long
Liebes Leid und Lust V,2

Gebeugtes Herz führt nicht behende Zunge.
A heavy heart bears not a nimble tongue.
Liebes Leid und Lust V,2

O mein Herz,
Dein Hoffen endet hier!
O, my breast –
Thy hope ends here!
Macbeth IV,3

O Tigerherz, in Weiberhaut gesteckt!
O tiger's heart wrapp'd in a woman's hide!
König Heinrich VI., Dritter Teil, I,4

Gibt's einen Harnisch wie des Herzens Reinheit?
What a stronger breast-plate than a heart untainted!
König Heinrich VI., Zweiter Teil, III,2

Hexen

Pack dich, du Hexe! schrie die garst'ge Vettel.
'Aroint thee, witch,' the rump-fed runnion cries.
Macbeth I,3

Was schaffst du, schnöde Hexe, mir vor Augen?
Foul wrinkled witch, what mak'st thou in my sight?
König Richard III. I,3

Garst'ge Hexen!
Warum zeigt ihr mir das?
Filthy hags,
Why do you show me this?
Macbeth IV,1

Von lauter Hexen wird der Ort bewohnt,
Drum ist es hohe Zeit, davonzugehn.
There's none but witches do inhabit here,
And therefore 'tis high time that I were hence.
Die Komödie der Irrungen III,2

Fort, Hexenbrut!
Hag-seed, hence!
Der Sturm I,2

Unheilsschwestern, Hand in Hand
Ziehn wir über Meer und Land.
Rundum dreht euch, so rundum:
Dreimal dein und dreimal mein,
Und dreimal noch, so macht es neun.
The weird sisters, hand in hand,
Posters of the sea and land,
Thus do go about, about,
Thrice to thine, and thrice to mine,
And thrice again, to make up nine.
Macbeth I,3

Himmel

Es herrscht ein bös' Gestirn;
Ich muß geduldig sein, bis der Aspekt
Am Himmel günst'ger ist.
There's some ill planet reigns:
I must be patient till the heavens look
With an aspect more favourable.
Ein Wintermärchen II,1

Je kristallner sonst der Himmel glüht,
Je trüber scheint Gewölk, das ihn durchzieht.
The more fair and crystal is the sky,
The uglier seem the clouds that in it fly.
König Richard II. I,1

Auf mein Gewissen,
Der Himmel zürnt auf das, was wir hier tun,
Und blickt uns drohend an.

In my conscience,
The heavens with that we have in hand are angry,
And frown upon us.

Ein Wintermärchen III,3

Der Himmel schickt uns Späher nach.

The heaven sets spies upon us.

Ein Wintermärchen V,1

Der Himmel ist über uns allen! ... Und es sind Seelen, die müssen selig werden ... und andre, die müssen nicht selig werden.

Heaven's above all, and there be souls that must be saved, and there be souls must not be saved.

Othello II,3

Mit Engeln im Gefecht,
Besteht kein Mensch – der Himmel schützt das Recht.

If angels fight,
Weak men must fall, for heaven still guards the right.

König Richard II. III,2

Dem Himmel muß man Liebesnot vertrauen,
Gold schafft uns Land, das Schicksal unsre Frauen.

In love, the heavens themselves do guide the state;
Money buys lands, and wives are sold by fate.

Die lustigen Weiber von Windsor V,4

Der Himmel legt in alles Zweck.

Heaven has an end in all.

König Heinrich VIII. II,1

Noch steht der Himmel, droben thront ein Richter,
Den nie ein Fürst besticht.

Heaven is above all yet; there sits a judge,
That no king can corrupt.
König Heinrich VIII. III,1

Hirn

In seinem Hirne, das so trocken ist
Wie Überrest von Zwieback nach der Reise,
Hat er seltsame Fächer ausgestopft
Mit Anmerkungen, die er brockenweise
Nun von sich gibt.
In his brain,
Which is as dry as the remainder biscuit
After a voyage, he hath strange places cramm'd
With observation, the which he vents
In mangled forms.
Wie es euch gefällt II,7

Wenn einem das Hirn in den Hacken säße, wär's da nicht in Gefahr, Schwielen zu bekommen?
If a man's brains were in 's heels, were 't not in danger of kibes?
König Lear I,5

Hochzeit – s. Heirat

Höflichkeit

Der dorn'ge Stachel
Der harten Not nahm von mir weg den Schein
Der Höflichkeit.
The thorny point
Of bare distress hat ta'en from me the show
Of smooth civility.
Wie es euch gefällt II,7

Wie Höflichkeit die Sünde gern bedeckte.
How courtesy would seem to cover sin.
Perikles I,1

Hölle

Dafür wagte ich das Fegefeuer!
I should venture purgatory for it.
Othello IV,3

Die Höll' ist ledig,
Und alle Teufel hier!
Hell is empty,
And all the devils are here.
Der Sturm I,2

Geh du, füll einen Platz noch in der Hölle!
Go thou, and fill another room in hell.
König Richard II. V,5

Oh, das ist Satansfest, Erzspaß der Hölle,
Ein üppig Weib im sichern Eh'bett küssen
Und keusch sie glauben!
O, 'tis the spite of hell, the fiend's arch-mock,
To lip a wanton in a secure couch,
And to suppose her chaste!
Othello IV,1

Schwarz ist Livrei der Hölle,
Des Kerkers Farbe, Schule finstrer Nacht.
Doch helles Weiß thront auf des Himmels Schwelle.
Black is the badge of hell,
The hue of dungeons, and the school of night;
And beauty's crest becomes the heavens well.
Liebes Leid und Lust IV,3

Heb dich hinweg, du grauser Höllenbote!
Avaunt, thou dreadful minister of hell!
König Richard III. I,2

Wenn einer Höllenpförtner wäre, da hätte er was zu schließen.

If a man were porter of hell-gate, he should have old turning the key.

Macbeth II,3

Ich mag nicht länger Teufelspförtner sein. Ich dachte, ich wollte von jedem Gewerbe einige hereinlassen, die den breiten Rosenpfad zum ewigen Freudenfeuer wandeln.

I'll devil-porter it no further. I had thought to have let in some of all professions that go the primrose way to th' everlasting bonfire.

Macbeth II,2

Aber die meisten werden […] wandeln auf dem blumigen Pfade, der zur breiten Pforte und zum großen Feuer führt.

But the many will […] be for the flow'ry way that leads to the broad gate and the great fire.

Ende gut, alles gut IV,5

Hören – s. Ohr

Hof

Es lernt sich viel am Hof.

The court's a learning place.

Ende gut, alles gut I,1

Sind diese Wälder
Nicht sorgenfreier als der falsche Hof?

Are not these woods
More free from peril than the envious court?

Wie es euch gefällt II,1

Was bei Hofe gute Sitten sind, die sind so lächerlich auf dem Lande, als ländliche Weise bei Hofe Spott verdient.

Those that are good manners at the court are as ridiculous in the country as the behaviour of the country is most mockable at the court.

Wie es euch gefällt III,2

Ein Freund am Hofe ist besser als ein Pfennig im Beutel.
A friend i'th' court is better than a penny in purse.
König Heinrich IV., Zweiter Teil, V,1

Der Hofmann sagt, was nicht am Hof, sei wild:
Erfahrung, ach, du zeigst ein andres Bild.
Our courtiers say all's savage but at court:
Experience, O, thou disprov'st report!
Cymbelin IV,2

Hoffnung

Ich will verzweifeln und will Feindschaft halten
Mit falscher Hoffnung, dieser Schmeichlerin,
Schmarotzerin, Rückhalterin des Todes,
Der sanft des Lebens Bande lösen möchte,
Das Hoffnung hinhält in der höchsten Not.
I will despair, and be at enmity
With cozening hope. He is a flatterer,
A parasite, a keeper-back of death,
Who gently would dissolve the baonds of life,
Which false hope lingers in extremity.
König Richard II. II,3

Hoffnung ist schnell und fliegt mit Schwalbenschwingen;
Aus Kön'gen macht sie Götter, Kön'ge aus Geringen,
True hope is swift, and flies with swallow's wings;
Kings it makes gods, and meaner creatures kings.
König Richard III. V,2

Aus diesem »ohne Hoffnung«, oh, was geht Euch
Für große Hoffnung auf! Hier ohne Hoffnung, ist
Auf andre Art so hohe Hoffnung, daß
Der Blick der Ehrsucht selbst nicht jenseits dringt,
Und was er dort entdeckt, bezweifeln muß.
O, out of that 'no hope'
What great hope have you! No hope that way is

Another way so high a hope, that even
Ambition cannot pierce a wink beyond,
But doubt discovery there.
Der Sturm II,1

Hoffnung auf Genuß ist fast so viel
Als schon genoss'ne Hoffnung.
Hope to joy is little less in joy
Than hope enjoy'd.
König Richard II. II,4

Ich denke, das beste wäre, ihn mit Hoffnung hinzuhalten, bis das gottlose Feuer der bösen Lust ihn in seinem eignen Fett zerschmolzen hätte.
I think, the best way were to entertain him with hope, till the wicked fire of lust have melted him in his own grease.
Die lustigen Weiber von Windsor II,1

Hoffnung ist oft ein Jagdhund ohne Spur.
Hope is a curtail'd dog in some affairs.
Die lustigen Weiber von Windsor II,1

So ist des Menschen Treiben: heute sprießen
Der Hoffnung zarte Knospen, morgen blühn sie
Und kleiden ihn in dichten Blumenschmuck;
Und übermorgen, tödlich, kommt ein Frost,
Und wenn er wähnt, der gute sichre Mann,
Die Größe reife – nagt ihm der die Wurzel
Und fällt ihn so wie mich.
This is the state of man; to-day he puts forth
The tender leaves of hope; to-morrow blossoms,
And bears his blushing honours thick upon him;
The third day comes a frost, a killing frost,
And, – when he thinks, good easy man, full surely
His greatness is a-ripening, – nips his root,
And then he falls, as I do.
König Heinrich VIII. III,2

Hoheit – s. Größe

Hohn und Spott

Weswegen ward ich so zum Hohn erwählt?
Wherefore was I to this keen mockery born?
Ein Sommernachtstraum II,2

Sein Spott wird nur wie schaler Witz erscheinen,
Wenn tausend mehr, als lachten, drüber weinen.
His jest will savour but of shallow wit
When thousands weep more than did laugh at it.
König Heinrich V. I,2

Pflegt Spott und Hohn in Tränen sich zu kleiden?
Wie glaubst du denn, ich huld'ge dir zum Hohn?
Sieh, wenn ich schwöre, wein ich: solchen Eiden
Dient zur Beglaubigung ihr Ursprung schon.
Kannst du des Spottes Reden wohl verklagen,
Die an der Stirn des Ernstes Siegel tragen?
Why should you think that I should woo in scorn?
Scorn and derision never come in tears.
Look, when I vow, I weep; and vows so born,
In their nativity all truth appears.
How can these things in me seem scorn to you,
Bearing the badge of faith, to prove them true?
Ein Sommernachtstraum III,2

Hunger – s. Essen

I

Inhalt

Der Inhalt, soweit ich ihn verstehe, ist zu tadeln.
The contents, as in part I understand them, are to blame.
König Lear I,2

Mehr Inhalt, wen'ger Kunst!
More matter, with less art.
Hamlet II,2

Irrtum

Man irrt sich oft, wenn man zu kennen meint
Den Mann, so wie er äußerlich erscheint.
Opinion's but a fool, that makes us scan
The outward habit by the inward man.
Perikles II,2

Uns lehrt der Irrtum unsrer eignen Jugend,
Wie unbedacht sie sei.
Our own precedent passions do instruct us
What levity's in youth.
Timon von Athen I,1

J

Ja und Nein

Ja und Nein zu sagen zu allem, was ich sagte! – Ja und Nein zugleich, das war keine gute Theologie.

To say 'ay' and 'no' to every thing that I said 'ay' and 'no' to was no good divinity.

König Lear IV,6

Ja oder nein?
Rot oder blaß? Trübsinnig oder heiter?

Yea or no?
Look'd he or red, or pale, or sad or merrily?

Die Komödie der Irrungen IV,2

Jahreszeiten

Auf zeit'gen Frühling währt der Sommer wenig.

Short summers lightly have a forward spring.

König Richard III. III,1

Im Frühling war ich fern von dir, wenn bunter
April im vollen Schmuck mit Jugenddrang
Auf Erden alles neu erfüllt.

From you have I been absent in the spring,
When proud-pied April, dress'd in all his trim,
Hath put a spirit of yout in every thing.

Sonett 98

Es nagt der Wurm des Frühlings Kinder an.

The canker galls the infants of the spring.

Hamlet I,3

Nimm vor des Märzens Idus dich in acht.

Beware the ides of March.

Julius Cäsar I,2

Ein Liebster und sein Mädel schön
Mit heisa und ha und juchheisa trala!
Die täten durch das Kornfeld gehn
Zur Maienzeit, der lustigen Paarezeit,
Wann Vögel singen tirlirelirei
Süß Liebe liebt den Mai.

It was a lover and his lass,
With a hey, and a ho, and a hey-nonny-no,
That o'er the green cornfield did pass
In the spring-time, the only pretty ring-time,
When birds do sing, hey ding-a-ding ding,
Sweet lovers love the spring.

Wie es euch gefällt V,3

Wie schüttelte mich Frost, wie dunkel war's,
Wie dürr dezemberschaurig aller Orten!

What freezings have I felt, what dark days seen,
What old December's bareness everywhere!

Sonett 97

Zeit, nie rastend, führt den Sommer fort
Zum finstern Winter, und verdirbt ihn da.

Never-resting time leads summer on
To hideous winter, and confounds him there.

Sonett 5

Soll ich dich einem Sommertag vergleichen?
Anmutiger, gemäßigter bist du.

Shall I compare thee to a summer's day?
Thou art more lovely and more temperate.

Sonett 18

Nun ward der Winter unsers Mißvergnügens
Glorreicher Sommer durch die Sonne Yorks.

Now is the Winter of our discontent
Made glorious summer by this sun of York.

König Richard III. I,1

Der Winter zähmt Mann, Frau und Vieh.
Winter tames man, woman, and beast.
Der Widerspenstigen Zähmung IV,1

Der Winter ist noch nicht vorbei, wenn die wilden Gänse nach der Seite ziehn.
Winter's not gone yet if the wild geese fly that way.
König Lear II,4

Wenn die Narzisse blickt herfür –
Mit heisa! das Mägdlein über dem Tal –
Ja, dann kommt des Jahres lieblichste Zier:
Statt Winter bleich herrscht rotes Blut zumal.
When daffodils begin to peer,
With hey! the doxy over the dale,
Why, then comes in the sweet o'th' year,
For the red blood reigns in the winter's pale.
Ein Wintermärchen IV,3

Jammer

Doch niemand heilt durch Jammern seinen Harm.
But none can cure their harms by wailing them.
König Richard III. II,2

Wo man nicht helfen kann,
Soll man auch jammern nicht.
What's gone and what's past help
Should be past grief.
Ein Wintermärchen III,2

Weise jammern nie vorhandnes Weh,
Sie schneiden gleich des Jammers Wege ab.
Wise men ne'er sit and wail their woes,
But presently prevent the ways to wail.
König Richard II. III,2

Wer wird in dieser Welt des Jammers froh?
For what is in this world but grief and woe?
König Heinrich VI., Dritter Teil, II,5

Jugend

Jugend hält so kurze Zeit.
Youth's a stuff will not endure.
Was ihr wollt II,3

Geht mit seiner Jugend
Nur glimpflich um: denn junge, hitz'ge Fohlen –
Tobt man mit ihnen – toben um so mehr.
Deal mildly with his youth,
For young hot colts being raged do rage the more.
König Richard II. II,1

Jugend wird erkauft mehr als erbeten.
Youth is bought more oft than begg'd or borrow'd.
Was ihr wollt III,4

Fasten, studieren, keine Frauen sehn –
Klarer Verrat am Königtum der Jugend.
To fast, – to study, – and to see no woman: –
Flat treason 'gainst the kingly state of youth.
Liebes Leid und Lust IV,3

Es liebt einer in seiner Jugend ein Gericht, das er im Alter nicht ausstehn kann.
A man loves the meat in his youth that he cannot endure in his age.
Viel Lärm um nichts II,3

Auch ohne Feind hat Jugend innern Streit.
Youth to itself rebels, though none else near.
Hamlet I,3

Jung sind meine Jahre,
Und angemess'ner sind mir Fleiß und Bücher
Als üppig tändelnd Spiel mit einer Trauten.

Alas, my years are young!
And fitter is my study and my books,
Than wanton dalliance with a paramour.

König Heinrich VI., Erster Teil, V,1

Jungfrau (s. auch Keuschheit)

Der Himmel bewahre unser armes Jungfrauentum vor Minierern und Luftsprengern! Gibt's keine Kriegspolitik, wie Jungfrauen die Männer in die Luft sprengen könnten?

Bless our poor virginity from underminers, and blowers up! – Is there no military policy, how virgins might blow up men?

Ende gut, alles gut I,1

Läßt sich denn ein vernünftiger Grund im Naturrecht nachweisen, das Jungfrauentum zu bewahren? Verlust des Jungfrauentums ist vielmehr verständige Zunahme; und noch nie ward eine Jungfrau geboren, daß nicht vorher ein Jungfrauentum verloren ward. Das, woraus Ihr besteht, ist Stoff, um Jungfrauen hervorzubringen. Euer Jungfrauentum, einmal verloren, kann zehnmal wieder ersetzt werden: wollt Ihr's immer erhalten, so geht's auf ewig verloren; es ist ein zu frostiger Gefährte: weg damit!

It is not politic in the common-wealth of nature to preserve virginity. Loss of virginity is rational increase; and there was never virgin got, till virginity was first lost. That you were made of is metal to make virgins. Virginity, by being once lost, may be ten times found; by being ever kept, it is ever lost: 'tis too cold a companion: away with it!

Ende gut, alles gut I,1

Es ist eine Ware, die durchs Liegen allen Glanz verliert, je länger aufbewahrt, je weniger wert: fort damit, solange es noch verkäuflich ist. Nutzt die Zeit der Nachfrage! das Jungfrauentum, wie eine welke Hofdame, trägt eine altmodische Haube, ein Hofkleid, dem keiner mehr den Hof macht; wie eine Schleife am Hut und der Zahnstocher, die jetzt veraltet sind.

> 'Tis a commodity will lose the gloss with lying; the longer kept, the less worth: off with't while 'tis vendible: answer the time of request. Virginity, like an old courtier, wears her cap out of fashion; richly suited, but unsuitable: just like the brooch and the toothpick, which wear not now.
>
> *Ende gut, alles gut* I,1

Eure Jungfrauschaft muß herunter, oder der Stadthenker soll sie hinrichten.

> I must have your maidenhead taken off, or the common hangman shall execute it.
>
> *Perikles* IV,6

Juwelen

Juwelen sprechen oft mit stummer Kunst,
Gewinnen mehr als Wort des Weibes Gunst.

> Dumb jewels often, in their silent kind,
> More than quick words, do move a woman's mind.
>
> *Die beiden Veroneser* III,1

Goldklumpen, große Anker, Perlenhaufen,
Stein' ohne Preis, unschätzbare Juwelen,
Zerstreuet alles auf dem Grund der See.

> Wedges of gold, great anchors, heaps of pearl,
> Inestimable stones, unvalu'd jewels,
> All scattered in the bottom of the sea.
>
> *König Richard III.* I,4

Es war mein Türkis, ich bekam ihn von Lea, als ich noch Junggeselle war; ich hätte ihn nicht für einen Wald von Affen weggegeben.

It was my turquoise; I had it of Leah when I was a bachelor; I would not have given it for a wilderness of monkeys.

Der Kaufmann von Venedig III,1

K

Kampf

Gebt mir nur einen Teufel auf einmal,
So fecht ich ihre Legionen durch.
But one fiend at a time,
I'll fight their legions o'er.
Der Sturm III,3

Fechten mag ich nicht, aber ich kann die Augen zutun und meinen Spieß vorhalten.
I dare not fight; but I will wink, and hold out mine iron.
König Heinrich V. II,1

Er ficht, wie Ihr ein Liedlein singt: hält Takt und Maß und Ton.
He fights as you sing pricksong: keeps time, distance, and proportion.
Romeo und Julia II,4

Wenn einer für ihn ficht, fliehn ganze Heere.
Where one on his side fights, thousands will fly.
König Richard II. II,2

Ich geh zum Kampfe, munter, wie zur Lust,
Denn Ruhe wohnt in einer treuen Brust.
As gentle and as jocund as to jest
Go I to fight: truth hath a quiet breast.
König Richard II. I,3

Indes die Hand bewaffnet auswärts kämpft,
Wehrt sich zu Hause das beratne Haupt.
While that the armed hand doth fight abroad
Th' advised head defends itself at home.
König Heinrich V. I,2

Kauf

Verkauft Euch bald, Ihr seid nicht jedes Kauf.

Sell when you can, you are not for all markets.

Wie es euch gefällt III,5

Ihr macht's wie kluge Käufer,
Und schmäht das Gut, das Ihr zu markten wünscht.

You do as chapmen do:
Dispraise the thing that you desire to buy.

Troilus und Cressida IV,1

Kern

Doch zum Kern der Sache!

But to the quick o'th' ulcer.

Hamlet IV,7

Ketzer

Der ist dann Ketzer, der das Feuer schürt,
Nicht sie, die brennt.

It is an heretic that makes the fire,
Not she which burns in't.

Ein Wintermärchen II,3

Keuschheit (s. auch Jungfrau)

Enthaltsamkeit zeugt Krankheit nur.

Abstinence engenders maladies.

Liebes Leid und Lust IV,3

Sei so keusch wie Eis, so rein wie Schnee, du wirst der Verleumdung nicht entgehn.

Be thou as chaste as ice, as pure as snow, thou shalt not escape calumny.

Hamlet III,1

Wenn Ihr auch ahnen mögt, was Keuschheit sei –
Ihr habt sie nie gekannt!

Though you can guess what temperance should be,
You know not what it is.

Antonius und Cleopatra III,13

Ehe Eure lumpige Keuschheit, die kein Frühstück in der wohlfeilsten Gegend unter der Sonne wert ist, eine ganze Haushaltung zugrunde richten soll, will ich mich wie ein Hühnerhund verschneiden lassen.

If your peevish chastity, which is not worth a breakfast in the cheapest country under the cope, shall undo a whole household, let me be gelded like a spaniel.

Perikles IV,6

Mir schien sie rein
Wie ungesonnter Schnee.

I thought her
As chaste as unsunned snow.

Cymbelin II,5

Wär' über mich der Tod verhängt,
Der Geißel Striemen trüg' ich als Rubinen
Und zög' mich aus zum Tode, wie zum Schlaf,
Den ich mir längst ersehnt, eh ich den Leib
Der Schmach hingäbe.

Were I under the terms of death,
Th' impression of keen whips I'd wear as rubies,
And strip myself to death, as to a bed
That longing have been sick for, ere I'd yield
My body up to shame.

Maß für Maß II,4

Der edle Herr würde sich wie ein edler Herr gegen sie aufgeführt haben, und da schickt sie ihn weg, so kalt wie einen Schneeball, und er sagt noch sein Gebet dazu her.

The nobleman would have dealt with her like a nobleman, and she sent him away as cold as a snowball, saying his prayers, too.
Perikles IV,6

Denn Schönheit, die der Lust sich streng enthält,
Bringt um ihr Erb' die ungeborne Welt.
For beauty starved with her severity
Cuts beauty off from all posterity.
Romeo und Julia I,1

Kind / Kindheit

Wie es schärfer nage
Als Schlangenzahn, ein undankbares Kind zu haben!
How sharper than a serpent's tooth it is
To have a thankless child!
König Lear I,4

Ich bin kein Schulkind, das die Rute scheut.
I am no breeching scholar in the schools.
Der Widerspenstigen Zähmung III,1

Das klingt recht fein, wenn Kinder fromm und fügsam!
'Tis a good hearing, when children are toward.
Der Widerspenstigen Zähmung V,2

Kinder sind ein Segen Gottes.
Barnes are blessings.
Ende gut, alles gut I,3

Dergleichen Toren füllen
Die Welt mit eigensinn'gen Kindern an.
'Tis such fools as you
That makes the world full of ill-favoured children.
Wie es euch gefällt III,5

Undank des Kindes!
Als ob der Mund zerfleischte diese Hand,
Weil sie ihm Nahrung bot!
Filial ingratitude:
Is it not as this mouth should tear this hand
For lifting food to't?
König Lear III,4

Der weinerliche Bube, der mit Ranzen
Und glattem Morgenantlitz wie die Schnecke
Ungern zur Schule kriecht.
The whining schoolboy with his satchel
And shining morning face, creeping like snail
Unwillingly to school.
Wie es euch gefällt II,7

Zwei Buben, die nicht weiter vorwärts dachten
Als solch ein Tag wie heut sei morgen auch,
Und daß wir ewig Knaben bleiben würden.
Two lads that thought there was no more behind
But such a day tomorrow as today,
And to be boy eternal.
Ein Wintermärchen I,2

Klage

Nein, klage nicht, was du nicht helfen kannst,
Und such zu helfen dem, was du beklagst.
Die Zeit ist Amm' und Mutter alles Guten.
Cease to lament for that thou canst not help,
And study help for that which thou lament'st.
Time is the nurse and breeder of all good.
Die beiden Veroneser III,1

Laßt uns, der trüben Zeit gehorchend, klagen,
Nicht was sich ziemt nur: was wir fühlen sagen.

The weight of this sad time we must obey;
Speak what we feel, not what we ought to say.
König Lear V,3

Doch zu verharrn
In eigenwill'gen Klagen, ist das Tun
Gottlosen Starrsinns; ist unmännlich Leid.
But to persever
In obstinate condolement is a course
Of impious stubbornness, 'tis unmanly grief.
Hamlet I,2

Es hilft dir nicht, in Wehmut zu verzagen;
Nach unserm Spruche kommt zu spät das Klagen.
It boots thee not to be compassionate;
After our sentence plaining comes too late.
König Richard II. I,3

Kleidung

Reicht mein Gewand mir her, denn ich will gehn.
Give me my robe, for I will go.
Julius Cäsar II,2

Zerlumptes Kleid bringt kleinen Fehl ans Licht:
Talar und Pelz birgt alles.
Through tatter'd clothes small vices do appear;
Robes and furr'd gowns hide all.
König Lear IV,6

Mag Sitt' entscheiden, wer am schwersten fehle,
Vertauscht ein Weib das Kleid, ein Mann die Seele.
It is the lesser blot, modesty finds,
Women to change their shapes, than men their minds.
Die beiden Veroneser V,4

Die Schande wechsl' ich mit dem Hemde nicht,
Nein, sie wird an den reichsten Kleidern hängen,
Sich zeigen, wie ich auch mich schmücken mag.

My shame will not be shifted with my sheet:
No, it will hang upon my richest robes,
And show itself, attire me how I can.
König Heinrich VI., Zweiter Teil, II,4

Verkleidung, du bist eine Schalkheit, seh ich,
Worin der list'ge Feind gar mächtig ist.
Disguise, I see thou art a wickedness
Wherein the pregnant enemy does much.
Was ihr wollt II,2

Kloster

Geh in ein Kloster!
Get thee to a nunnery.
Hamlet III,1

Den Tod zu sterben, oder immerdar
Den Umgang aller Männer abzuschwören.
Drum fraget Eure Wünsche, schönes Kind,
Bedenkt die Jugend, prüfet Euer Blut,
Ob Ihr die Nonnentracht ertragen könnt,
Wenn Ihr der Wahl des Vaters widerstrebt:
Im dumpfen Kloster ewig eingesperrt,
Als unfruchtbare Schwester zu verharren,
Den keuschen Mond mit matten Hymnen feiernd.
O dreimal selig, die, des Bluts Beherrscher,
So jungfräuliche Pilgerschaft bestehn!
Doch die gepflückte Ros' ist irdischer beglückt,
Als die, am unberührten Dorne welkend,
Wächst, lebt und stirbt in heil'ger Einsamkeit.
Either to die the death, or to abjure
For ever the society of men.
Therefore, fair Hermia, question your desires,
Know of your youth, examine well your blood,
Whether, if you yield not to your father's choice,
You can endure the livery of a nun,

For aye to be in shady cloister mew'd,
To live a barren sister all your life,
Chanting faint hymns to the cold fruitless moon.
Thrice-blessed they that master so their blood
To undergo such maiden pilgrimage;
But earthlier happy is the rose distill'd
Than that which, withering on the virgin thorn,
Grows, lives, and dies, in single blessedness.
Ein Sommernachtstraum I,1

Klugheit – s. Weisheit

Koch

Ei, Herr, das wäre ein schlechter Koch, der seine eignen Finger nicht ablecken könnte.

Marry, sir, 'tis an ill cook that cannot lick his own fingers.
Romeo und Julia IV,2

Könige und Fürsten

Ein Fürst ist Erdengott, Gesetz wird sein Verbrechen.

Kings are earth's gods; in vice their law's their will.
Perikles I,1

So wie die Götter sollen Fürsten sein,
Die frei beschenken, wer mit Ehrfurcht ihnen naht!
Und unfreigeb'ge Fürsten gleichen Fliegen:
Gesumm! Verwundern, wenn sie tot daliegen!

Princes, in this, should live like gods above,
Who freely give to every one that comes
To honour them:
And princes, not doing so, are like to gnats,
Which make a sound, but kill'd are wonder'd at.
Perikles II,3

Herr, meine Fürstin liebt ein Ungeheuer.

My mistress with a monster is in love.

Ein Sommernachtstraum III,2

HAMLET.
Jemand könnte mit dem Wurm fischen, der von einem König gegessen hat, und von dem Fisch essen, der den Wurm verzehrte.
KÖNIG.
Was meinst du damit?
HAMLET.
Nichts, als Euch zu zeigen, wie ein König seinen Weg durch die Gedärme eines Bettlers nehmen kann.

HAMLET.
A man may fish with the worm that hath eat of a king, and eat of the fish that hath fed of that worm.
KING.
What dost thous mean by this?
HAMLET.
Nothing but to show you how a king may go a progress through the guts of a beggar.

Hamlet IV,3

So laßt uns alle mit dem König sinken.

Let's all sink wi'th' King.

Der Sturm I,1

Jeder Zoll ein König.

Every inch a king.

König Lear IV,6

Ich vergaß mich selbst: bin ich nicht König?
Erwache, feige Majestät! du schläfst.

I had forgot myself: am I not king?
Awake, thou coward majesty! thou sleepst.

König Richard II. III,3

Wie könnt ihr sagen, daß ich König bin?
How can you say to me I am a king?
König Richard II. III,3

Der König ist auch nur ein Mensch, wie ich es bin. Die Viole riecht ihm, wie sie mir tut, das Firmament erscheint ihm wie mir, alle seine Sinne stehen unter menschlichen Bedingungen: seine Zeremonien beiseite gesetzt, erscheint er in seiner Nacktheit nur als ein Mensch, und wiewohl seine Neigungen einen höheren Schwung nehmen als unsre, so senken sie sich doch mit demselben Fittich, wenn sie sich senken.

The king is but a man, as I am: the violet smells to him as it doth to me; the element shows to him as it doth to me; all his senses have but human conditions: his ceremonies laid by, in his nakedness he appears but a man; and though his affections are higher mounted than ours, yet when they stoop, they stoop with the like wing.
König Heinrich V. IV,1

Manchmal bin ich König,
Dann macht Verrat mich wünschen, ich wär' Bettler;
Dann werd ich's, dann beredet Dürftigkeit
Mich drückend, daß mir besser war als König.
Sometimes am I king,
Then treasons make me wish myself a beggar,
And so I am. Then crushing penury
Persuades me I was better when a king.
König Richard II. V,5

Gibt nicht der Hagdorn einen süßern Schatten
Dem Schäfer, der die fromme Herde weidet,
Als wie ein reich gestickter Baldachin
Dem König, der Verrat der Bürger fürchtet?
Gives not the hawthorn-bush a sweeter shade
To shepherds, looking on their silly sheep,
Than doth a rich embroider'd canopy
To kings, that fear their subjects' treachery?
König Heinrich VI., Dritter Teil, II,5

Doch sterben müssen Kön'ge noch so groß:
So endet sich der armen Menschen Los.
But kings and mightiest potentates must die,
For that's the end of human misery.
König Heinrich VI., Erster Teil, III,2

Körper

Unser Körper ist ein Garten und unser Wille der Gärtner.
Our bodies are gardens, to the which our wills are gardeners.
Othello I,3

Was ist der Körper, wenn das Haupt ihm fehlt?
What is the body when the head is off?
König Heinrich VI., Dritter Teil, V,1

Ist frei der Geist,
Dann fühlt der Körper zart.
When the mind's free
The body's delicate.
König Lear III,4

Kopf

Schwer ruht das Haupt, das eine Krone drückt.
Uneasy lies the head that wears a crown.
König Heinrich IV., Zweiter Teil, III,1

Fängst du an, mir über den Kopf zu wachsen?
Begin you to grow upon me?
Wie es euch gefällt I,1

Ein bessres Haupt gebührt so edlem Leib
Als meins, das längst von Schwäch' und Alter wankt.
A better head her glorious body fits
Than his that shakes for age and feebleness.
Titus Andronicus I,2

O je, wie schmerzt der Kopf mir! Welch ein Kopf!
Er schlägt, als wollt' er gleich in Stücke springen.

Lord, how my head aches! What a head have I!
It beats as it would fall in twenty pieces.

Romeo und Julia II,5

Dein Kopf ist so voll Zänkereien wie ein Ei voll Dotter, und doch ist dir der Kopf für dein Zanken schon dotterweich geschlagen.

Thy head is as full of quarrels as an egg is full of meat; and yet thy head hath been beaten as addle as an egg for quarrelling.

Romeo und Julia III,1

Ein guter Kopf weiß alles zu benutzen.

A good wit will make use of anything.

König Heinrich IV., Zweiter Teil, I,2

Den Kopf ihm ab!

Off with his head!

König Richard III. III,4

Kosten

Es ist der Welt Brauch, Unkosten zu vermeiden.

The fashion of the world is to avoid cost.

Viel Lärm um nichts I,1

Kränkung – s. Beleidigung

Krankheit und Gesundheit (s. auch Pest)

Ich bin nicht recht gesund, und das ist alles.

I am not well in health, and that is all.

Julius Cäsar II,1

Und doch, nach allem, was ich sehe, sind die ebenso krank, die sich mit allzuviel überladen, als die bei nichts darben.

And yet, for aught I see, they are as sick that surfeit with too much as they that starve with nothing.
Der Kaufmann von Venedig I,2

Nun wähl dir selbst die Zeit; es ziemt dem Kranken,
Des Arztes Wort zu folgen ohne Wanken.
So make the choice of thy own time, for I,
Thy resolv'd patient, on thee still rely.
Ende gut, alles gut II,1

Die Krankheit des Alters, die den vernünftigen Mann herunterbringt, macht den Narren immer besser.
Infirmity, that decays the wise, doth ever make the better fool.
Was ihr wollt I,5

Krankheit verabsäumt jeden Dienst, zu dem
Gesundheit ist verpflichtet.
Infirmity doth still neglect all office
Whereto our health is bound.
König Lear II,4

Doch wo die größre Krankheit Sitz gefaßt,
Fühlt man die mindre kaum.
But where the greater malady is fix'd,
The lesser is scarce felt.
König Lear III,4

Vor der Genesung einer heft'gen Krankheit,
Im Augenblick der Kraft und Beßrung, ist
Am heftigsten der Anfall. Jedes Übel,
Das Abschied nimmt, erscheint am übelsten.
Before the curing of a strong disease,
Even in the instant of repair and health,
The fit is strongest; evils that take leave,
On their departure most of all show evil.
König Johann III,4

Wenn die Krankheit
Verzweifelt ist, kann ein verzweifelt Mittel
Nur helfen, oder keins.

Diseases desperate grown
By desperate appliance are relieved,
Or not at all.

Hamlet IV,3

Krieg

Was verlangt ihr, Hunde,
Die Krieg nicht wollt, noch Frieden? Jener schreckt euch,
Und dieser macht euch frech.

What would you have, you curs,
That like nor peace nor war? the one affrights you,
The other makes you proud.

Coriolan I,1

Ich bin für den Krieg, sage ich, er übertrifft den Frieden wie der Tag die Nacht: er ist lustig, wachsam, gesprächig, immer was Neues! Friede ist Stumpfheit, Schlafsucht, dick, faul, taub, unempfindlich, und bringt mehr Bastarde hervor, als der Krieg Menschen erwürgt.

Let me have war, say I; it exceeds peace, as far as day does night; it's spritely, waking, audible, and full of vent. Peace is a very apoplexy, lethargy; mulled, deaf, sleepy, insensible; a getter of more bastard children than war's a destroyer of men.

Coriolan IV,3

Wie man auf gewisse Weise den Krieg Notzucht nennen kann, so macht, ohne Widerrede, der Friede viele Hahnrei.

As war, in some sort, may be said to be a ravisher, so it cannot be denied but peace is a great maker of cuckolds.

Coriolan IV,3

Wer mehr im Krieg tut, als sein Feldherr kann,
Wird seines Feldherrn Feldherr.

Who does i' the wars more than his captain can,
Becomes his captain's captain.

Antonius und Cleopatra III,1

O Krieg, du Sohn der Hölle,
Gebraucht zum Werkzeug von des Himmels Zorn!
Wirf in die frost'gen Busen unsres Volks
Der Rache heiße Kohlen!

O war, thou son of hell,
Whom angry heavens do make their minister,
Throw in the frozen bosoms of our part
Hot coals of vengeance!

König Heinrich VI., Zweiter Teil, V,2

Im Krieg ist's Sitte, jeden Vorteil nutzen;
Zehn gegen eins setzt nicht den Mut herab.

It is war's prize to take all vantages;
And ten to one is no impeach of valour.

König Heinrich VI., Dritter Teil, I,4

Zwar spät, doch endlich stimmt, was Mißklang schien,
Und Zeit ist's, wenn der wilde Krieg vorüber,
Der Angst zu lächeln, der bestandnen Not.

At last, though long, our jarring notes agree,
And time it is, when raging war is done,
To smile at 'scapes and perils overblown.

Der Widerspenstigen Zähmung V,2

Dem lohnt des Himmels Friede, der sein Schwert
In so gerechtem, frommem Kriege zieht.

The peace of heaven is theirs that lift their swords
In such a just and charitable war.

König Johann II,1

O Gott der Schlachten! Stähle meine Krieger.

O God of battles! steel my soldiers' hearts.

König Heinrich V. IV,1

Großer Sohn, du weißt,
Des Krieges Glück ist ungewiß.

Thou know'st, great son,
The end of war's uncertain.

Coriolan V,3

Kürze

Weil Kürze denn des Witzes Seele ist,
Weitschweifigkeit der Leib und äußre Zierat;
Fass' ich mich kurz.

Since brevity is the soul of wit,
And tediousness the limbs and outward flourishes,
I will be brief.

Hamlet II,2

Kummer (s. auch Gram, Sorgen)

Allein kommt nie ein Kummer, er bringt mit
Den Erben, der in seine Rechte tritt.

One sorrow never comes but brings an heir
That may succeed as his inheritor.

Perikles I,4

Hol' die Pest Kummer und Seufzen. Es bläst einen Menschen auf wie einen Schlauch.

A plague of sighing and grief! it blows a man up like a bladder.

König Heinrich IV., Erster Teil, II,4

Es sind Gebärden, die man spielen könnte.
Was über allen Schein, trag ich in mir;
All dies ist nur des Kummers Kleid und Zier.

For they are actions that a man might play,
But I have that within which passes show –
These but the trappings and the suits of woe.
Hamlet I,2

Wo die Bekümmernis, wird Hilfe sein.
Wherever sorrow is, relief would be.
Wie es euch gefällt III,5

Bekümmernis hängt sich mit Lieb' an dich,
Und mit dem Mißgeschick bist du vermählt.
Affliction is enamour'd of thy parts,
And thou art wedded to calamity.
Romeo und Julia III,3

Kuß / Küssen

Leb auf im Kuß!
Quicken with kissing.
Antonius und Cleopatra IV,13

Lehr nicht deine Lippen solchen Hohn:
Zum Kuß geschaffen, Herrin, sind sie ja.
Teach not thy lips such scorn, for they were made
For kissing, lady.
König Richard III. I,2

Zwei Pilger, neigen meine Lippen sich,
Den herben Druck im Kusse zu versüßen.
My lips, two blushing pilgrims, ready stand
To smooth that rough touch with a tender kiss.
Romeo und Julia I,5

O Lippen, ihr, die Tore
Des Odems, siegelt mit rechtmäß'gem Kusse
Den ewigen Vertrag dem Wuchrer Tod!

Lips, O you
The doors of breath, seal with a righteous kiss
A dateless bargain to engrossing death!
Romeo und Julia V,3

Mit meinen Küssen will ich dich ersticken.
I'll smother thee with kisses.
Venus und Adonis 18

Ihr tätet besser, erst zu sprechen, und wenn Ihr dann stocktet, weil ihr nichts mehr wüßtet, nähmt Ihr Gelegenheit zu küssen. Gute Redner räuspern sich, wenn sie aus dem Text kommen, und wenn Liebhabern (was Gott verhüte!) der Stoff ausgeht, so ist der schicklichste Behelf zu küssen.

You were better speak first; and when you were gravelled for lack of matter, you might take occasion to kiss. Very good orators, when they are out, they will spit, and for lovers lacking – God warn us! – matter, the cleanliest shift is to kiss.
Wie es euch gefällt IV,1

Wenn ich zögre, so verscherz ich:
Komm denn, Liebchen, küß mich herzig!
In delay there lies no plenty,
Then come kiss me, sweet-and-twenty.
Was ihr wollt II,3

Küß mich, Käthchen.
Kiss me, Kate.
Der Widerspenstigen Zähmung V,2

Ihr küßt recht nach der Kunst.
You kiss by th' book.
Romeo und Julia I,5

Eine Nonne von des Winters Orden küßt nicht geistlicher.
A nun of winter's sisterhood kisses not more religiously.
Wie es euch gefällt III,4

Wenn ich eine Frau wäre, so würde ich jeden von euch küssen, dessen Bart mir gefiele, dessen Antlitz mich anspräche, und dessen Atem mir nicht zuwider wäre!

> If I were a woman, I would kiss as many of you as had beards that pleased me, complexions that liked me, and breaths that I defied not.
>
> *Wie es euch gefällt,* Epilog

Ich küßte dich,
Eh ich dir Tod gab! Nun sei dies der Schluß:
Mich selber tötend sterb ich so im Kuß.

> I kissed thee ere I killed thee. No way but this:
> Killing myself, to die upon a kiss.
>
> *Othello* V,2

Nur Fremd' und Feinde scheiden ungeküßt.

> Strangers, and foes, do sunder, and not kiss.
>
> *Ende gut, alles gut* II,5

Ihr habt Zauberkraft in Euren Lippen, Käthchen; es ist mehr Beredsamkeit in einer süßen Berührung von ihnen, als in den Zungen des ganzen französischen Rates.

> You have witchcraft in your lips, Kate: there is more eloquence in a sugar touch of them than in the tongues of the French council.
>
> *König Heinrich V.* V,2

L

Lächeln

Daß einer lächeln kann und immer lächeln
Und doch ein Schurke sein.
That one may smile, and smile, and be a villain.
Hamlet I,5

Ja, wenn du nicht lächeln kannst, je nachdem der Wind kommt, so wirst du bald einen Schnupfen weghaben.
Nay, an thou canst not smile as the wind sits, thou'lt catch cold shortly.
König Lear I,4

Er lächelt selten und auf solche Weise,
Als spott' er sein, verachte seinen Geist,
Den irgendwas zum Lächeln bringen konnte.
Seldom he smiles, and smiles in such a sort
As if he mock'd himself, and scorn'd his spirit
That could be mov'd to smile at any thing.
Julius Cäsar I,2

Er lächelt mehr Linien in sein Gesicht hinein, als auf der neuen Weltkarte mit beiden Indien stehn.
He does smile his face into more lines than is in the new map with the augmentation of the Indies.
Was ihr wollt III,2

Wo wir sind, drohn Dolche
In jedes Lächeln.
Where we are,
There's daggers in men's smiles.
Macbeth II,3

Länder und Völker

Britannien ist 'ne Welt für sich.

Britain is a world by itself.

Cymbelin III,1

Etwas ist faul im Staate Dänemark.

Something is rotten in the state of Denmark.

Hamlet I,4

Dänemark ist ein Gefängnis.

Denmark's a prison.

Hamlet II,2

Die Deutschen sind ehrliche Leute.

Germans are honest men.

Die lustigen Weiber von Windsor IV,5

Ich hab's in England gelernt, wo sie, das muß man sagen, sich gewaltig auf das Bechern verstehn! Euer Däne, Euer Deutscher, Euer dickbäuchiger Holländer – zu trinken, he! – sind alle nichts gegen den Engländer!

I learned it in England, where indeed they are most potent in potting. Your Dane, your German, and your swag-bellied Hollander – drink, ho! – are nothing to your English.

Othello II,3

Dies England lag noch nie und wird auch nie
Zu eines Siegers stolzen Füßen liegen.

This England never did, nor never shall,
Lie at the proud foot of a conqueror.

König Johann V,7

Nichts bringt uns Not und Reu,
Bleibt England nur sich selber immer treu.

Naught shall make us rue,
If England to itself do rest but true.

König Johann V,7

Der Königsthron hier, dies gekrönte Eiland,
Dies Land der Majestät, der Sitz des Mars,
Dies zweite Eden, halbe Paradies,
Dies Bollwerk, das Natur für sich erbaut,
Der Ansteckung und Hand des Kriegs zu trotzen,
Dies Volk des Segens, diese kleine Welt,
Dies Kleinod, in die Silbersee gefaßt,
Die ihr den Dienst von einer Mauer leistet,
Von einem Graben, der das Haus verteidigt
Vor weniger beglückter Länder Neid;
Der segensvolle Fleck, dies Reich, dies England.

This royal throne of kings, this scepter'd isle,
This earth of majesty, this seat of Mars,
This other Eden, demi-paradise;
This fortress built by Nature for herself
Against infection and the hand of war;
This happy breed of men, this little world;
This precious stone set in the silver sea,
Which serves it in the office of a wall,
Or as a moat defensive to a house,
Against the envy of less happier lands;
This blessed plot, this earth, this realm, this England.

König Richard II. II,1

England, eingefaßt vom stolzen Meer,
Des Felsgestade jeden Wellensturm
Des neidischen Neptunus wirft zurück,
Ist nun in Schmach gefaßt, mit Tintenflecken
Und Schriften auf verfaultem Pergament.
England, das andern obzusiegen pflegte,
Hat schmählich über sich nun Sieg erlangt.

England, bound in with the triumphant sea,
Whose rocky shore beats back the envious siege
Of wat'ry Neptune, is now bound in with shame,
With inky blots and rotten parchment bonds.
That England, that was wont to conquer others,
Hath made a shameful conquest of itself.

König Richard II. II,1

Es ist beständig der Tick unsrer englischen Nation gewesen, wenn sie was Gutes haben, es zu gemein zu machen.

> It was always yet the trick of our English nation, if they have a good thing, to make it too common.
>
> *König Heinrich IV.*, Zweiter Teil, I,2

Ein Loch für Hund' ist Frankreich, und verdient nicht,
Daß Helden es beschreiten. Auf, ins Feld!

> France is a dog-hole, and it no more merits
> The tread of a man's foot: to the wars!
>
> *Ende gut, alles gut* II,3

In diesem schönsten Garten auf der Welt,
Dem fruchtbarn Frankreich.

> In this best garden of the world,
> Our fertile France.
>
> *König Heinrich V.* V,2

's ist besser, Frankreich nutzen als vertraun.

> 'Tis better using France than trusting France.
>
> *König Heinrich VI.*, Dritter Teil, IV,1

Bedenket, wo ihr seid:
In Frankreich, unter wankelmüt'gem Volk.

> Remember where we are –
> In France, amongst a fickle wavering nation.
>
> *König Heinrich VI.*, Erster Teil, IV,1

Wie ein Franzos: gewandt und umgewandt!

> Done like a Frenchman – turn, and turn again!
>
> *König Heinrich VI.*, Erster Teil, III,3

Der Griech' ist stark und bei der Kraft gewandt,
Keck bei Gewandtheit und bei Keckheit tapfer.

> The Greeks are strong, and skilful to their strength,
> Fierce to their skill, and to their fierceness valiant.
>
> *Troilus und Cressida* I,1

Wenn sie keinen Deut geben wollen, einem lahmen Bettler zu helfen, so wenden sie zehn daran, einen toten Indianer zu sehn.

When they will not give a doit to relieve a lame beggar, they will lay out ten to see a dead Indian.

Der Sturm II,2

Ein Hund sein lieber und den Mond anbellen,
Als solch ein Römer!

I had rather be a dog, and bay the moon,
Than such a Roman.

Julius Cäsar IV,3

Ich bin ein alter Römer, nicht ein Däne.

I am more an antique Roman than a Dane.

Hamlet V,2

Sind wir denn Türken?

Are we turned Turks?

Othello II,3

Lästern – s. Hohn und Spott

Laster

Dem fehlte nie, der freche Laster übte,
Die Unverschämtheit, seine Tat zu leugnen,
Mit der er sündigte.

I ne'er heard yet
That any of these bolder vices wanted
Less impudence to gainsay what they did
Than to perform it first.

Ein Wintermärchen III,2

Freilich, das Laster [Liederlichkeit] ist von so großer Familie und vornehmer Verwandtschaft; aber es ist unmöglich, es ganz auszurotten, Pater, man müßte denn Essen und Trinken abschaffen.

Yes, in good sooth, the vice is of a great kindred; it is well allied; but it is impossible to extirp it quite, friar, till eating and drinking be put down.
Maß für Maß III,2

In Laster wandelt sich selbst Tugend, falsch geübt,
Wie Ausführung auch wohl dem Laster Würde gibt.
Virtue itself turns vice, being misapplied,
And vice sometime's by action dignified.
Romeo und Julia II,3

Leben

Leben ist nur ein wandelnd Schattenbild;
Ein armer Komödiant, der spreizt und knirscht
Sein Stündchen auf der Bühn', und dann nicht mehr
Vernommen wird. Ein Märchen ist's, erzählt
Von einem Dummkopf, voller Klang und Wut,
Das nichts bedeutet.
Life's but a walking shadow; a poor player,
That struts and frets his hour upon the stage,
And then is heard no more; it is a tale
Told by an idiot, full of sound and fury,
Signifying nothing.
Macbeth V,5

Das schwerste, jammervollste ird'sche Leben,
Das Alter, Armut, Schmerz, Gefangenschaft
Dem Menschen auflegt – ist ein Paradies
Gegen das, was wir vom Tode fürchten!
The weariest and most loathed worldly life
That age, ache, penury, and imprisonment
Can lay on nature, is a paradise
To what we fear of death.
Maß für Maß III,1

Die Liebe zum Leben ist mir so vergangen, daß ich bitten werde, davon befreit zu sein.

I am so out of love with life that I will sue to be rid of it.

Maß für Maß III,1

Es ist Albernheit zu leben, wenn das Leben eine Qual wird, und wir haben die Vorschrift zu sterben, wenn Tod unser Arzt ist.

It is silliness to live, when to live is a torment; and then we have a prescription to die, when death is our physician.

Othello I,3

Das Leben gilt uns teu'r; doch teurer Mut
Hält Ehr' um vieles teurer als das Leben.

Life every man holds dear; but the dear man
Holds honour far more precious-dear than life.

Troilus und Cressida V,3

Das Leben ist so schal wie'n altes Märchen,
Dem Schläfrigen ins dumpfe Ohr geleiert.

Life is as tedious as a twice-told tale,
Vexing the dull ear of a drowsy man.

König Johann III,4

Das Gewebe unsres Lebens besteht aus gemischtem Garn, gut und schlecht durcheinander.

The web of our life is of a mingled yarn, good and ill together.

Ende gut, alles gut IV,3

O edle Herrn, des Lebens Zeit ist kurz:
Die Kürze schlecht verbringen, wär' zu lang,
Hing' Leben auch am Weiser einer Uhr
Und endigte, wie eine Stunde kommt.

O gentlemen, the time of life is short;
To spend that shortness basely were too long,

If life did ride upon a dial's point,
Still ending at the arrival of an hour.
König Heinrich IV., Erster Teil, V,2

Die Lebensgeister sind mir wie im Traum
Gefesselt.
My spirits, as in a dream, are all bound up.
Der Sturm I,2

O Jupiter! wie matt sind meine Lebensgeister!
O Jupiter, how weary are my spirits!
Wie es euch gefällt II,4

Leid (s. auch Gram, Kummer, Sorgen)

Leid bricht die Zeiten und der Ruhe Stunden,
Schafft Nacht zum Morgen und aus Mittag Nacht.
Sorrow breaks seasons and reposing hours,
Makes the night morning, and the noon-tide night.
König Richard III. I,4

Ich sehe, Leid steckt an.
Passion, I see, is catching
Julius Cäsar III,1

O schwerste Pflicht, die du mir auferlegst,
Dir auszusprechen unaussprechlich Leid!
A heavier task could not have been impos'd,
Than I to speak my griefs unspeakable.
Die Komödie der Irrungen I,1

Leid endet nicht, wann es scheint abgetan.
For sorrow ends not when it seemeth done.
König Richard II. I,3

Leid sitzt um so schwerer,
Wo es bemerkt, daß man nur schwach es trägt.
Woe doth the heavier sit
Where it perceives it is but faintly borne.
König Richard II. I,3

Denn knirschend Leid hat minder Macht zu nagen
Den, der es höhnt und nichts danach will fragen.
    For gnarling sorrow hath less power to bite
    The man that mocks at it and sets it light.
    König Richard II. I,3

Drum, lieber Herr, wägt weislich
Leid gegen Trost.
    Then wisely, good sir, weigh
    Our sorrow with our comfort.
    Der Sturm II,1

Das Herzeleid
Macht, daß er irre redet, wie Verrückte.
    Sorrow and grief of heart
    Makes him speak fondly, like a frantic man.
    König Richard II. III,4

Ich will mein Leiden lehren, stolz zu sein,
Denn Gram ist stolz, er beugt den Eigner tief.
    I will instruct my sorrows to be proud,
    For grief is proud, and makes his owner stout.
    König Johann III,1

Nehmt meine Herrlichkeit und Würde hin,
Die Leiden nicht, wovon ich König bin.
    You may my glories and my state depose,
    But not my griefs; still am I king of those.
    König Richard II. IV,1

Wenn die Leiden kommen,
So kommen sie wie einzle Späher nicht,
Nein, in Geschwadern.
    When sorrows come, they come not single spies,
    But in battalions.
    Hamlet IV,5

Nie zeugt des Leides grimmer Zahn mehr Gift,
Als wenn er nagt, doch durch und durch nicht trifft.

Fell sorrow's tooth doth never rankle more
Than when he bites, but lanceth not the sore.
König Richard II. I,3

Das Wesen jedes Leids hat zwanzig Schatten,
Die aussehn wie das Leid, doch es nicht sind;
Das Aug' des Kummers, überglast von Tränen,
Zerteilt ein Ding in viele Gegenstände.
Each substance of a grief hath twenty shadows,
Which show like grief itself, but are not so.
For sorrow's eye, glazed with blinding tears,
Divides one thing entire to many objects.
König Richard II. II,2

Leidenschaft

Gebt mir den Mann, den seine Leidenschaft
Nicht macht zum Sklaven, und ich will ihn hegen
Im Herzensgrund.
Give me that man
That is not passion's slave, and I will wear him
In my heart's core.
Hamlet III,2

Lernen und Studieren

Ein unerzognes, ungelehrtes Mädchen,
Darin beglückt, daß sie noch nicht zu alt
Zum Lernen ist; noch glücklicher, daß sie
Zum Lernen nicht zu blöde ward geboren.
An unlesson'd girl, unschool'd, unpractis'd,
Happy in this, she is not yet so old
But she may learn: happier than this,
She is not bred so dull but she can learn.
Der Kaufmann von Venedig III,2

Herr, ich bin zu alt zum Lernen.

> Sir, I am too old to learn.
>
> *König Lear* II,2

Studiert vielmehr, was Euer Aug' entzücke,
Indem Ihr's auf ein schönres Auge wendet,
Das – blendend uns – zugleich mit Trost erquicke,
Und, raubt es Licht, uns neue Sehkraft spendet.
Studium vergleich ich mit dem Strahl der Sonnen:
Kein frecher Blick darf ihren Glanz ergründen.

> Study me how to please the eye indeed,
> By fixing it upon a fairer eye;
> Who dazzling so, that eye shall be his heed,
> And give him light that it was blinded by.
> Study is like the heaven's glorious sun,
> That will not be deep-search'd with saucy looks.
>
> *Liebes Leid und Lust* I,1

Ich kann wenig mehr sagen, als ich studiert habe, und diese Frage steht nicht in meiner Rolle.

> I can say little more than I have studied, and that question's out of my part.
>
> *Was ihr wollt* I,5

So schießt das Studium immer übers Ziel:
Weil es studiert, zu haschen, was es wollte,
Vergaß es auszurichten, was es sollte;
Und hat es nun, worauf es lang gesonnen,
Ist's, wie im Sturm, gewonnen so zerronnen.

> So study evermore is over-shot;
> While it doth study to have what it would,
> It doth forget to do the thing it should:
> And when it hath the thing it hunteth most,
> 'Tis won, as towns, with fire; so won, so lost.
>
> *Liebes Leid und Lust* I,1

Lesen und Schreiben

Er liest viel.
Er ist ein großer Prüfer und durchschaut
Das Tun der Menschen ganz.

He reads much,
He is a great observer, and he looks
Quite through the deeds of men.

Julius Cäsar I,2

Mach ihn mit aller Freiheit der Feder herunter; wenn du ihn ein halb dutzendmal duzest, so kann es nicht schaden, und so viel Lügen, als auf dem Papier liegen können, schreib sie auf!

Taunt him with the license of ink; if thou thou'st him some thrice, it shall not be amiss; and as many lies as will lie in thy sheet of paper, [...] set 'em down.

Was ihr wollt III,2

Erfinde, Witz; schreibe, Feder; denn ich bin gestimmt für ganze Bände in Folio.

Devise, wit; write, pen; for I am for whole volumes in folio.

Liebes Leid und Lust I,2

Auf einen Brief kann ein jeder antworten, wenn er schreiben kann.

Any man that can write may answer a letter.

Romeo und Julia II,4

Ich hielt es einst, wie unsre großen Herrn,
Für niedrig, schön zu schreiben, und bemühte
Mich sehr, es zu verlernen.

I once did hold it, as our statists do,
A baseness to write fair, and laboured much
How to forget that learning.

Hamlet V,2

Ein Mann von guter Physiognomik sein, ist ein Geschenk des Glücks; aber die Schreib- und Lesekunst kommt von der Natur.

To be a well-favoured man is the gift of fortune, but to write and read comes by nature.

Viel Lärm um nichts III,3

Laß Galle genug in deiner Tinte sein, wenn du auch mit einem Gänsekiel schreibst, es tut nichts. Mach dich dran.

Let there be gall enough in thy ink; though thou write with a goose-pen, no matter. About it.

Was ihr wollt III,2

Schreibtafel her, ich muß mir's niederschreiben.

My tables – meet it is I set it down.

Hamlet I,5

Liebe

Verschämte Lieb', ach! sie verrät sich schnell
Wie Blutschuld; ihre Nacht ist sonnenhell.

A murd'rous guilt shows not itself more soon
Than love that would seem hid: love's night is moon.

Was ihr wollt III,1

Ich lieb dich nicht: verfolge mich nicht mehr!

I love thee not, therefore pursue me not.

Ein Sommernachtstraum II,1

Liebt' ich sie je, die Lieb' ist längst vorüber.

If e'er I lov'd her, all that love is gone.

Ein Sommernachtstraum III,2

Wenn Lieb' erkrankt und schwindet,
Nimmt sie gezwungne Höflichkeiten an.

When love begins to sicken and decay
It useth an enforced ceremony.

Julius Cäsar IV,2

Wie Schatten flieht die Lieb', indem man sie verfolgt;
Sie folgt dem, der sie flieht, und flieht den, der ihr folgt.
Love like a shadow flies, when substance love pursues;
Pursuing that that flies, and flying what pursues.
Die lustigen Weiber von Windsor II,2

Denn Lieb' ist voller Eigensinn und Unart,
Mutwillig wie ein Kind, abspringend, eitel,
Erzeugt durchs Aug' und deshalb, gleich dem Auge,
Voll flücht'ger Bilder, Formen, Phantasien
Und wechselnd bunt, wie in des Auges Spiegel
Der Dinge Wechsel schnell vorüberrollt.
As love is full of unbefitting strains,
All wanton as a child, skipping, and vain;
Form'd by the eye, and, therefore, like the eye,
Full of straying shapes, of habits, and of forms,
Varying in subjects as the eye doth roll
To every varied object in his glance.
Liebes Leid und Lust V,2

Süß sei es, Lieb' erflehn, doch süßer, Liebe finden.
Love sought is good, but given unsought is better.
Was ihr wollt III,1

Lieb' ist ein Rauch, den Seufzerdämpf' erzeugten.
Love is a smoke made with the fume of sighs.
Romeo und Julia I,1

Die Lieb' ist blind, das Dunkel ist ihr recht.
Blind is his love and best befits the dark.
Romeo und Julia II,1

Doch Lieb' ist blind, Verliebte sehen nicht
Die art'gen Kinderein, die sie begehen –
Denn könnten sie's, Kupido würd' erröten.

But love is blind, and lovers cannot see
The pretty follies that themselves commit,
For if they could, Cupid himself would blush.
Der Kaufmann von Venedig II,6

Das Kleinste schon muß große Lieb' erschrecken
Und ihre Größ' in kleiner Sorg' entdecken.
Where love is great, the littlest doubts are fear,
Where little fears grow great, great love grows there.
Hamlet III,2

All deine Plage
War nur die Prüfung deiner Lieb', und du
Hast deine Probe wunderbar bestanden.
All thy vexations
Were but my trials of thy love, and thou
Hast strangely stood the test.
Der Sturm IV,1

Lieb' ist nicht Liebe, wenn sie Störer stören,
Wenn sie Zerstreuung irrend kann zerstreun.
Love is not love
Which alters when it alteration finds.
Sonett 116

Lieb' ist zu jung, sie weiß nichts von Gewissen.
Love is too young to know what conscience is.
Sonett 151

Dem schlechtsten Ding an Art und an Gehalt
Leiht Liebe dennoch Ansehn und Gestalt.
Sie sieht mit dem Gemüt, nicht mit den Augen,
Und ihr Gemüt kann nie zum Urteil taugen.
Drum nennt man ja den Gott der Liebe blind.
Things base and vile, holding no quantity,
Love can transpose to form and dignity.
Love looks not with the eyes, but with the mind;
And therefore is wing'd Cupid painted blind.
Ein Sommernachtstraum I,1

Die Liebe deute, was die Liebe spricht.

Love takes the meaning in love's conference.

Ein Sommernachtstraum II,2

Der Himmel gebe,
Daß, bis dein Leben schließt, die Liebe lebe!

Thy love ne'er alter till thy sweet life end!

Ein Sommernachtstraum II,2

Der Liebe Grund sei grundlos.

Love's reason 's without reason.

Cymbelin IV,2

Ich verstehe mich nicht auf verblümte Winke bei der Liebe, sondern sage gerade heraus: »Ich liebe Euch.«

I know no ways to mince it in love, but directly to say, 'I love you.'

König Heinrich V. V,2

Nach allem, was ich jemals las
Und jemals hört' in Sagen und Geschichten,
Rann nie der Strom der treuen Liebe sanft.

For aught that I could ever read,
Could ever hear by tale or history,
The course of true love never did run smooth.

Ein Sommernachtstraum I,1

Liebe keinen Mann in wahrem Ernst, auch zum Spaß nicht weiter, als daß du mit einem unschuldigen Erröten in Ehren wieder davonkommen kannst.

Love no man in good earnest, nor no further in sport neither, than with safety of a pure blush thou mayst in honour come off again.

Wie es euch gefällt I,2

Entsinnst du dich der kleinsten Torheit nicht,
In welche dich die Liebe je gestürzt,
So hast du nicht geliebt!

If thou remember'st not the slightest folly
That ever love did make thee run into,
Thou hast not loved.
Wie es euch gefällt II,4

Oh, allmächtige Liebe, die auf gewisse Weise das Vieh zum Menschen macht, und auf andre den Menschen zum Vieh!

O powerful love! that, in some respects, makes a beast a man; in some other, a man a beast.
Die lustigen Weiber von Windsor V,4

Liebe ist eine bloße Tollheit, und ich sage Euch, verdient ebensogut eine dunkle Zelle und Peitsche als andre Tolle.

Love is merely a madness and, I tell you, deserves as well a dark house and a whip as madmen do.
Wie es euch gefällt III,2

Mein Lieben ist ein Fieber, es begehrt
Nur was die Krankheit fristet; all sein Sehnen
Geht auf den Zunder, der das Übel nährt,
Dem kranken, launenhaften Reiz zu fröhnen.

My love is as a fever, longing still
For that which longer nurseth the disease,
Feeding on that which doth preserve the ill,
Th' uncertain-sickly appetite to please.
Sonett 147

Wie Knaben aus der Schul' eilt Liebe hin zum Lieben,
Wie Knaben an ihr Buch wird sie hinweggetrieben.

Love goes toward love as schoolboys from their books;
But love from love, toward school with heavy looks.
Romeo und Julia II,2

Ist Liebe blind, so zielt sie freilich schlecht.

If love be blind, love cannot hit the dark.
Romeo und Julia II,1

Gib, Liebe, Kraft mir! Kraft wird Hilfe leihen.
Love give me strength! and strength shall help afford.
Romeo und Julia IV,1

Armsel'ge Liebe, die sich zählen ließe!
There's beggary in the love that can be reckoned.
Antonius und Cleopatra I,1

Lieber wollt' ich meinen Hund eine Krähe anbellen hören, als einen Mann schwören, daß er mich liebe.
I had rather hear my dog bark at a crow than a man swear he loves me.
Viel Lärm um nichts I,1

So voll von Phantasien
Ist Liebe, daß nur sie phantastisch ist.
So full of shapes is fancy,
That it alone is high fantastical.
Was ihr wollt I,1

Liebe gleicht dem Kinde,
Das alles will, was es erlangen kann.
Love is like a child,
That longs for every thing that he can come by.
Die beiden Veroneser III,1

Denn Liebe, weißt du, ist voll Eifersucht.
For love, thou know'st, is full of jealousy.
Die beiden Veroneser II,4

Es ist der Liebe Fluch bewährt geblieben,
Daß nie ein Weib den, der sie liebt, kann lieben.
O, 'tis the curse in love, and still approv'd,
When women cannot love where they're belov'd.
Die beiden Veroneser V,4

Oh! Daß der Liebe Frühling, immer wechselnd,
Gleich des Apriltags Herrlichkeit uns funkelt:

Er zeigt die Sonn' in ihrer vollsten Pracht,
Bis plötzlich eine Wolk' ihr Licht verdunkelt!
O, how this spring of love resembleth
The uncertain glory of an April day;
Which now shows all the beauty of the sun,
And by and by cloud takes all away!
Die beiden Veroneser I,3

Herrin, Ihr kennt der Liebe Vorschrift nicht,
Mit Gutem Böses, Fluch mit Segen lohnen.
Lady, you know no rules of charity,
Which renders good for bad, blessings for curses.
König Richard III. I,2

Wie jede Hemmung in der Liebe Bahn
Die Liebe nur entflammt.
As all impediments in fancy's course
Are motives of more fancy.
Ende gut, alles gut V,3

Nicht Götzendienst nennt meine Liebe!
Let not my love be called idolatry.
Sonett 105

Ich sinke unter schwerer Liebeslast.
Under love's heavy burden do I sink.
Romeo und Julia I,4

Liebestyrannein
Sind schmerzlicher als Hasses offne Wut.
It is a greater grief
To bear love's wrong than hate's known injury.
Sonett 40

Sie sind in der rechten Liebeswut, sie wollen zusammen, man brächte sie nicht mit Keulen auseinander!
They are in the very wrath of love and they will together; clubs cannot part them.
Wie es euch gefällt V,2

O Tod: mit fremdem Aug' den Liebsten wählen!
O hell! to choose love by another's eyes.
Ein Sommernachtstraum I,1

Wer liebt, des Ohr vernimmt den schwächsten Laut,
Wo selbst des Diebs argwöhnisch Horchen taub ist.
A lover's ear will hear the lowest sound,
When the suspicious head of theft is stopp'd.
Liebes Leid und Lust IV,3

Nicht liebt, wer nimmer offenbart die Liebe.
They do not love, that do not show their love.
Die beiden Veroneser I,2

Er liebt mich stets, trotz meinen finstern Mienen.
I frown upon him, yet he loves me still.
Ein Sommernachtstraum I,1

Verliebte laufen stets der Uhr voraus.
For lovers ever run before the clock.
Der Kaufmann von Venedig II,6

Verliebte sehen nährt Verliebter Sinn.
The sight of lovers feedeth those in love.
Wie es euch gefällt III,4

Verliebten gnügt zu der geheimen Weihe
Das Licht der eignen Schönheit; oder wenn
Die Liebe blind ist, stimmt sie wohl zur Nacht.
Lovers can see to do their amorous rites
By their own beauties; or, if love be blind,
It best agrees with night.
Romeo und Julia III,2

Es ist ebenso leicht, Sonnenstäubchen zu zählen, als die Aufgaben eines Verliebten zu lösen.
It is as easy to count atomies as to resolve the propositions of a lover.
Wie es euch gefällt III,2

Liebesgott – s. Amor

List

List gegen Bosheit wend ich nun.
Craft against vice I must apply.
Maß für Maß III,2

Was List verborgen, wird ans Licht gebracht,
Wer Fehler schminkt, wird einst mit Spott verlacht.
Time shall unfold what plighted cunning hides;
Who cover faults, at last shame them derides.
König Lear I,1

Verräterlist bedarf Sophisten nicht.
A subtle traitor needs no sophister.
König Heinrich VI., Zweiter Teil, V,1

Sie ist listiger, als man's denken kann!
She is cunning past man's thought.
Antonius und Cleopatra I,2

Lob

Füttr' uns mit Lob
Wie zahme Vögelchen.
Die gute Tat, die ungepriesen stirbt,
Würgt tausend andre, die sie zeugen könnte.
Eu'r Lob ist unser Lohn; eh treibt Ihr uns
Mit einem sanften Kusse tausend Meilen,
Als mit dem Sporn zehn Schritte nur.
Cram 's with praise, and make 's
As fat as tame things: one good deed, dying tongueless,
Slaughters a thousand, waiting upon that.
Our praises are our wages. You may ride 's
With one soft kiss a thousand furlongs, ere
With spur we heat an acre.
Ein Wintermärchen I,2

Des Ruhmes Würdigkeit verliert an Wert,
Wenn der Gepriesne selbst mit Lob sich ehrt:
Doch Lob, das vom besiegten Feind erklingt,
Der Taten Ruf ist's, der zum Himmel dringt.

The worthiness of praise distains his worth,
If that the prais'd himself brings the praise forth:
But what the repining enemy commends,
That breath fame blows; that praise, sole pure, transcends.

Troilus und Cressida I,3

Man kann nur nach Verdienst das loben, was man liebt.

No man can justly praise, but what he does affect.

Timon von Athen I,2

Des Lobs freut sich die Liebe.

Love delights in praises.

Die beiden Veroneser II,4

Lobt beim Ausgang.

Praise in departing.

Der Sturm III,3

O grobr Unverstand. Du preisest die Schlechteste am besten.

O heavy ignorance, that praises the worst best!

Othello II,1

Das preisen, was dahin,
Macht im Erinnern Schmerz.

Praising what is lost,
Makes the remembrance dear.

Ende gut, alles gut V,3

Lohn

Lieber verhungert, lieber gleich gestorben,
Als Lohn erbetteln, den wir erst erworben.

Better it is to die, better to starve,
Than crave the hire which first we do deserve.

Coriolan II,3

Wenn wir um Lohn den Schändlichen gepriesen,
Dämpft es den Glanz des wohlgelungnen Reimes,
Des Kunst den Edlen singt.

When we for recompense have prais'd the vile,
It stains the glory in that happy verse
Which aptly sings the good.

Timon von Athen I,1

Los – s. Schicksal

Lüge

Wie einer, bis zur Wahrheit, durchs Erzählen
Zu solchem Sünder sein Gedächtnis macht,
Daß es der eignen Lüge traut.

Like one
Who having into truth, by telling of it,
Made such a sinner of his memory,
To credit his own lie.

Der Sturm I,2

Ich will Euch die Grade [der Lüge] aufzählen. Der erste ist der höfliche Bescheid; der zweite der feine Stich; der dritte die grobe Erwiderung; der vierte die beherzte Abfertigung; der fünfte der trotzige Widerspruch; der sechste die Lüge unter Bedingung; der siebente die offenbare Lüge. Aus allen diesen könnt Ihr Euch herausziehen, außer der offenbaren Lüge, und aus der sogar mit einem bloßen »Wenn«.

I will name you the degrees. The first, the Retort Courteous; the second, the Quip Modest; the third, the Reply Churlish; the fourth, the Reproof Valiant; the fifth, the Countercheck Quarrelsome; the sixth, the Lie with Circumstance; the seventh, the Lie Direct. All these you may avoid but the Lie Direct; and you may avoid that, too, with an 'if'.

Wie es euch gefällt V,4

Laßt mich keine Lüge hören! Die schickt sich nur für Handelsleute.

Let me have no lying. It becomes none but tradesmen.

Ein Wintermärchen IV,4

Durch deinen falschen Hals
Bis tief hinunter in dein Herz: du lügst!

As low as to thy heart,
Through the false passage of thy throat, thou liest.

König Richard II. I,1

Verruchter Gei'r, du lügst!

Detested kite! thou liest.

König Lear I,4

Wenn Liebchen spricht, daß nie ihr Herz erkalte,
So glaub ich ihr, wenn sie es schon erfand.

When my love swears that she is made of truth,
I do believe her, though I know she lies.

Sonett 138

Luna – s. Mond

Lust

Die Begier sieht nächtens hell vor allen.

In night [...] desire sees best of all.

Venus und Adonis 720

Erweck den raschen, leichten Geist der Lust,
Den Gram verweise hin zu Leichenzügen:
Der bleiche Gast geziemt nicht unserm Pomp.

Awake the pert and nimble spirit of mirth;
Turn melancholy forth to funerals;
The pale companion is not for our pomp.

Ein Sommernachtstraum I,1

Ungehemmt
Sei nun die Lust; gleich soll der Becher kreisen.
Be large in mirth. Anon we'll drink a measure
The table round.
Macbeth III,4

Ich habe keine Lust am Manne – und am Weibe auch nicht.
Man delights not me – no, nor woman neither.
Hamlet II,2

Hemm ihre mehr als mörderische Lust!
O, keep me from their worse than killing lust.
Titus Andronicus II,3

Pfui der sünd'gen Phantasei!
Pfui der Lust und Buhlerei!
Lust ist Feu'r im wilden Blut,
Angefacht durch üpp'gen Mut;
Tief im Herzen wohnt die Glut,
Und geschürt wird ihre Wut
Von sündiger Gedankenbrut.
Fie on sinful fantasy!
Fie on lust and luxury!
Lust is but a bloody fire,
Kindled with unchaste desire,
Fed in heart, whose flames aspire,
As thoughts do blow them, higher and higher.
Die lustigen Weiber von Windsor V,4

Die Süßigkeit
Des Honigs widert durch ihr Übermaß,
Und im Geschmack erstickt sie unsre Lust.
Drum liebe mäßig.
The sweetest honey
Is loathsome in his own deliciousness
And in the taste confounds the appetite.
Therefore love moderately.
Romeo und Julia II,6

Dran, Unzucht! Frisch auf, denn ich brauch Soldaten.
To't, luxury, pell-mell! For I lack soldiers.
König Lear IV,6

Unzucht und Lust
Stempelt ihn mehr zum Weinhaus und Bordell
Als fürstlichen Palast.
Epicurism and lust
Makes it more like a tavern or a brothel
Than a grac'd palace.
König Lear I,4

So Lust, gepaart mit einem lichten Engel,
Wird dennoch eines Götterbettes satt
Und hascht nach Wegwurf.
So lust, though to a radiant angel linked,
Will sate itself in a celestial bed,
And prey on garbage.
Hamlet I,5

M

Macht

Der greise Tor,
Der immer noch die Macht behaupten will,
Die er verschenkt hat!

Idle old man,
That still would manage those authorities
That he hath given away!

König Lear I,3

Meinst du, daß Pflicht zu reden scheut, weil Macht
Zum Schmeicheln sinkt?

Think'st thou that duty shall have dread to speak
When power to flattery bows?

König Lear I,1

Ird'sche Macht kommt göttlicher am nächsten,
Wenn Gnade bei dem Recht steht.

Earthly power doth then show likest God's
When mercy seasons justice.

Der Kaufmann von Venedig IV,1

Die Machtgier ist bezahlt.

Ambition's debt is paid.

Julius Cäsar III,1

Zu sehn, wie – wenn zwei Mächte sich erheben
Und keine herrscht – Verderben, ungesäumt,
Dringt in die Lücke zwischen beid' und stürzt
Die eine durch die andre.

To know, when two authorities are up,
Neither supreme, how soon confusion
May enter 'twixt the gap of both, and take
The one by th' other.

Coriolan III,1

Mädchen

Was für 'nen Schwarm von Mädchen rufst du zusammen hier,
Da *eine* schon zu viel ist?

Dost thou conjure for wenches, that thou call'st for such store
When one is one too many?
Die Komödie der Irrungen III,1

Das scheuste Mädchen ist verschwendrisch noch,
Wenn sie dem Monde ihren Reiz enthüllt.

The chariest maid is prodigal enough
If she unmask her beauty to the moon.
Hamlet I,3

Denn Mädchen, wohl durchgesommert und warm gehalten, sind wie Fliegen um Bartholomäi: blind, ob sie schon ihre Augen haben, und dann lassen sie sich handhaben, da sie zuvor kaum das Ansehen ertrugen.

For maids, well summered and warm kept, are like flies at Barholomew-tide, blind, though they have their eyes; and then they will endure handling, which before would not abide looking on.
König Heinrich V. V,2

Mädchen sind wie Rosen: kaum entfaltet,
Ist ihre holde Blüte schon veraltet.

Women are as roses, whose fair flow'r
Being once display'd, doth fall that very hour.
Was ihr wollt II,4

»Nein« sagt ein Mädchen, weil's die Sitte will,
Und wünscht, daß es der Frager deut' als »Ja«!

Maids, in modesty, say 'No' to that
Which they would have the profferer construe 'Ay'!
Die beiden Veroneser I,2

Die Ehre eines Mädchens ist ihr Ruf, und kein Vermächtnis ist so reich an Ehrbarkeit.

The honour of a maid is her name; and no legacy is so rich as honesty.
Ende gut, alles gut III,5

Ein schöner Gedanke, zwischen den Beinen eines Mädchens zu liegen.
That's a fair thought to lie between maids' legs.
Hamlet III,2

Märchen

Ein traurig Märchen
Paßt für den Winter, und ich weiß von Geistern
Und Hexen eins.
A sad tale's best for winter: I have one
Of sprites and goblins.
Ein Wintermärchen II,1

So woll'n wir leben,
Beten und singen, Märchen uns erzählen
Und über goldne Schmetterlinge lachen.
So we'll live,
And pray, and sing, and tell old tales, and laugh
At gilded butterflies.
König Lear V,3

März – s. Jahreszeiten

Manieren

Sind denn gar keine Manieren mehr unter den Mädchen?
Is there no manners left among maids?
Ein Wintermärchen IV,4

Er ist kein Ausbund von feinen Manieren, doch wett ich drauf, wie ein Lamm so sanft.

He is not the flower of courtesy, but, I'll warrant him, as gentle as a lamb.
Romeo und Julia II,5

Wär' Sitt' und Edelmut in euch Verwegnen,
Ihr würdet mir so schmählich nicht begegnen.
If you were civil and knew courtesy,
You would not do me thus much injury.
Ein Sommernachtstraum III,2

Er ist so ungeschlacht in seinen Sitten
Als von Gestalt.
He is as disproportion'd in his manners
As in his shape.
Der Sturm V,1

Leutselig sei, doch keineswegs gemein.
Be thou familiar, but by no means vulgar.
Hamlet I,3

Wir sind die Urheber von Gebräuchen, Käthchen, und die Freiheit, die unsern Rang begleitet, stopft allen Splitterrichtern den Mund.
We are the makers of manners, Kate, and the liberty that follows our places stops the mouth of all find-faults.
König Heinrich V. V,2

Mann

Schaff dir einen guten Mann und halte ihn, wie er dich hält.
Get thee a good husband and use him as he uses thee.
Ende gut, alles gut I,1

Gehörnter Mann ist nur ein Vieh, ein Untier.
A horned man's a monster, and a beast.
Othello IV,1

Was für ein artiges Ding ein Mann ist, wenn er in Wams und Hosen rumläuft und seinen Verstand zu Hause läßt!

> What a pretty thing man is when he goes in his doublet and hose, and leaves off his wit!
>
> *Viel Lärm um nichts* V,1

Wahrhaftig, ich will ehr zwanzig verbuhlte Turteltauben finden, als einen züchtigen Mann.

> Well I will find you twenty lascivious turtles ere one chaste man.
>
> *Die lustigen Weiber von Windsor* II,1

Verstehst du, was ein Mann ist? Sind denn nicht Geburt, Schönheit, gute Bildung, Beredsamkeit, Mannhaftigkeit, Verstand, Artigkeit, Tapferkeit, Jugend, Freigebigkeit, und was dem gleicht, die Spezereien und das Salz, die einen Mann würzen?

> Do you know what a man is? Is not birth, beauty, good shape, discourse, manhood, learning, gentleness, virtue, youth, liberality, and such like, the spice and salt that season a man?
>
> *Troilus und Cressida* I,2

Sanft war sein Leben, und so mischten sich
Die Element' in ihm, daß die Natur
Aufstehen durfte, und der Welt verkünden:
Dies war ein Mann!

> His life was gentle, and the elements
> So mix'd in him that Nature might stand up
> And say to all the world, 'This was a man!'
>
> *Julius Cäsar* V,5

Ein Mann ist über seine Freiheit Herr,
Die Zeit der Männer Herrin: wie sie's fügt,
Gehn sie und kommen.

> A man is master of his liberty;
> Time is their master, and when they see time,
> They'll go or come.
>
> *Die Komödie der Irrungen* II,1

Der Mann, der einst des Löwen Haut verkauft,
Da er noch lebte, kam beim Jagen um.

The man that once did sell the lion's skin
While the beast liv'd, was kill'd with hunting him.

König Heinrich V. IV,3

Oh, welch ein Abstand zwischen Mann und Mann!

O, the difference of man and man!

König Lear IV,2

Mancher Mann hat gute Hörner und weiß ihrer kein Ende. Gut, das ist die Mitgift seiner Frau, die hat er sich nicht selbst verschafft.

Many a man has good horns, and knows no end of them. Well, that is the dowry of his wife, 'tis none of his own getting.

Wie es euch gefällt III,3

Ich sage es immer: ein Mann ist nicht eher verloren, bis er gehängt, und nicht eher an einem Ort willkommen, bis irgendeine Zeche bezahlt ist und die Wirtin zu ihm »Willkommen« sagt.

I reckon this always – that a man is never undone till he be hanged; nor never welcome to a place till some certain shot be paid, and the hostess say 'Welcome'.

Die beiden Veroneser II,5

Das ist das Wunder,
Wie zahm, wenn Mann und Frau allein gelassen,
Der lahmste Wicht die tollste Spröde stimmt.

'Tis a world to see
How tame, when men and women are alone,
A meacock wretch can make the curstest shrew.

Der Widerspenstigen Zähmung II,1

Ein schwarzer Mann ist Perl' in Damenaugen.

Black men are pearls in beauteous ladies' eyes.

Die beiden Veroneser V,2

Die Männer sympathisieren mit den Bullenbeißern im kräftigen und rauhen Angreifen, sie lassen ihren Witz bei ihren Frauen zurück, und dann gebt ihnen große Mahlzeiten von Rindfleisch und Eisen und Stahl, so werden sie fressen wie Wölfe und fechten wie Teufel.

The men do sympathize with the mastiffs in robustious and rough coming on, leaving their wits with their wives: and then give them great meals of beef and iron and steel, they will eat like wolves and fight like devils.

König Heinrich V. III,7

Aber Mannheit ist in Zeremonien und Höflichkeiten zerschmolzen, Tapferkeit in Komplimente; die Männer sind ganz Zunge geworden, und noch dazu sehr gezierte.

But manhood is melted into curtsies, valour into compliment, and men are only turned into tongue, and trim ones too.

Viel Lärm um nichts IV,1

Er ist eine Marionette ohne Zeugungskraft, das kann nicht in Abrede gestellt werden.

He is a motion ungenerative; that's infallible.

Maß für Maß III,2

Meinung

Oft sagt man ein Ding und meint es nicht.

Things are often spoke, and seldom meant.

König Heinrich VI., Zweiter Teil, III,1

Der Mond wechselt genau wie Eure Meinung.

The moon changes even as your mind.

Der Widerspenstigen Zähmung IV,5

Schon Bess're hörten meine Meinung sonst,
Mögt Ihr das nicht, stopft Euch die Ohren zu.

Your betters have endured me say my mind,
And if you cannot, best you stop yours ears.
Der Widerspenstigen Zähmung IV,3

Hol' der Henker die öffentliche Meinung! – Es kann sie einer auf beiden Seiten tragen, wie ein ledernes Wams.

A plague of opinion! a man may wear it on both sides, like a leather jerkin.
Troilus und Cressida III,3

Melancholie

Ich kann Melancholie aus einem Liede saugen, wie ein Wiesel Eier saugt.

I can suck melancholy our of a song, as a weasel sucks eggs.
Wie es euch gefällt II,5

Ich habe weder des Gelehrten Melancholie, die Nacheifrung ist; noch des Musikers, die phantastisch ist; noch des Hofmanns, die hoffärtig ist; noch des Soldaten, die ehrgeizig ist; noch des Juristen, die politisch ist; noch der Fraun, die zierlich ist; noch des Liebhabers, die das alles zusammen ist; sondern es ist eine Melancholie nach meiner Weise, aus mancherlei Ingredienzien bereitet, von mancherlei Gegenständen abgezogen, und wirklich die gesamte Betrachtung meiner Reisen, deren öftere Überlegung mich in eine höchst launische Betrübnis einhüllt.

I have neither the scholar's melancholy, which is emulation; nor the musician's, which is fantastical; nor the courtier's, which is proud; nor the soldier's, which is ambitious; nor the lawyer's, which is politic; nor the lady's, which is nice; nor the lover's, which is all these: but it is a melancholy of mine own, compounded of many simples, extracted from many objects, and indeed the sundry contemplation of my travels, in which my often rumination wraps me in a most humorous sadness.
Wie es euch gefällt IV,1

Traut meinem Wort, laßt nicht Melancholie
Den Mut Euch dämpfen.

Rest on my word, and let not discontent
Daunt all your hopes.

Titus Andronicus I,2

Wo süß Erholen mangelt, was kann folgen,
Als trübe Schwermut und Melancholie,
Der grimmigen Verzweiflung nah verwandt.

Sweet recreation barr'd, what doth ensue
But moody and dull melancholy,
Kinsman to grim and comfortless despair.

Die Komödie der Irrungen V,1

Ich fand ihn hier so melancholisch wie ein Jagdhaus im Forst.

I found him here as melancholy as a lodge in a warren.

Viel Lärm um nichts II,1

Solchen Dummkopf macht aus mir die Schwermut,
Ich kenne mit genauer Not mich selbst.

Such a want-wit sadness makes of me,
That I have much ado to know myself.

Der Kaufmann von Venedig I,1

Ihm ist was im Gemüt,
Worüber seine Schwermut brütend sitzt.

There's something in his soul
O'er which his melancholy sits on brood.

Hamlet III,1

Wie dem auch sei:
Ich muß betrübt sein und so schwer betrübt,
Daß ich, denk ich schon nichts, wenn ich's bedenke,
Um banges Nichts verzage und mich kränke.

Howev'er it be,
I cannot but be sad; so heavy sad,

As, though on thinking on no thought I think,
Makes me with heavy nothing faint and shrink.
König Richard II. II,3

Melodie – s. Musik

Mensch

Wenn er am besten ist, so ist er wenig schlechter als ein Mensch, und wenn er am schlechtesten ist, wenig besser als ein Vieh.

When he is best, he is a little worse than a man, and when he is worst, he is little better than a beast.
Der Kaufmann von Venedig I,2

Welch ein Meisterwerk ist der Mensch!
What a piece of work is a man!
Hamlet II,2

Was ist der Mensch,
Wenn seiner Zeit Gewinn, sein höchstes Gut
Nur Schlaf und Essen ist? Ein Vieh, nichts weiter.
What is a man,
If his chief good and market of his time
Be but to sleep and feed? A beast, no more.
Hamlet IV,4

Doch Mensch ist Mensch, der Beste fehlt einmal.
But men are men. The best sometimes forget.
Othello II,3

Ist der Mensch nicht mehr als das?
Is man no more than this?
König Lear III,4

Der natürliche Mensch ist nichts mehr als solch ein armes, nacktes, zweizinkiges Tier wie du.

Unaccommodated man is no more but such a poor, bare, forked animal as thou art.
König Lear III,4

Ich wage alles, was dem Menschen ziemt.
I dare do all that may become a man.
Macbeth I,7

Doch Menschen deuten oft nach ihrer Weise
Die Dinge, weit entfernt vom wahren Sinn.
But men may construe things, after their fashion,
Clean from the purpose of the things themselves.
Julius Cäsar I,3

Gott schuf ihn: also laßt ihn für einen Menschen gelten.
God made him, and therefore let him pass for a man.
Der Kaufmann von Venedig I,2

Milch

Wollt' ich doch, die Milch,
Die du an deiner Mutter Brüsten sogst,
Wär' deinetwillen Rattengift gewesen!
I would the milk
Thy mother gave thee when thou suck'st her breast,
Had been a little ratsbane for thy sake!
König Heinrich VI., Erster Teil, V,4

Doch fürcht ich dein Gemüt;
Es ist zu voll von Milch der Menschenliebe,
Das Nächste zu erfassen.
Yet do I fear thy nature:
It is too full o' the milk of human kindness,
To catch the nearest way.
Macbeth I,5

Kommt an die Weibesbrust,
Trinkt Galle statt der Milch, ihr Morddämonen!

Come to my woman's breasts,
And take my milk for gall, you murdering ministers.
Macbeth I,5

Milde

Milde, edler als die Rache stets.
Kindness, nobler ever than revenge.
Wie es euch gefällt IV,3

O Jammer! möchte Milde rückwärts sehn,
Daß nicht an Großmut Edle untergehn.
'Tis pity bounty had not eyes behind,
That man might ne'er be wretched for his mind.
Timon von Athen I,2

Die Milde hält für milde auch die Schlechten.
[Bounty] being free itself, it thinks all others so.
Timon von Athen II,2

Mißfallen

Wenn wir mißfallen tun, so ist's mit gutem Willen.
If we offend, it is with our good will.
Ein Sommernachtstraum V,1

Mitleid

Wie Feuer Feuer löscht, so Mitleid Mitleid.
As fire drives out fire, so pity pity.
Julius Cäsar III,1

Denn Mitleid darf ich, wenn nicht Gnade schenken.
For we may pity, though not pardon thee.
Die Komödie der Irrungen I,1

Und wohnt kein Mitleid droben in den Wolken,
Das in die Tiefe meines Jammers schaut?

Is there no pity sitting in the clouds
That sees into the bottom of my grief?
Romeo und Julia III,5

Denn Mitleid ist die Tugend des Gesetzes,
Nur Tyrannei braucht es zur Grausamkeit.
For pity is the virtue of the law,
And none but tyrants use it cruelly.
Timon von Athen III,5

Mitleid rührt keinen:
Im Lachen weinen, seltsam! nicht im Weinen!
Pity's sleeping:
Strange times, that weep with laughing, not with weeping!
Timon von Athen IV,3

O ja! nun weint ihr, und ich merk, ihr fühlt
Den Drang des Mitleids: dies sind milde Tropfen.
O, now you weep, and I perceive you feel
The dint of pity. These are gracious drops.
Julius Cäsar III,2

Das wildste Tier kennt doch des Mitleids Regung.
No beast so fierce but knows some touch of pity.
König Richard III. I,2

Mitternacht – s. Nacht

Mode

Armado ist der Mod' erlauchter Hort
Und funkelneu von Phras' und seltnem Wort.
Armado is a most illustrious wight,
A man of fire-new words, fashion's own knight.
Liebes Leid und Lust I,1

Er hält's mit seiner Treue wie mit der Form seines Huts, die immer mit jeder nächsten Mode wechselt.

He wears his faith but as the fashion of his hat, it ever changes with the next block.
Viel Lärm um nichts I,1

Die Mode ist die Mode.
The fashion is the fashion.
Viel Lärm um nichts III,3

Siehst du nicht, sag' ich, was für ein mißgestalter Schelm diese Mode ist? Wie schwindlig er all das hitzige junge Blut zwischen vierzehn und fünfunddreißig herumdreht?
Seest thou not, I say, what a deformed thief this fashion is, how giddily 'a turns about all the hot bloods between fourteen and five-and-thirty?
Viel Lärm um nichts III,3

Ich sehe auch, daß die Mode mehr Kleider aufträgt als der Mensch.
I see that the fashion wears out more apparel than the man.
Viel Lärm um nichts III,3

Sind neue Moden noch so lächerlich,
Ja, selbst unmännlich, doch befolgt man sie.
New customs,
Though they be never so ridiculous,
Nay, let 'em be unmanly – yet are followed.
König Heinrich VIII. I,3

Ist das nicht ein Elend, Urältervater! daß wir mit diesen ausländischen Schmetterlingen heimgesucht werden, mit diesen Modenarren, diesen Pardonnez-moi, die so stark auf neue Weise halten, ohne jemals weise zu werden?
Why is not this a lamentable thing, grandsire, that we should be thus afflicted with these strange flies, these fashion-mongers, these 'pardon-me's', who stand so much on the new form that they cannot sit at ease on the old bench?
Romeo und Julia II,4

Die alte lieb ich mehr, bin nicht so lüstern,
Seltsamer Neurung Echtes aufzuopfern.

Old fashions please me best. I am not so nice
To change true rules for odd inventions.

Der Widerspenstigen Zähmung III,2

Mönch

Allein die Kappe macht den Mönch nicht aus.

But all hoods make not monks.

König Heinrich VIII. III,1

Ein Mönch, verdorrt und hundert Winter alt,
Wirft fünfzig ab, kann er ins Aug' ihr blicken:
Schönheit verjüngt ihm kräftig die Gestalt,
Tauscht mit der Kindheit Wiege seine Krücken.

A wither'd hermit, five-score winters worn,
Might shake off fifty, looking in her eye:
Beauty doth varnish age, as if new-born,
And gives the crutch the cradle's infancy.

Liebes Leid und Lust IV,3

Mond

Still! Luna schläft ja beim Endymion
Und will nicht aufgeweckt sein.

Peace, ho! the moon sleeps with Endymion,
And would not be awak'd!

Der Kaufmann von Venedig V,1

Geh auf, du holde Sonn'! ertöte Luna,
Die neidisch ist und schon vor Grame bleich,
Daß du viel schöner bist, obwohl ihr dienend.

Arise, fair sun, and kill the envious moon,
Who is already sick and pale with grief,
That thou, her maid, art far more fair than she.

Romeo und Julia II,2

Mich dünkt, von Tränen blinke Lunas Glanz.
The moon methinks looks with a wat'ry eye.
Ein Sommernachtstraum III,2

Oh, schwöre nicht beim Mond, dem wandelbaren,
Der immerfort in seiner Scheibe wechselt,
Damit nicht wandelbar dein Lieben sei!
O swear not by the moon, th' inconstant moon
That monthly changes in her circled orb,
Lest that thy love prove likewise variable.
Romeo und Julia II,2

Der blasse Mond scheint blutig auf die Erde,
Hohläugig flüstern Seher furchtbarn Wechsel.
The pale-fac'd moon looks bloody on the earth,
And lean-look'd prophets whisper fearful change;
König Richard II. II,4

Nun, dächt' ich, müßt' ein groß Verfinstern sein
An Sonn' und Mond und die erschreckte Erde
Sich auftun vor Entsetzen.
Methinks it should be now a huge eclipse
Of sun and moon, and that th' affrighted globe
Should yawn at alteration.
Othello V,2

Der Mond, gleich einem Silberbogen,
Am Himmel neu gespannt.
The moon, like to a silver bow
New bent in heaven.
Ein Sommernachtstraum I,1

Ich bin diesen Mond satt: ich wollte, er wechselte.
I am aweary of this moon. Would he would change.
Ein Sommernachtstraum V,1

Alles, was ich zu sagen habe, ist, euch zu melden, daß diese Laterne der Mond ist; ich der Mann im Monde; dieser Dornbusch mein Dornbusch; und dieser Hund mein Hund!

All that I have to say is to tell you that the lantern is the moon, I the man i'th' moon, this thorn bush my thorn bush, and this dog my dog.
Ein Sommernachtstraum V,1

Was bedeutet's,
Daß, toter Leichnam, du in vollem Stahl
Aufs neu' des Mondes Dämmerschein besuchst,
Die Nacht entstellend.
What may this mean,
That thou, dead corpse, again, in complete steel,
Revisitst thus the glimpses of the moon,
Making night hideous.
Hamlet I,4

Wie süß das Mondlicht auf dem Hügel schläft!
How sweet the moonlight sleeps upon this bank!
Der Kaufmann von Venedig V,1

Einen Kalender, einen Kalender! Seht in den Almanach! Suchet Mondschein! Suchet Mondschein!
A calendar, a calendar! Look in the almanac; find out moonshine, find out moonshine!
Ein Sommernachtstraum III,1

Mord

O wundervoll!
Wie leicht wird jeder Mord doch offenbar!
O wondrous thing!
How easily murder is discovered!
Titus Andronicus II,4

Lieber Schimpf als Mord!
Better shame than murder.
Die lustigen Weiber von Windsor IV,2

Schnöder Mord, wie er aufs beste ist.
Murder most foul, as in the best it is.
Hamlet I,5

Denn Mord, hat er schon keine Zunge, spricht
Mit wundervollen Stimmen.
For murder, though it have no tongue, will speak
With most miraculous organ.
Hamlet II,2

Mord sollte freilich nirgends Freistatt finden,
Und Rache keine Grenzen.
No place, indeed, should murder sanctuarize,
Revenge should have no bounds.
Hamlet IV,7

Hier Lohn um Lohn, Mord für des Mörders Hohn!
There's meed for meed, death for a deadly deed!
Titus Andronicus V,3

Der kirchenräuberische Mord brach auf
Des Herrn geweihten Tempel und stahl weg
Das Leben aus dem Heiligtum.
Most sacrilegious murder hath broke ope
The Lord's anointed temple and stole thence
The life o'th' building.
Macbeth II,3

Wahrheit muß ans Licht kommen. Ein Mord kann nicht lange verborgen bleiben, eines Menschen Sohn kann's; aber zuletzt muß die Wahrheit heraus.
Truth will come to light, murder cannot be hid long, a man's son may, but in the end truth will out.
Der Kaufmann von Venedig II,2

Mord ist Nachbar der Lust, wie Flamm' und Rauch.
Murder's as near to lust as flame to smoke.
Perikles I,1

Mord, grauser Mord, im fürchterlichsten Grad.
Murder, stern murder, in the dir'st degree.
König Richard III. V,3

Was willst du tun? Du willst mich doch nicht morden?
What wilt thou do? Thou wilt not murder me?
Hamlet III,4

Im Kriegeshandwerk schlug ich manchen tot.
Doch halt ich's für Gewissenssach' und Sünde,
Mit Absicht morden.
Though in the trade of war I have slain men,
Yet do I hold it very stuff of conscience
To do no contriv'd murder.
Othello I,2

Es kann nicht anders sein, du mordetest ihn mir;
So sieht ein Mörder aus, so graß, so stier!
It cannot be but thou hast murd'red him;
So should a murderer look – so dead, so grim.
Ein Sommernachtstraum III,2

Ein Mörder und ein Schalk.
A murderer and a villain.
Hamlet III,4

Auguren haben durch Geheimnisdeutung
Von Elstern, Krähn und Dohlen ausgefunden
Den tief verborgnen Mörder.
Augures, and understood relations, have
By maggot-pies, and choughs, and rooks, brought forth
The secret'st man of blood.
Macbeth III,4

Morgen

Früh fängt der Morgen an, so wie der Geist
Des Jünglings, der sich zeigen will der Welt.

This morning, like the spirit of a youth
That means to be of note, begins betimes.
Antonius und Cleopatra IV,4

Es dient Euch nicht, die zärtliche Natur
Dem rauhen, kalten Morgen zu vertraun.
It is not for your health thus to commit
Your weak condition to the raw cold morning.
Julius Cäsar II,1

Doch seht, der Morgen, angetan mit Purpur,
Betritt den Tau des hohen Hügels dort.
But look, the morn, in russet mantle clad,
Walks o'er the dew of yon high eastward hill.
Hamlet I,1

Wie manchen stolzen Morgen sah ich schon
Mit Herrscherblick der Berge Häupter grüßen:
Sein goldnes Antlitz küßt den bleichen Strom,
Mit Himmelsalchimie vergoldet er die Wiesen.
Full many a glorious morning have I seen
Flatter the mountain-tops with sovereign eye,
Kissing with golden face the meadows green,
Gilding pale streams with heavenly alchemy.
Sonett 33

Nehmt einen Morgengruß von matter Zunge.
Vouchsafe good morrow from a feeble tongue.
Julius Cäsar II,1

Doch still, mich dünkt, ich wittre Morgenluft.
But soft, methinks I scent the morning air.
Hamlet I,5

Musik

Ein feierliches Lied, der beste Tröster
Zur Heilung irrer Phantasie!

A solemn air, and the best comforter
To an unsettled fancy,
Der Sturm V,1

Wundersam liebliche Musik!
Marvellous sweet music!
Der Sturm III,3

Musik her! Schlafbeschwörende Musik!
Music, ho, music, such as charmeth sleep!
Ein Sommernachtstraum IV,1

Wie so sauer wird
Musik (so süß sonst!) wenn die Zeit verletzt
Und das Verhältnis nicht geachtet wird!
So ist's mit der Musik des Menschenlebens.
How sour sweet music is
When time is broke and no proportion kept!
So is it in the music of men's lives.
König Richard II. V,4

Gebt mir Musik; Musik, schwermüt'ge Nahrung
Für uns verliebtes Volk!
Give me some music; music, moody food
Of us that trade in love.
Antonius und Cleopatra II,5

Nie macht die liebliche Musik mich lustig.
I am never merry when I hear sweet music.
Der Kaufmann von Venedig V,1

Der Mann, der nicht Musik hat in ihm selbst,
Den nicht die Eintracht süßer Töne rührt,
Taugt zu Verrat, zu Räuberei und Tücken;
Die Regung seines Sinns ist dumpf wie Nacht,
Sein Trachten düster wie der Erebus.
Traut keinem solchen!

The man that hath no music in himself,
Nor is not mov'd with concord of sweet sounds,
Is fit for treasons, stratagems, and spoils,
The motions of his spirit are dull as night,
And his affections dark as Erebus:
Let no such man be trusted.
Der Kaufmann von Venedig V,1

Wenn die Musik der Liebe Nahrung ist,
Spielt weiter!
If music be the food of love, play on.
Was ihr wollt I,1

Wenn er, ganz Mißlaut, musikalisch wird,
So gibt's bald Dissonanzen in den Sphären.
If he, compact of jars, grow musical,
We shall have shortly discord in the spheres.
Wie es euch gefällt II,7

Wenn du uns zu Musikanten machen willst, so sollst du auch nichts als Dissonanzen zu hören kriegen.
An thou make minstrels of us, look to hear nothing but discords.
Romeo und Julia III,1

Du singst gut genug für den Notbehelf.
Thou singst well enough for a shift.
Viel Lärm um nichts II,3

Töne, die durch Schmerz verstimmt, sind schlimmer
Als Priesterlug im Tempel.
notes of sorrow out of tune are worse
Than priests and fanes that lie.
Cymbelin IV,2

Doch üben Töne Zauberkraft,
Die Schlimmes gut, aus Gutem Schlimmes schafft.

Music oft hath such a charm
To make bad good, and good provoke to harm.
Maß für Maß IV,1

Mut

Wie man sagt,
Ist Mut die erste Tugend und erhebt
Zumeist den Eigner.
It is held,
That valour is the chiefest virtue and
Most dignifies the haver.
Coriolan II,2

Euer Mut ist zu kühn für Eure Jahre.
Your spirits are too bold for your years.
Wie es euch gefällt I,2

Nur der zeigt wahren Mut, der weislich duldet
Das Schlimmste, was der Gegner spricht; dem Kränkung
Gewand nur wird und Hülle, leicht zu tragen.
He's truly valiant that can wisely suffer
The worst that man can breathe; and make his wrongs
His outsides, to wear them like his raiment, carelessly.
Timon von Athen III,5

Kühner Mut erklimmt am ersten Throne.
Fearless minds climb soonest unto crowns.
König Heinrich VI., Dritter Teil, IV,7

Um tapfer zu sein, muß man standhalten.
To be valiant is to stand.
Romeo und Julia I,1

Laßt uns nur auf sie hauchen, und es stürzt
Der Dunst von unsrer Tapferkeit sie um.
Let us but blow on them,
The vapour of our valour will o'erturn them.
König Heinrich V. IV,2

Der bessere Teil der Tapferkeit ist Vorsicht.

The better part of valour is discretion.

König Heinrich IV., Erster Teil, V,4

Was wär's für Tapferkeit, dem Hund, der fletscht,
Die Hand zu stecken zwischen seine Zähne,
Wenn man ihn fort kann schleudern mit dem Fuß?

What valour were it, when a cur doth grin,
For one to thrust his hand between his teeth,
When he might spurn him with his foot away?

König Heinrich VI., Dritter Teil, I,4

Mutter

Seine Mutter und ich verstanden uns nur zu gut, und dies Einverständnis verschaffte ihr früher einen Sohn für ihre Wiege als einen Mann für ihr Bett.

Sir, this young fellow's mother could [conceive]; whereupon she grew round-womb'd, and had, indeed, Sir, a son for her cradle ere she had a husband for her bed.

König Lear I,1

Ganz schilderte sein Werben mir die Mutter,
Als säß' sie ihm im Herzen.

My mother told me just how he would woo,
As if she sat in 's heart.

Ende gut, alles gut IV,2

Tat er's doch nur, seiner Mutter Freude zu machen.

He did it to please his mother.

Coriolan I,1

Mein Herz
Will in den Busen meiner Mutter springen.

My heart
Leaps to be gone into my mother's bosom.

Perikles V,3

N

Nachricht – s. Botschaft

Nacht

Wie silbernsüß tönt bei der Nacht die Stimme
Der Liebenden, gleich lieblicher Musik
Dem Ohr des Lauschers!

> How silver-sweet sound lovers' tongues by night,
> Like softest music to attending ears!
>
> *Romeo und Julia* II,2

Verbreite deinen dichten Vorhang, Nacht!
Du Liebespflegerin!

> Spread thy close curtain, love-performing night.
>
> *Romeo und Julia* III,2

Komm, ernste Nacht, du züchtig stille Frau,
Ganz angetan mit Schwarz, und lehre mich
Ein Spiel, wo jedes reiner Jugend Blüte
Zum Pfande setzt, gewinnend zu verlieren!

> Come, civil night,
> Thou sober-suited matron, all in black,
> And learn me how to lose a winning match
> Played for a pair of stainless maidenhoods.
>
> *Romeo und Julia* III,2

Eine Nacht
Ist nur ein Atemzug und kurze Frist,
Um auf so wicht'ge Dinge zu erwidern.

> A night is but small breath and little pause
> To answer matters of this consequence.
>
> *König Heinrich V.* II,4

Die Nacht, die uns der Augen Dienst entzieht,
Macht, daß dem Ohr kein leiser Laut entflieht.
Dark night, that from the eye his function takes,
The ear more quick of apprehension makes.
Ein Sommernachtstraum III,2

Die Nacht teilt das Gewölk mit schnellen Drachen.
Night's swift dragons cut the clouds full fast.
Ein Sommernachtstraum III,2

O träge, lange Nacht, verkürze dich!
Und Tageslicht, laß mich nicht länger schmachten.
O weary night, O long and tedious night,
Abate thy hours!
Ein Sommernachtstraum III,2

Was sonst die Nacht liebt,
Liebt solche Nacht doch nicht: des Himmels Zorn
Scheucht selbst die Wanderer der Finsternis
In ihre Höhlen.
Things that love night
Love not such nights as these. The wrathful skies
Gallow the very wanderers of the dark,
And make them keep their caves.
König Lear III,2

So lang ist keine Nacht,
Daß endlich nicht der helle Morgen lacht.
The night is long that never finds the day.
Macbeth IV,3

Dies ist die Nacht,
Die mich vernichtet oder glücklich macht.
This is the night
That either makes me, or fordoes me quite.
Othello V,1

Das ist 'ne hübsche Nacht, um eine Buhlerin abzukühlen.
This is a brave night to cool a courtesan.
König Lear III,2

Diese kalte Nacht wird uns alle zu Narren und Tollen machen.
This cold night will turn us all to fools and madmen.
König Lear III,4

Das ist eine garstige Nacht zum Schwimmen.
'Tis a naughty night to swim in.
König Lear III,4

In toter Stille tiefer Mitternacht.
In the dead waste and middle of the night.
Hamlet I,2

Die Mitternacht rief Zwölf mit eh'rner Zunge.
Zu Bett, Verliebte! Bald ist's Geisterzeit.
The iron tongue of midnight hath told twelve.
Lovers, to bed; 'tis almost fairy time.
Ein Sommernachtstraum V,1

(guter) Name

Was ist ein Name? Was uns Rose heißt,
Wie es auch hieße, würde lieblich durften.
What's in a name? that which we call a rose
By any other name would smell as sweet.
Romeo und Julia II,2

Wißt, mein Nam' erlosch,
Zernagt vom gift'gen Zahne des Verrats.
Know, my name is lost;
By treason's tooth bare-gnawn, and canker-bit.
König Lear V,3

Der gute Name ist bei Mann und Frau,
Mein bester Herr,

Das eigentliche Kleinod ihrer Seelen.
Wer meinen Beutel stiehlt, nimmt Tand … 's ist etwas
Und nichts! … mein war es, ward das Seine nun,
Und ist der Sklav' von Tausenden gewesen.
Doch wer den guten Namen mir entwendet,
Der raubt mir das, was ihn nicht reicher macht,
Mich aber bettelarm.

> Good name in man and woman, dear my lord,
> Is the immediate jewel of their souls.
> Who steals my purse steals trash; 'tis something, nothing;
> 'Twas mine, 'tis his, and has been slave to thousands.
> But he that filches from me my good name
> Robs me of that which not enriches him
> And makes me poor indeed.
>
> *Othello* III,3

Der gute Name ist eine nichtige und höchst trügliche Einbildung, oft ohn' Verdienst erlangt und ohne Schuld verloren.

> Reputation is an idle and most false imposition, oft got without merit, and lost without deserving.
>
> *Othello* II,3

Guter Name! Guter Name! Guter Name! Oh, ich habe meinen guten Namen verloren! Ich habe das unsterbliche Teil von mir selbst verloren, und was übrig bleibt, ist tierisch.

> Reputation, reputation, reputation – O, I ha' lost my reputation, I ha' lost the immortal part of myself, and what remains is bestial!
>
> *Othello* II,3

Narren / Narrheit (s. auch Torheit)

Wenn du mein Narr wärst, Gevatter, so bekämst du Schläge, weil du vor der Zeit alt geworden bist.

> If thou wert my fool, uncle, I'd have thee beaten for being old before thy time.
>
> *König Lear* I,5

Eines Narren Bolzen sind bald verschossen

A fool's bolt is soon shot.

König Heinrich V. III,7

Desto schlimmer, daß Narren nicht mehr weislich sagen dürfen, was weise Leute närrisch tun.

The more pity, that fools may not speak wisely what wise men do foolishly.

Wie es euch gefällt I,2

Denn seit das bißchen Witz, das die Narren haben, zum Schweigen gebracht worden ist, so macht das bißchen Narrheit, das weise Leute besitzen, große Parade.

For since the little wit that fools have was silenced, the little foolery that wise men have makes a great show.

Wie es euch gefällt I,2

Ich halte die vernünftigen Leute, die über diese bestallten Narren so vor Freuden krähen, für nichts besser als für die Hanswurste der Narren.

I take these wise men, that crow so at these set kind of fools, no better than the fools' zanies.

Was ihr wollt I,5

Narrheit, Herr, geht rund um die Welt wie die Sonne: sie scheint allenthalben.

Foolery, sir, does walk about the orb like the sun – it shines everywhere.

Was ihr wollt III,1

Nie machten Narrn so wenig Glück,
Denn Weise wurden täppisch;
Ihr bißchen Scharfsinn ging zurück,
Und all ihr Tun ward läppisch.

Fools had ne'er less grace in a year;
For wise men are grown foppish,
And know not how their wits to wear,
Their manners are so apish.

König Lear I,4

Die Wassersucht ersäuf' den Narrn!
The dropsy drown this fool!
Der Sturm IV,1

Laßt den Narrn mich spielen,
Mit Lust und Lachen laßt die Runzeln kommen
Und laßt die Brust von Wein mir lieber glühn,
Als härmendes Gestöhn das Herz mir kühlen.
Let me play the fool,
With mirth and laughter let old wrinkles come,
And let my liver rather heat with wine
Than my heart cool with mortifying groans.
Der Kaufmann von Venedig I,1

Nase

Gewiß ist unter Zwanzigen nicht eine Nase, die den nicht röche, der stinkt.
There's not a nose among twenty but can smell him that's stinking.
König Lear II,4

Ihr spürt die Sache mit so kaltem Sinn
Wie eines Leichnams Nas'.
You smell this business with a sense so cold
As is a dead man's nose.
Ein Wintermärchen II,1

Hat der Fuchs die Nase erst hinein,
So weiß er bald den Leib auch nachzubringen.
When the fox hath once got in his nose,
He'll soon find means to make the body follow.
König Heinrich VI., Dritter Teil, IV,7

Natur

Wie alles von Natur sterblich ist, so sind alle sterblich Verliebten von Natur Narren.

As all is mortal in nature, so is all nature in love mortal in folly.

Wie es euch gefällt II,4

Ich seh nicht mehr an Euch, als die Natur
Auf Kauf zu machen pflegt.
I see no more in you than in the ordinary
Of nature's sale-work.

Wie es euch gefällt III,5

Natur lehrte die Tiere selbst ihre Freunde kennen.
Nature teaches beasts to know their friends.

Coriolan II,1

Natur, du meine Göttin! Deiner Satzung
Gehorch ich einzig.
Thou, Nature, art my goddess; to thy law
My services are bound.

König Lear I,2

Gib der Natur nur das, was nötig ist,
So gilt des Menschen Leben wie des Tiers.
Allow not nature more than nature needs,
Man's life is cheap as beast's.

König Lear II,4

Denn heischt gleich die Natur ein schmerzlich Sehnen,
So lacht doch die Vernunft bei ihren Tränen.
For though fond nature bids us all lament,
Yet nature's tears are reason's merriment.

Romeo und Julia IV,5

Wie schwer, die Funken der Natur zu bergen!
How hard it is to hide the sparks of nature!

Cymbelin III,3

Natur bringt wunderliche Käuz' ans Licht.
Nature hath fram'd strange fellows in her time.

Der Kaufmann von Venedig I,1

Die krankende Natur bricht oftmal aus
In fremde Gärungen.

Diseased nature oftentimes breaks forth
In strange eruptions.

König Heinrich IV., Erster Teil, III,1

Neid – s. Eifersucht

Neuigkeiten

Was gibt es Neues in Rom?

What's the news in Rome?

Coriolan IV,1

Was gibt es Neues auf dem Rialto?

What news on the Rialto?

Der Kaufmann von Venedig I,3

ROSALINDE.
Dann werden wir also mit Neuigkeiten gemästet.
CELIA.
Desto besser, so stehn wir ansehnlicher zu Markt.

ROSALIND.
Then shall we be news-crammed.
CELIA.
All the better: we shall be the more marketable.

Wie es euch gefällt I,2

Nichts

Aus nichts wird nichts.

Nothing can be made out of nothing.

König Lear I,4

Niemals

Niemals, niemals, niemals, niemals, niemals!

Never, never, never, never, never!

König Lear V,3

Not (s. auch Elend)

Oft zeigt es sich,
Besitz macht übersicher, die Entbehrung
Gedeiht zur Hilfe.
Full oft 'tis seen,
Our means secure us, and our mere defects
Prove our commodities.
König Lear IV,1

Die Not, die Angst, der Jammer macht mich alt.
These griefs, these woes, these sorrows make me old.
Romeo und Julia III,2

Keine Zung' erschöpfet meine Not.
No words can that woe sound.
Romeo und Julia III,2

Die Not ist der Gewährung bester Grund.
The fairest grant is the necessity.
Viel Lärm um nichts I,1

Die Not bringt einen zu seltsamen Schlafgesellen.
Misery acquaints a man with strange bedfellows.
Der Sturm II,2

O

Ohr

Mein Ohr ist offen, und mein Herz bereit.
Mine ear is open and my heart prepar'd.
König Richard II. III,3

Dein Ohr leih jedem, wen'gen deine Stimme;
Nimm Rat von allen, aber spar dein Urteil.
Give every man thine ear, but few thy voice,
Take each man's censure, but reserve thy judgement.
Hamlet I,3

Sei nicht verstockt; öffne dein taubes Ohr!
Be not obdurate, open thy deaf ears.
Titus Andronicus II,3

Die Krüge haben Ohren.
Pitchers have ears.
König Richard III. II,4

Hätt' ich drei Ohren, hört' ich dich.
Had I three ears, I'd hear thee.
Macbeth IV,1

Ordnung

Zum Teufel nun die Ordnung!
The devil take order!
König Heinrich V. IV,5

Wir sind erst recht in Ordnung, wenn wir außer aller Ordnung sind.
But then are we in order when we are most out of order.
König Heinrich VI., Zweiter Teil, IV,2

Die Himmel selbst, Planeten und dies Zentrum,
Reihn sich nach Abstand, Rang und Würdigkeit,
Beziehung, Jahrszeit, Form, Verhältnis, Raum,
Amt und Gewohnheit in der Ordnung Folge.

> The heavens themselves, the planets, and this centre
> Observe degree, priority, and place,
> Insisture, course, proportion, season, form,
> Office, and custom, in all line of order.
> *Troilus und Cressida* I,3

Nun helf' uns Unordnung, die uns verdarb!

> Disorder, that hath spoil'd us, friend us now!
> *König Heinrich V.* IV,5

P

Pech

Wer Pech angreift, besudelt sich.
They that touch pitch will be defiled.
Viel Lärm um nichts III,3

Pest

Nun ist die wahre Spükezeit der Nacht,
Wo Grüfte gähnen und die Hölle selbst
Pest haucht in diese Welt.
'Tis now the very witching time of night,
When churchyards yawn, and hell itself breathes out
Contagion to this world.
Hamlet III,2

Die Pest fahr' Euch in den Hals, bellender, gotteslästerlicher, unchristlicher Hund, der ihr seid!
A pox o' your throat, you bawling, blasphemous, incharitable dog!
Der Sturm I,1

Die Pest euch allen!
A plague upon you all!
König Richard III. I,3

Hol' die Pest alle müden Schindmähren, alle tollen Herrn und alle schlechten Wege!
Fie, fie on all tired jades, on all mad masters, and all foul ways!
Der Widerspenstigen Zähmung IV,1

Die giftigste von allen Seuchen dir!
The most infectious pestilence upon thee!
Antonius und Cleopatra II,5

Gott schütze dich vor Wirbelwinden, vor bösen Sternen und Seuchen!

Bless thee from whirlwinds, star-blasting, and taking!
König Lear III,4

Pfeil und Bogen

Der Bogen ist gespannt, entflieh dem Pfeil!

The bow is bent and drawn; make from the shaft.
König Lear I,1

Phantasie

Verliebte und Verrückte
Sind beide von so brausendem Gehirn,
So bildungsreicher Phantasie, die wahrnimmt,
Was nie die kühlere Vernunft begreift.
Wahnwitzige, Poeten und Verliebte
Bestehn aus Einbildung.

Lovers and madmen have such seething brains,
Such shaping fantasies, that apprehend
More than cool reason ever comprehends.
The lunatic, the lover, and the poet,
Are of imagination all compact.
Ein Sommernachtstraum V,1

Gewiß, Trugbilder sind's der Phantasie,
Und Lapplands Hexenmeister wohnen hier.

Sure, these are but imaginary wiles,
And Lapland sorcerers inhabit here.
Die Komödie der Irrungen IV,3

Mißgeschick füllt meine Phantasie.

Things unluckily charge my fantasy.
Julius Cäsar III,3

Philosoph / Philosophie

Wenn der heidnische Philosoph Verlangen trug, Weinbeeren zu essen, so öffnete er die Lippen, indem er sie in den Mund steckte; damit wollte er sagen, Weinbeeren wären zum Essen gemacht und Lippen zum Öffnen.

> The heathen philosopher, when he had a desire to eat a grape, would open his lips when he put it into his mouth, meaning thereby that grapes were made to eat and lips to open.
>
> *Wie es euch gefällt* V,1

Denn noch bis jetzt gab's keinen Philosophen,
Der mit Geduld das Zahnweh konnt' ertragen.

> For there was never yet philosopher
> That could endure the toothache patiently.
>
> *Viel Lärm um nichts* V,1

Ihr wendet die Philosophie nicht an,
Die Ihr bekennt, gebt Ihr zufäll'gen Übeln Raum.

> Of your philosophy you make no use,
> If you give place to accidental evils.
>
> *Julius Cäsar* IV,3

Der Trübsal süße Milch, Philosophie.

> Adversity's sweet milk, philosophy.
>
> *Romeo und Julia* III,3

Nicht ungleich der Jugend,
Die Aristoteles unfähig hielt
Zum Studium der Moralphilosophie.

> Not much
> Unlike young men, whom Aristotle thought
> Unfit to hear moral philosophy.
>
> *Troilus und Cressida* II,2

Pilger

Der wahrhaft fromme Pilger bleibt entschlossen,
Mit müdem Schritt Provinzen zu durchmessen.

A true devoted pilgrim is not weary
To measure kingdoms with his feeble steps.

Die beiden Veroneser II,7

Poesie – s. Dichter / Dichtung

Pomp – s. Prunk

Prediger

Der ist ein guter Prediger, der seine eignen Ermahnungen befolgt.

It is a good divine that follows his own instructions.

Der Kaufmann von Venedig I,2

Propheten / Prophezeiung

O mein prophetisches Gemüt!

O my prophetic soul!

Hamlet I,5

Aus Spöttern werden oft Propheten.

Jesters do oft prove prophets.

König Lear V,3

Ein Hergang ist in aller Menschen Leben,
Abbildend der verstorbnen Zeiten Art:
Wer den beachtet, kann, zum Ziele treffend,
Der Dinge Lauf im ganzen prophezein,
Die, ungeboren noch, in ihrem Samen
Und schwachem Anfang eingeschachtelt liegen.

There is a history in all men's lives
Figuring the nature of the times deceased;
The which observed, a man may prophesy,

With a near aim, of the main chance of things
As yet not come to life.
König Heinrich IV., Zweiter Teil, III,1

Ich will eine Prophezeiung sprechen, eh ich gehe:
Wenn Priester Worte, nicht Werke häufen,
Wenn Brauer in Wasser ihr Malz ersäufen,
Wenn der Schneider den Junker Lehrer nennt,
Kein Ketzer mehr, nur der Buhler brennt,
Wenn Richter ohne Falsch und Tadel,
Wenn ohne Schulden Hof und Adel,
Wenn Lästrung nicht auf Zungen wohnt,
Der Gauner des Nächsten Beutel schont,
Wenn die Wuchrer ihr Gold im Felde beschaun,
Und Huren und Kuppler Kirchen baun,
Dann kommt das Reich von Albion
In große Verwirrung und Konfusion.

I'll speak a prophecy ere I go:
When priests are more in word than matter;
When brewers mar their malt with water;
When nobles are their tailors' tutors;
No heretics burn'd, but wenches' suitors;
When every case in law is right;
No squire in debt, nor no poor knight;
When slanders do not live in tongues;
Nor cut-purses come not to throngs;
When usurers tell their gold i'th' field;
And bawds and whores do churches build;
Then shall the realm of Albion
Come to great confusion.
König Lear III,2

Prügel

Wart, in eine Korbflasche prügl' ich ihn hinein, den Wicht!

But I'll beat the knave into a wicker bottle.
Othello II,3

Einen Hund zu schlagen, find't sich bald ein Stock.

A staff is quickly found to beat a dog.

König Heinrich VI., Zweiter Teil, III,1

Und fahrt Ihr noch lange so mit Schlägen fort, so muß ich mir eine Schanze für meinen Kopf anschaffen und ihn einschanzen, oder ich werde meinen Witz in meinen Schultern suchen.

An you use these blows long, I must get a sconce for my head, and insconce it too, or else I shall seek my wit in my shoulders.

Die Komödie der Irrungen II,2

Prunk

Sie kannte nie den Pomp! Zwar ist er weltlich,
Doch wenn das Glück (die Zänkerin!) ihn scheidet
Vom Eigner, ist es Leid, so stechend, wie
Wenn Seel' und Leib sich trennen.

She ne'er had known pomp; though 't be temporal,
Yet, if that quarrel, fortune, do divorce
It from the bearer, 'tis a sufferance, panging
As soul and body's severing.

König Heinrich VIII. II,3

Was ist Pomp, Hoheit, Macht, als Erd' und Staub?
Lebt, wie ihr könnt: ihr seid des Todes Raub.

Why, what is pomp, rule, reign, but earth and dust?
And, live we how we can, yet die we must.

König Heinrich VI., Dritter Teil, V,2

Drum, sich umgeben mit zwiefachem Prunk,
Den Rang verbrämen, der schon stattlich war,
Vergülden feines Gold, die Lilie malen,
Auf die Viole Wohlgerüche streun,
Eis glätten, eine neue Farbe leihn
Dem Regenbogen und mit Kerzenlicht
Des Himmels schönes Auge schmücken wollen,
Ist lächerlich und unnütz Übermaß.

Therefore, to be possess'd with double pomp,
To guard a title that was rich before,
To gild refined gold, to paint the lily,
To throw a perfume on the violet,
To smooth the ice, or add another hue
Unto the rainbow, or with taper-light
To seek the beauteous eye of heaven to garnish,
Is wasteful and ridiculous excess.
König Johann IV,2

R

Rache

Ich werde dir's gedenken, zweifle nicht!

I will be even with thee, doubt it not.

Antonius und Cleopatra III,7

Die Rach' und Wollust
Sind tauber als der Ottern Ohr dem Ruf
Wahrhaften Urteils.

Pleasure and revenge
Have ears more deaf than adders to the voice
Of any true decision.

Troilus und Cressida II,2

Wir wollen Rache!

We will be revenged.

Julius Cäsar III,2

Rache! los! sucht! brennt! schlagt! mordet! tötet! Laßt nicht einen Verräter leben!

Revenge! – About! – Seek! – Burn! – Fire! – Kill! – Slay! – Let not a traitor live.

Julius Cäsar III,2

Des Himmels aufgehäufte Rache fall'
Auf ihr undankbar Haupt!

All the stor'd vengeances of Heaven fall
On her ingrateful top!

König Lear II,4

Gott wird es rächen: ich will in ihn dringen
Mit eifrigem Gebet um einzig dies.

God will revenge it; whom I will importune
With earnest prayers all to that effect.

König Richard III. II,2

Rat

Quält Euch nicht selbst, noch greift den Atem an,
Denn ganz umsonst kommt Rat zu seinem Ohr.
Vex not yourself, nor strive not with your breath;
For all in vain comes counsel to his ear.
König Richard II. II,1

Spare deinen Rat!
Er fällt so fruchtlos in mein Ohr, wie Wasser
Ein Sieb durchströmt. O gib mir keinen Rat!
I pray thee cease thy counsel,
Which falls into mine ears as profitless
As water in a sieve. Give not me counsel.
Viel Lärm um nichts V,1

Zu spät kommt also Rat, daß man ihn höret,
Wo sich der Wille dem Verstand empöret.
Then all too late comes counsel to be heard,
Where will doth mutiny with wit's regard.
König Richard II. II,1

Taub ist das Ohr dem Rat, das Schmeichler hört!
Men's ears should be
To counsel deaf, but not to flattery!
Timon von Athen I,2

Nicht müß'ger Rat
Ziemt meiner Stellung, nein, entschloss'ne Tat.
For my state
Stands on me to defend, not to debate.
König Lear V,1

Raub – s. Dieb

Rechnung – s. Bezahlen

Recht / Gerechtigkeit (s. auch Gesetz, Unrecht)

Laß uns das Recht auf unserer Seite behalten.
Let us take the law of our sides.
Romeo und Julia I,1

O hold Gefecht,
Wenn Recht um Sieg und Vorrang ficht mit Recht!
O virtuous fight,
When right with right wars who shall be most right!
Troilus und Cressida III,2

Das Recht darf nicht zur Vogelscheuche werden,
Als ständ' es da, um Habichte zu schrecken,
Und bliebe regungslos, bis sie zuletzt,
Gewöhnt, drauf ausruhn, statt zu fliehn.
We must not make a scarecrow of the law,
Setting it up to fear the birds of prey,
And let it keep one shape, till custom make it
Their perch, and not their terror.
Maß für Maß II,1

Im Recht, wo ist ein Handel so verderbt,
Der nicht, geschmückt von einer holden Stimme,
Des bösen Schein verdeckt?
In law, what plea so tainted and corrupt
But, being seasoned with a gracious voice,
Obscures the show of evil?
Der Kaufmann von Venedig III,2

Sind sie gerecht, die Götter, schützen sie
Die Taten der Gerechten.
If the great gods be just, they shall assist
The deeds of justest men.
Antonius und Cleopatra II,1

Wie heimtückisch ist mein Schicksal, daß ich bejammern muß, gerecht zu sein!

How malicious is my fortune, that I must repent to be just!
König Lear III,5

Allein, so groß ist der Verderb der Zeit,
Daß wir zur Pfleg' und Heilung unsers Rechts
Zu Werk nicht können gehn als mit der Hand
Des harten Unrechts und verwirrten Übels.

But such is the infection of the time,
That, for the health and physic of our right,
We cannot deal but with the very hand
Of stern injustice and confused wrong.
König Johann V,2

Das erste, was wir tun müssen, ist, daß wir alle Rechtsgelehrten umbringen.

The first thing we do, let's kill all the lawyers.
König Heinrich VI., Zweiter Teil, IV,2

Warum könnte das nicht der Schädel eines Rechtsgelehrten sein? Wo sind nun seine Klauseln, seine Praktiken, seine Fälle und seine Kniffe?

Why may not that be the skull of a lawyer? Where be his quiddits now, his quillets, his cases, his tenures, and his tricks?
Hamlet V,1

Reden – s. Sprache / Sprechen

Regeln

Hüte dich vor dem bösen Feind. Gehorch deinen Eltern; halte dein Wort; fluche nicht; verführe nicht deines Nächsten verlobte Braut; stelle deine Sache nicht auf eitle Pracht.

Take heed o' the foul fiend. Obey thy parents; keep thy word justly; swear not; commit not with man's sworn spouse; set not thy sweet heart on proud array.
König Lear III,4

Laß nicht das Knarren der Schuhe, noch das Rascheln der Seide dein armes Herz den Weibern verraten. Halte deinen Fuß fern von Bordellen, deine Hand von Schürzen, deine Feder von Schuldbüchern und trotze dem bösen Feind!

> Let not the creaking of shoes nor the rustling of silks betray thy poor heart to woman: keep thy foot out of brothels, thy hand out of plackets, thy pen from lenders' books, and defy the foul fiend.
>
> *König Lear* III,4

Man sprengt mit stumpfem Keil
Den harten Klotz.

> Blunt wedges rive hard knots
>
> *Troilus und Cressida* I,3

Was Hamlet angeht und sein Liebsgetändel,
So nimm's als Sitte, als ein Spiel des Bluts;
Ein Veilchen in der Jugend der Natur,
Frühzeitig, nicht beständig – süß, nicht dauernd,
Nur Duft und Labsal eines Augenblicks:
Nichts weiter.

> For Hamlet, and the trifling of his favour,
> Hold it a fashion, and a toy in blood,
> A violet in the youth of primy nature,
> Forward, not permanent, sweet, not lasting,
> The perfume and suppliance of a minute,
> Not more.
>
> *Hamlet* I,3

Regen – s. Wetter

Regieren

Wie solltet Ihr ein Königreich regieren,
Der Ihr nicht wißt, Gesandte zu behandeln,
Nicht wißt, mit e i n e m Weib Euch zu begnügen,
Nicht wißt, an Brüdern brüderlich zu handeln,

Nicht wißt, auf Eures Volkes Wohl zu sinnen,
Nicht wißt, vor Euren Feinden Euch zu bergen?
How should you govern any kingdom,
That know not how to use ambassadors;
Nor how to be contented with one wife;
Nor how to use your brothers brotherly;
Nor how to study for the people's welfare;
Nor how to shroud yourself from enemies?
König Heinrich VI., Dritter Teil, IV,3

Weh' einem Lande, das ein Kind regiert!
Woe to that land that's govern'd by a child!
König Richard III. II,3

Reichtum – s. Arm und reich

Reime – s. Dichter/Dichtung

Reisen

Nie logen Reisende,
Schilt gleich zu Haus der Tor sie.
Travellers ne'er did lie,
Though fools at home condemn 'em.
Der Sturm III,3

Da ich zu Hause war, war ich an einem bessern Ort! Aber Reisende müssen genügsam sein.
When I was at home I was in a better place, but travellers must be content.
Wie es euch gefällt II,4

Ein verständiger Reisender gilt etwas gegen das Ende der Mahlzeit.
A good traveller is something at the latter end of a dinner.
Ende gut, alles gut II,5

Reue

Furcht und nicht Liebe zeugt in ihm die Reu'.
Fear, and not love, begets his penitence.
König Richard II. V,3

Wen Reue nicht entwaffnen kann, dem frommt
Nicht Erd' noch Himmel.
Who by repentance is not satisfied
Is nor of heaven, nor earth.
Die beiden Veroneser V,4

Bereu es, daß dein Mund
So deine Tat verriet.
Repent that e'er thy tongue
Hath so betray'd thine act.
Antonius und Cleopatra II,7

Der Mensch geht manchmal unbedacht zu Werk,
Was ihm die Folge Zeit läßt zu bereun.
Men shall deal unadvisedly sometimes,
Which after-hours give leisure to repent.
König Richard III. IV,4

Weh, wer zu spät bereut!
Woe that too late repents!
König Lear I,4

Ruhm

Ruhm wird ohne Schriften alt.
Without characters, fame lives long.
König Richard III. III,1

Mit den Augen bangen Muts
Seh ich, wie einen Sternschuß, deinen Ruhm
Vom Firmament zur niedern Erde fallen.

With the eyes of heavy mind
I see thy glory like a shooting star
Fall to the base earth from the firmament.
König Richard II. II,4

Ein Untergebner, merk es,
Glänzt leicht zu hell! Denn wisse dies, o Silius:
Besser nichts tun, als zu viel Ruhm erwerben
Durch tapfre Tat, wenn unsre Obern fern.
A lower place, note well,
May make too great an act. For learn this, Silius:
Better to leave undone, than by our deed
Acquire too high a fame when him we serve's away.
Antonius und Cleopatra III,1

Ein Zirkel nur im Wasser ist der Ruhm,
Der niemals aufhört, selbst sich zu erweitern,
Bis die Verbreitung ihn in nichts zerstreut.
Glory is like a circle in the water,
Which never ceaseth to enlarge itself,
Till, by broad spreading, it disperse to nought.
König Heinrich VI., Erster Teil, I,2

S

Scham

Scham, wo ist dein Erröten?
O shame! where is thy blush?
Hamlet III,4

Scham ist nur ein einfältiges Kind.
Shame's a baby.
Troilus und Cressida III,2

Scham selber heischt
Abhilfe schleunig.
The shame itself doth speak
For instant remedy.
König Lear I,4

Pfui! schäme dich, du böse Teufelslarve!
For shame, thou hilding of a devilish spirit.
Der Widerspenstigen Zähmung II,1

Schande

Verachtung sitzt und ew'ge Schande höhnend
In unsern Federbüschen.
Reproach and everlasting shame
Sits mocking in our plumes.
König Heinrich V. IV,5

Schande und ew'ge Schande, nichts als Schande!
Shame, and eternal shame, nothing but shame!
König Heinrich V. IV,5

Kürzt die Schande mit des Lebens Länge!
Let life be short, else shame will be too long.
König Heinrich V. IV,5

Schauspiel / Schauspieler

Die ganze Welt ist Bühne,
Und alle Fraun und Männer bloße Spieler.
Sie treten auf und gehen wieder ab,
Sein Leben lang spielt einer manche Rollen
Durch sieben Akte hin.

All the world's a stage,
And all the men and women merely players;
They have their exits and their entrances,
And one man in his time plays many parts,
His acts being seven ages.

Wie es euch gefällt II,7

Zwei Stunden lang der Bühne buntes Spiel.

The two-hours' traffic of our stage.

Romeo und Julia, Prolog

Der König wird zum Bettler nach dem Spiel.

The King's a beggar now the play is done.

Ende gut, alles gut, Epilog

Zehn gegen eins, daß unser Spiel nicht allen
Behaglich war.

'Tis ten to one this play can never please
All that are here.

König Heinrich VIII., Epilog

Ein kläglich Schauspiel haben wir gesehn.

A woeful pageant have we here beheld.

König Richard II. IV,1

O kläglich Schauspiel! o der blut'gen Zeit!
Wenn Löwen um die Höhlen sich bekriegen,
Entgelten ihren Zwist harmlose Lämmer.

O piteous spectacle! O bloody times!
Whiles lions war and battle for their dens,
Poor harmless lambs abide their enmity.

König Heinrich VI., Dritter Teil, II,5

Das Schauspiel sei die Schlinge,
In die den König sein Gewissen bringe.
The play's the thing
Wherein I'll catch the conscience of the king.
Hamlet II,2

Macht dem Schauspiel ein Ende!
Give o'er the play.
Hamlet III,2

Schauspieler […] sind der Spiegel und die abgekürzte Chronik des Zeitalters.
Players […] are the abstracts and brief chronicles of the time.
Hamlet II,2

Wie ein schlechter Spieler jetzt
Vergaß ich meine Roll'.
Like a dull actor now
I have forgot my part.
Coriolan V,3

Schein

Ihr unterscheidet nichts an einem Mann
Als seinen äußern Schein, und der, weiß Gott,
Stimmt selten oder niemals mit dem Herzen.
No more can you distinguish of a man
Than of his outward show; which, God he knows,
Seldom or never jumpeth with the heart.
König Richard III. III,1

Der Himmel weiß es! nicht aus Lieb' und Pflicht,
Nein, nur zum Schein für meinen eignen Zweck.
Heaven is my judge, not I for love and duty,
But seeming so, for my peculiar end.
Othello I,1

Man sollte sein das, was man scheint;
Und die es nicht sind, sollten's auch nicht scheinen.
Men should be what they seem;
Or those that be not, would they might seem none!
Othello III,3

Schenken – s. Geben und Nehmen

Scherz und Spaß

Habt Dank. – Doch kommt der Scherz mir etwas teuer!
Do so; this jest shall cost me some expense.
Die Komödie der Irrungen III,1

Von heute an
Dient Ihr zum Scherz, ja zum Gelächter mir.
From this day forth,
I'll use you for my mirth, yea, for my laughter.
Julius Cäsar IV,3

Doch laß uns die Scherze abdanken und in vollem Ernste sprechen.
But turning these jests out of service, let us talk in good earnest.
Wie es euch gefällt I,3

Des Scherzes Anerkennung ruht im Ohr
Des Hörenden allein, nicht in der Zunge
Des, der ihn spricht.
A jest's prosperity lies in the ear
Of him that hears it, never in the tongue
Of him that makes it.
Liebes Leid und Lust V,2

Der Spaß ist, wenn mit seinem eignen Pulver
Der Feuerwerker auffliegt.

For 'tis the sport to have the enginer
Hoist with his own petar.
Hamlet III,4

Das nenn ich Spaß, wenn Spaß den Spaß vertreibt.
There's no such sport as sport by sport o'erthrown.
Liebes Leid und Lust V,2

Dieser Spaß kommt sehr zur Unzeit;
Spar ihn mir auf für eine bessre Stunde.
These jests are out of season,
Reserve them till a merrier hour than this.
Die Komödie der Irrungen I,2

Spaß dünkt erst hübsch, wenn er um sich nicht weiß,
Wenn Eifer ringt nach Gunst, und Kunst erstirbt
In jenem Eifer, der so tätig wirbt.
Verfehlte Form wird Form für neuen Spaß;
Man lacht des Bergs, der einer Maus genas.
That sport best pleases that doth least know how:
Where zeal strives to content, and the contents
Dies in the zeal of that which it presents,
Their form confounded makes most form in mirth;
When great things labouring perish in their birth.
Liebes Leid und Lust V,2

Der Teufel hole das Spaßen
The devil take mocking.
Wie es euch gefällt III,2

Schicksal

Doch weil das Los der Menschen niemals sicher,
Laßt uns bedacht sein auf den schlimmsten Fall.
But since the affairs of men rests still incertain,
Let's reason with the worst that may befall.
Julius Cäsar V,1

Ich nahm dich für 'nen Höhern: nimm dein Los!
Du siehst, zu viel Geschäftigkeit ist mißlich.
    I took thee for thy better, take thy fortune,
    Thou find'st to be too busy is some danger.
    Hamlet III,4

Schicksal! wir wollen sehn, was dir beliebt,
Wir wissen, daß wir sterben werden. Frist
Und Zeitgewinn nur ist der Menschen Trachten.
    Fates, we will know your pleasures.
    That we shall die, we know; 'tis but the time
    And drawing days out, that men stand upon.
    Julius Cäsar III,1

Nun walte, Schicksal! Niemand ist sein eigen:
Was sein soll, muß geschehn.
    Fate, show thy force: ourselves we do not owe;
    What is decreed must be.
    Was ihr wollt I,5

Wir müssen uns wohl unserm Schicksal fügen,
Und tobt' und brüllt' ich, wie die See, die sie begräbt,
So bleibt es, wie es ist.
    We cannot but obey
    The powers above us. Could I rage and roar
    As doth the sea she lies in, yet the end
    Must be as 'tis.
    Perikles III,3

Was Schicksal auflegt, muß der Mensch ertragen:
Es hilft nicht, gegen Wind und Flut sich schlagen.
    What fates impose, that men must needs abide;
    It boots not to resist both wind and tide.
    König Heinrich VI., Dritter Teil, IV,3

Der Mensch ist manchmal seines Schicksals Meister.
    Men at some time are masters of their fates.
    Julius Cäsar I,2

Sei getrost,
Dich kümmre nicht der Zeitlauf, dessen strenge
Notwendigkeit dein friedlich Glück bedroht.
Nein, schau den vorbestimmten Schicksalsgang
Jetzt ohne Tränen.

Cheer your heart;
Be you not troubled with the time, which drives
O'er your content these strong necessities,
But let determin'd things to destiny
Hold unbewail'd their way.

Antonius und Cleopatra III,6

Die alte Sag' ist keine Ketzerei,
Daß Frei'n und Hängen eine Schickung sei.

The ancient saying is no heresy,
Hanging and wiving goes by destiny.

Der Kaufmann von Venedig II,9

Schläge – s. Prügel

Schlaf

Sterben – schlafen –
Schlafen! Vielleicht auch träumen!

To die, – to sleep, –
To sleep! perchance to dream!

Hamlet III,1

Noch höher wird des Grames Not gesteigert,
Seit sich sein Schuldner Schlaf zu zahlen weigert.

So sorrow's heaviness doth heavier grow
For debt that bankrupt sleep doth sorrow owe.

Ein Sommernachtstraum III,2

Du, Schlaf, der oft dem Grame Lindrung leiht,
Entziehe mich mir selbst auf kurze Zeit.

And sleep, that sometimes shuts up sorrow's eye,
Steal me a while from mine own company.
Ein Sommernachtstraum III,2

Schlaf wohn' auf deinem Aug', Fried' in der Brust!
Sleep dwell upon thine eyes, peace in thy breast!
Romeo und Julia II,2

Die wache Sorge lauscht im Auge jedes Alten,
Und Schlummer bettet nie sich da, wo Sorgen walten.
Doch da wohnt goldner Schlaf, wo mit gesundem Blut
Und grillenfreiem Hirn die frische Jugend ruht.
Care keeps his watch in every old man's eye,
And where care lodges, sleep will never lie.
But where unbruised youth with unstuffed brain
Doth couch his limbs, there golden sleep doth reign.
Romeo und Julia II,3

Schlaf, der des Grams verworrn Gespinst entwirrt,
Den Tod von jedem Lebenstag, das Bad
Der wunden Müh', den Balsam kranker Seelen,
Den zweiten Gang im Gastmahl der Natur,
Das nährendste Gericht beim Fest des Lebens.
Sleep, that knits up the ravell'd sleave of care,
The death of each day's life, sore labour's bath,
Balm of hurt minds, great Nature's second course,
Chief nourisher in life's feast.
Macbeth II,2

Dein bestes Ruhn ist Schlaf,
Den rufst du oft und zitterst vor dem Tod,
Der doch nichts weiter.
Thy best of rest is sleep;
And that thou oft provok'st, yet grossly fear'st
Thy death, which is no more.
Maß für Maß III,1

Oft im Kriegerleben
Wird süßer Schlaf der Störung preisgegeben.

'Tis the soldier's life,
To have their balmy slumbers wak'd with strife.

Othello II,3

Mohnsaft nicht noch Mandragora,
Noch alle Schlummersäfte der Natur
Verhelfen je dir zu dem süßen Schlaf,
Den du noch gestern hattest.

Not poppy, nor mandragora,
Nor all the drowsy syrups of the world,
Shall ever medicine thee to that sweet sleep
Which thou owedst yesterday

Othello III,3

O Schlaf! o holder Schlaf!
Du Pfleger der Natur, wie schreckt' ich dich,
Daß du nicht mehr zudrücken willst die Augen
Und meine Sinne tauchen in Vergessen?

O sleep! O gentle sleep!
Nature's soft nurse, how have I frightened thee,
That thou no more wilt weigh my eyelids down,
And steep my senses in forgetfulness?

König Heinrich IV., Zweiter Teil, III,1

Wir wollen lieber schlafen als schwatzen.

We will rather sleep than talk.

Viel Lärm um nichts III,3

Ich will gehn und schlafen, wenn ich kann; kann ich nicht, so will ich auf alle Erstgeburt lästern.

I'll go sleep, if I can; if I cannot, I'll rail against all the first-born of Egypt.

Wie es euch gefällt II,5

Erwach, mein Herz! erwach! Hast wohl geschlafen.
Erwach.

Awake, dear heart, awake! thou hast slept well;
Awake!
Der Sturm I,2

Schlafende und Tote
Sind Bilder nur.
The sleeping, and the dead,
Are but as pictures.
Macbeth II,1

Du siehst Gestalten nicht, noch Phantasien,
Womit geschäft'ge Sorg' ein Hirn erfüllt –
Drum schläfst du so gesund.
Thou hast no figures nor no fantasies
Which busy care draws in the brains of men;
Therefore thou sleep'st so sound.
Julius Cäsar II,1

Ob wir schon tot schienen, schliefen wir doch nur.
Though we seemed dead, we did but sleep.
König Heinrich V. III,6

Du schnarchst verständlich:
Dein Schnarchen hat Bedeutung.
Thou dost snore distinctly;
There's meaning in thy snores.
Der Sturm II,1

Schmeichelei

Wer die Schmeichelei liebt, ist des Schmeichlers würdig.
He that loves to be flattered is worthy o' the flatterer.
Timon von Athen I,1

Nicht besser birgt sich schwarze Meuterei,
Als hinter sanfte, glatte Schmeichelei.
No visor doeth become black villainy
So well as soft and tender flattery.
Perikles IV,4

Der kränkt mich doppelt jetzt,
Der mit der Zunge Schmeicheln mich verletzt.

He does me double wrong
That wounds me with the flatteries of his tongue.

König Richard II. III,2

Die kränken nur den König, die ihm schmeicheln,
Denn Schmeicheln facht, ein Blasbalg, an die Sünde.

They do abuse the king that flatter him,
For flattery is the bellows blows up sin.

Perikles I,2

Schmeicheln ist Sünde.

'Tis sin to flatter.

König Heinrich VI., Dritter Teil, V,6

Wenn du für ihn dich bückst und flehst und schmeichelst,
So stoß ich dich wie einen Hund hinweg.

If thou dost bend and pray and fawn on him,
I spurn thee like a cur out of my way.

Julius Cäsar III,1

Der noch lebet, schmeichelt dem, der stirbt.

Men living flatter those that die.

König Richard II. II,1

Ei! es hat viel große Männer gegeben, die dem Volk schmeichelten und es doch nicht liebten. Und es gibt manche, die das Volk geliebt hat, ohne zu wissen, warum. Also, wenn sie lieben, so wissen sie nicht, weshalb, und sie hassen aus keinem besseren Grunde.

Faith, there hath been many great men that have flattered the people, who ne'er loved them; and there be many that they have loved, they know not wherefore: so that, if they love they know not why, they hate upon no better a ground.

Coriolan II,2

Solch Gleisnervolk
Nagt oft, gleich Ratten, heil'ge Band' entzwei,
Zu fest verknüpft zum Lösen; schmeichelt jeder Laune,
Die auflebt in dem Busen seines Herrn,
Trägt Öl ins Feu'r, zum Kaltsinn Schnee;
Verneint, bejaht und dreht den Hals wie Wetterhähne
Nach jedem Wind und Luftzug seiner Obern,
Nichts wissend, Hunden gleich, als nachzulaufen.

Such smiling rogues as these,
Like rats, oft bite the holy cords a-twain
Which are too intrinse t' unloose; smooth every passion
That in the natures of their lords rebel;
Bring oil to fire, snow to their colder moods;
Renege, affirm, and turn their halcyon beaks
With every gale and vary of their masters,
Knowing nought, like dogs, but following.

König Lear II,2

Das Einhorn lasse sich mit Bäumen fangen,
Der Löw' im Netz, der Elefant in Gruben,
Der Bär mit Spiegeln und der Mensch durch Schmeichler.

That unicorns may be betray'd with trees,
And bears with glasses, elephants with holes,
Lions with toils, and men with flatterers.

Julius Cäsar II,1

Schmerz (s. auch Gram, Kummer, Leid)

Schlecht handelt' ich,
Und das verklagt mich mit so bitterm Schmerz,
Daß nichts mich freut.

I have done ill,
Of which I do accuse myself so sorely,
That I will joy no more.

Antonius und Cleopatra IV,6

Mancher Schmerz ist heilsam, so ist dieser:
Er stärkt die Liebe.

Some griefs are med'cinable; that is one of them,
For it doth physic love.

Cymbelin III,2

Gut, jeder kann den Schmerz bemeistern, nur der nicht, der ihn fühlt.

Well, everyone can master a grief but he that hath it.

Viel Lärm um nichts III,2

Gib Worte deinem Schmerz: Gram, der nicht spricht,
Preßt das beladne Herz, bis daß es bricht.

Give sorrow words; the grief that does not speak
Whispers the o'er-fraught heart, and bids it break.

Macbeth IV,3

Ein großer Schmerz heilt kleinern.

Great griefs, I see, medicine the less.

Cymbelin IV,2

So sei denn [...] seltsame Heilung seltnem Schmerz beschieden.

For to strange sores strangely they strain the cure.

Viel Lärm um nichts IV,1

Sehn wir den Größern tragen unsern Schmerz,
Kaum rührt das eigne Leid noch unser Herz.
Wer einsam duldet, fühlt die tiefste Pein,
Fern jeder Lust, trägt er den Schmerz allein:
Doch kann das Herz viel Leiden überwinden,
Wenn sich zur Qual und Not Genossen finden.

When we our betters see bearing our woes,
We scarcely think our miseries our foes.
Who alone suffers, suffers most i'th' mind,
Leaving free things and happy shows behind;
But then the mind much sufferance doth o'erskip,
When grief hath mates, and bearing fellowship.

König Lear III,6

Gehemmter Schmerz, wie ein verstopfter Ofen,
Verbrennt zu Asche die verschlossne Brust.

Sorrow concealed, like an oven stopp'd,
Doth burn the heart to cinders where it is.

Titus Andronicus II,5

Schnarchen – s. Schlaf

Schönheit

Schön ist wüst, und wüst ist schön.

Fair is foul, and foul is fair.

Macbeth I,1

Wenn Frauen jung und schön nur sind,
So haben sie die Gabe, es zu wissen.

If ladies be but young and fair,
They have the gift to know it.

Wie es euch gefällt II,7

Doch wärt Ihr auch der Teufel – Ihr seid schön.

But, if you were the devil, you are fair.

Was ihr wollt I,5

Die, welche sie [Fortuna] schön macht, macht sie selten ehrbar, und die, welche sie ehrbar macht, macht sie sehr häßlich.

Those that she makes fair she scarce makes honest, and those that she makes honest she makes very ill-favouredly.

Wie es euch gefällt I,2

Schönheit lockt Diebe schneller noch als Gold!

Beauty provoketh thieves sooner than gold.

Wie es euch gefällt I,3

Und kann ich nicht durch Schönheit um ihn werben,
Will ich, den Rest verweinend, trostlos sterben.

Since that my beauty cannot please his eye,
I'll weep what's left away, and weeping die.

Die Komödie der Irrungen II,1

Schönheit weiß
Durch Zauberkünste Treu' in Blut zu wandeln.
Beauty is a witch
Against whose charms faith melteth into blood.
Viel Lärm um nichts II,1

Zauber erhöh' die Schönheit.
Let witchcraft join with beauty.
Antonius und Cleopatra II,1

Die Schönheit, die uns hier im Antlitz blüht,
Kennt nicht der Eigner: fremdem Auge nur
Empfiehlt sie sich.
The beauty that is borne here in the face
The bearer knows not, but commends itself
To others' eyes.
Troilus und Cressida III,3

Schönheit wird nur vom Kennerblick gekauft
Nicht angebracht durch des Verkäufers Prahlen.
Beauty is bought by judgment of the eye,
Not utter'd by base sale of chapmen's tongues.
Liebes Leid und Lust II,1

Wo Schönheit fehlt, ist Schmeicheln eitles Tun.
Where fair is not, praise cannot mend the brow.
Liebes Leid und Lust IV,1

Der Schönheit hohe Majestät
Verwirrt die Zung' und macht die Sinne wüst.
Beauty's princely majesty is such,
Confounds the tongue, and makes the senses rough.
König Heinrich VI., Erster Teil, V,3

Die Schönheit ist's, was stolz die Weiber macht.
'Tis beauty that doth make women proud.
König Heinrich VI., Dritter Teil, I,4

Schrecken

O Grausen! Grausen! Grausen! Zung' und Herz
Faßt es nicht, nennt es nicht!

O horror! horror! horror! Tongue nor heart
Cannot conceive nor name thee!

Macbeth II,3

So voll von grausem Schrecken war die Zeit.

So full of dismal terror was the time.

König Richard III. I,4

Muß ich erschrecken, wenn ein Toller auffährt?

Shall I be frighted when a madman stares?

Julius Cäsar IV,3

Entsetzen sei und Schrecknis mir willkommen.
Doch Trost verschmähn wir.

All strange and terrible events are welcome,
But comforts we despise.

Antonius und Cleopatra IV,13

Schuft – s. Schurke

Schuld

Sie schwinden weg, verstummt in ihrer Schuld.

They vanish tongue-tied in their guiltiness.

Julius Cäsar I,1

Von so betörter Furcht ist Schuld erfüllt,
Daß, sich verbergend, sie sich selbst enthüllt.

So full of artless jealousy is guilt,
It spills itself in fearing to be spilt.

Hamlet IV,5

Und wo die Schuld ist, mag das Strafbeil fallen.

And where th' offence is let the great axe fall.

Hamlet IV,5

Nicht durch die Schuld der Sterne, lieber Brutus,
Durch eigne Schuld nur sind wir Schwächlinge.

> The fault, dear Brutus, is not in our stars,
> But in ourselves, that we are underlings.
> *Julius Cäsar* I,2

Allein mich dünkt, es ist der Männer Schuld,
Daß Weiber fallen.

> But I do think it is their husband's faults
> If wives do fall.
> *Othello* IV,3

Wie oft birgt innre schwere Schuld,
Der außen Engel scheint an Huld.

> O, what may man within him hide,
> Though angel on the outward side!
> *Maß für Maß* III,2

Wer edelmütig, schuldlos und von freier Gesinnung ist, nimmt diese Dinge für Vogelbolzen, die Ihr als Kanonenkugeln anseht.

> To be generous, guiltless, and of free disposition, is to take those things for bird-bolds that you deem cannon-bullets.
> *Was ihr wollt* I,5

Auf meine Unschuld gründ ich mein Vertraun:
Und darum bin ich kühn und unverzagt.

> The trust I have is in mine innocence,
> And therefore am I bold and resolute.
> *König Heinrich VI.*, Zweiter Teil, IV,4

Wie manch Unschuld'gen trifft der Donnerkeil!

> Some innocents 'scape not the thunderbolt.
> *Antonius und Cleopatra* II,5

Schulden

Wer da stirbt, zahlt alle Schulden.

> He that dies pays all debts.
> *Der Sturm* III,2

Worte zahlen keine Schulden.
Words pay no debts.
Troilus und Cressida III,2

In Weltgeschäften nennt man's undankbar,
Mit trägem Widerwillen Schulden zahlen,
Die eine milde Hand uns freundlich lieh.
In common worldly things 'tis call'd ungrateful
With dull unwillingness to repay a debt
Which with a bounterous hand was kindly lent.
König Richard III. II,2

Schurke

Er ist ein Bösewicht,
Den ich nicht ansehn mag.
'Tis a villain, sir,
I do not love to look on.
Der Sturm I,2

Ich bin der einz'ge Bösewicht auf Erden
Und fühl es selbst am tiefsten.
I am alone the villain of the earth,
And feel I am so most.
Antonius und Cleopatra IV,6

So viel ist gewiß, niemand wird mich einen schmeichlerischen Biedermann nennen, niemand soll mir's dagegen absprechen, daß ich ein aufrichtiger Bösewicht sei.
Though I cannot be said to be a flattering honest man, it must not be denied but I am a plain-dealing villain.
Viel Lärm um nichts I,3

Werft einen ehrlichen Mann nicht weg auf die Anklage eines Bösewichts.
Do not cast away an honest man for a villain's accusation.
König Heinrich VI., Zweiter Teil, I,3

Zieh, du Schuft, denn obgleich es Nacht ist, scheint der Mond; ich will eine Mondscheintunke aus dir machen. Zieh, du niederträcht'ger, infamer Kamrad von Barbiergesellen, zieh!

Draw, you rogue; for thou it be night, yet the moon shines: I'll make a sop o'th' moonshine of you. Draw, you whoreson cullionly barber-monger, draw.

König Lear II,2

Schurke, du hast zu lang gelebt.

Rogue, thou hast liv'd too long.

Antonius und Cleopatra II,5

Irgendein Schurke hat mich angeschwärzt!

Some villain hath done me wrong.

König Lear I,2

Ein Schurke bist du, ein Halunke, ein Tellerlecker; ein niederträchtiger, eitler, hohler, bettelhafter, dreiröckiger, hundertpfündiger, schmutziger, grobstrümpfiger Schurke; ein milchlebriger, Ohrfeigen einsteckender Schurke; ein lüderlicher, spiegelgaffender, überdienstfertiger, geschniegelter Taugenichts; eine armselige Kirchenmaus; einer, der aus lauter Diensteifer ein Kuppler sein möchte, und nichts ist, als ein Gemisch von Schelm, Bettler, Lump, Kuppler und der Sohn und Erbe einer Bastardpetze.

A knave, a rascal, an eater of broken meats; a base, proud, shallow, beggarly, three-suited, hundred-pound, filthy worsted-stocking knave; a lily-livered, action-taking, whoreson, glass-gazing, super-serviceable, finical rogue; one-trunk-inheriting slave; one that wouldst be a bawd in way of good service, and art nothing but the composition of a knave, beggar, coward, pandar, and the son and heir of a mongrel bitch.

König Lear II,2

Bin ich denn ein Schurke?

Am I then a villain?

Othello II,3

Hinaus den blinden Schurken! Diesen Hund
Werft auf den Mist.

Turn out that eyeless villain; throw this slave
Upon the dunghill.

König Lear III,7

Wenn die reichen Schurken der armen bedürfen, so können die armen fordern, was sie wollen.

When rich villains have need of poor ones, poor ones may make what price they will.

Viel Lärm um nichts III,3

Schwäche

Nicht wir sind schuld, ach! unsre Schwäch' allein:
Wie wir gemacht sind, müssen wir ja sein.

Alas, our frailty is the cause, not we!
For such as we are made of, such we be.

Was ihr wollt II,2

Tragt ihre Schwäche, die gewiß entsteht
Aus kranken Grillen, nicht bedachter Bosheit.

Bear with her weakness, which, I think, proceeds
From wayward sickness, and no grounded malice.

König Richard III. I,3

Nicht Ruhe Tag noch Nacht; es ist nur Schwäche,
Den Vorfall so zu nehmen, nichts als Schwäche.

Nor night, nor day, no rest: it is but weakness
To bear the matter thus: mere weakness.

Ein Wintermärchen II,3

Denn nicht genug, dem Schwachen aufzuhelfen,
Auch stützen muß man ihn.

'T is not enough to help the feeble up,
But to support him after.

Timon von Athen I,1

Wir alle sind nur Menschen,
Schwachheit ist unser Erb', und wen'ge nur,
Weil noch im Fleisch, sind Engel.
We all are men,
In our own natures frail, and capable
Of our flesh; few are angels.
König Heinrich VIII. V,3

Schweigen

Schweig! Noch ein Wort,
Und schelten müßt' ich dich, ja hassen.
Silence! one word more
Shall make me chide thee, if not hate thee.
Der Sturm I,2

Der Rest ist Schweigen.
The rest is silence.
Hamlet V,2

Oft spricht beredt der reinen Unschuld Schweigen,
Wo Worte nichts gewinnen.
The silence often of pure innocence
Persuades, when speaking fails.
Ein Wintermärchen II,2

Schweigen ist der beste Herold der Freude.
Silence is the perfectest herald of joy.
Viel Lärm um nichts II,1

Laß dich um Schweigen tadeln,
Doch nie um Reden schelten.
Be check'd for silence,
But never tax'd for speech.
Ende gut, alles gut I,1

Ihr Schweigen höhnt mich, und ich will mich rächen.
Her silence flouts me, and I'll be revenged.
Der Widerspenstigen Zähmung II,1

Weib, schweigt still,
Sonst stopft dies Blatt den Mund Euch.
    Shut your mouth, dame,
    Or with this paper shall I stop it.
    König Lear V,3

Schwermut – s. Melancholie

Schwert

Schwert ist ein Schwur, und Recht der Schwüre gilt.
    Sword is an oath, and oaths must have their course.
    König Heinrich V. II,1

Weg dein Schwert, Verräter!
    Put thy sword up, traitor.
    Der Sturm I,2

Ach, töte mit dem Schwert mich, nicht mit Worten!
    Ah, kill me with thy weapon, not with words!
    König Heinrich VI., Dritter Teil, V,6

Man ficht doch lieber mit zerbrochnem Schwert
Als mit der bloßen Hand.
    Men do their broken weapons rather use,
    Than their bare hands.
    Othello I,3

Hinein, du Schwert! Sei schrecklicher gezückt!
    Up, sword, and know thou a more horrid hent.
    Hamlet III,3

Weshalb sollt' ich den röm'schen Narren spielen,
Sterbend durchs eigene Schwert?
    Why should I play the Roman fool, and die
    On mine own sword?
    Macbeth V,7

Schwierigkeiten

Alle Schwierigkeiten sind leichter, wenn man sie kennt.
All difficulties are but easy when they are known.
Maß für Maß IV,2

Schwimmen

Schwimm oder sink!
Sink, or swim.
König Heinrich IV., Erster Teil, I,3

Ich kann schwimmen wie 'ne Ente.
I can swim like a duck.
Der Sturm II,2

Schwindel

Wer schwindlig ist, der denkt, die Welt geht rund.
He that is giddy thinks the world turns round.
Der Widerspenstigen Zähmung V,2

Schwur

Wenn ich meinen Eid breche, mag ich zum Ungeheuer werden!
When I break that oath, let me turn monster.
Wie es euch gefällt I,2

Schwelgender Wahnsinn,
An solchen mundgeformten Eid sich fesseln,
Der schon im Schwur zerbricht!
Riotous madness,
To be entangled with those mouth-made vows,
Which break themselves in swearing!
Antonius und Cleopatra I,3

Die Liebe zwang zum Eid und zwingt zum Meineid.
Love bade me swear, and love bids me forswear.
Die beiden Veroneser II,6

Der gute Vorsatz leiht dem Eid die Kraft,
Nicht Eid auf jeden Vorsatz darf uns binden.
It is the purpose that makes strong the vow;
But vows to every purpose must not hold.
Troilus und Cressida V,3

Ein Eid gilt nichts, der nicht geleistet wird
Vor einer wahren, rechten Obrigkeit,
Die über den Gewalt hat, welcher schwört.
An oath is of no moment, being not took
Before a true and lawful magistrate,
That hath authority over him that swears.
König Heinrich VI., Dritter Teil, I,2

Taub sind die Götter raschen, tör'gen Eiden:
Das sind entweihte Spenden, mehr verhaßt
Als fleck'ge Lebern eines Opfertiers.
The gods are deaf to hot and peevish vows;
They are polluted off'rings, more abhorr'd
Than spotted livers in the sacrifice.
Troilus und Cressida V,3

Laßt Priester, Memmen, Schriftgelehrte schwören,
Verdorrte Greis' und solche Jammerseelen,
Die selbst für Unrecht danken! Schwören laßt
Bei bösen Händeln Volk, dem man nicht traut.
Swear priests and cowards, and men cautelous,
Old feeble carrions, and such suffering souls
That welcome wrongs; unto bad causes swear
Such creatures as men doubt.
Julius Cäsar II,1

Wenn ihr bei dem schwört, was nicht ist, so habt ihr nicht falsch geschworen.

If you swear by that that is not, you are not forsworn.

Wie es euch gefällt I,2

Wie teuflisch fromm, mit Schwur den Schwur erlegen!

When truth kills truth, O devilish-holy fray!

Ein Sommernachtstraum III,2

Auch ist der Schwur eines Liebhabers nicht zuverlässiger als das Wort eines Bierschenken: sie bekräftigen beide falsche Rechnungen.

Besides, the oath of a lover is no stronger than the word of a tapster: they are both the confirmer of false reckonings.

Wie es euch gefällt III,4

Der Männer Schwüre sind der Fraun Verräter!

Men's vows are women's traitors!

Cymbelin III,4

Die stärksten Schwüre
Sind Stroh dem Feuer im Blut.

The strongest oaths are straw
To th' fire i'th' blood.

Der Sturm IV,1

Seele

Was deine Seele wert hält, stell dir vor
Da, wo du hingehst, nicht, woher du kommst.

Look, what thy soul holds dear, imagine it
To lie that way thou goest, not whence thou com'st.

König Richard II. I,3

O Seele, die, sich frei zu machen ringend,
Noch mehr verstrickt wird!

O limed soul that, struggling to be free,
Art more engaged!
Hamlet III,3

Dem Teufel deine Seele!
The devil take thy soul!
Hamlet V,1

Wir sind nicht wir,
Wenn die Natur, im Druck, die Seele zwingt,
Zu leiden mit dem Körper.
We are not ourselves
When nature, being oppressed, commands the mind
To suffer with the body.
König Lear II,4

Sehen

Weh mir! wehe!
Daß ich sah, was ich sah, und sehe, was ich sehe!
O, woe is me,
T' have seen what I have seen, see what I see!
Hamlet III,1

Sein

Und ich bin ich, wie ich erzeugt auch bin.
And I am I, howe'er I was begot.
König Johann I,1

Sein oder Nichtsein, das ist hier die Frage.
To be, or not to be, that is the question.
Hamlet III,1

Ich bin nicht, was ich bin!
I am not what I am.
Othello I,1

Selbstmord

Selbstmord verbeut so göttlich hehre Satzung,
Daß meine schwache Hand erbebt.

Against self-slaughter
There is a prohibition so divine
That cravens my weak hand.

Cymbelin III,4

Hätte nicht der Ew'ge sein Gebot
Gerichtet gegen Selbstmord!

That the Everlasting had not fixed
His canon 'gainst self-slaughter!

Hamlet I,2

Wer den Entschluß fassen kann, von eigner Hand zu sterben, fürchtet es von keiner andern.

He that hath a will to die by himself fears it not from another.

Coriolan V,2

Ist's denn Sünde,
Zu stürmen ins geheime Haus des Todes,
Eh Tod zu uns sich wagt?

Then is it sin
To rush into the secret house of death
Ere death dare come to us?

Antonius und Cleopatra IV,13

Das Leben, dieser Erdenschranken satt,
Hat stets die Macht, sich selber zu entlassen.

Life, being weary of these worldly bars,
Never lacks power to dismiss itself.

Julius Cäsar I,3

So trägt ein jeder Sklav' in eigner Hand
Gewalt, zu brechen die Gefangenschaft.

So every bondman in his own hand bears
The power to cancel his captivity.
Julius Cäsar I,3

Sicherheit

Denn, wie ihr wißt, war Sicherheit
Des Menschen Erbfeind jederzeit.
And you all know, security
Is mortals' chiefest enemy.
Macbeth III,5

Sicherheit macht den Frieden krank,
Zu sichre Sicherheit; doch weiser Zweifel
Wird den Klugen Leuchte, dem Arzte Sonde,
Der Wunde Grund zu prüfen.
The wound of peace is surety,
Surety secure; but modest doubt is call'd
The beacon of the wise, the tent that searches
To the bottom of the worst.
Troilus und Cressida II,2

Sieg

Ein Sieg gilt doppelt, wenn der Feldherr seine volle Zahl wieder heimbringt.
A victory is twice itself when the achiever brings home full numbers.
Viel Lärm um nichts I,1

Der Sieg sei dessen, dem ihn Gott beschert!
To whom God will, there be the victory!
König Heinrich VI., Dritter Teil, II,5

Je stärkrer Gegenpart, je größrer Sieg!
Glück und Gewinn weissagt mir mein Gemüt.
The harder match'd, the greater victory.
My mind presageth happy gain and conquest.
König Heinrich VI., Dritter Teil, V,1

Er sah mich und ergab sich, so daß ich mit Recht wie der krummnasige Kerl von Rom sagen kann: Ich kam, sah und siegte.

He saw me, and yielded, that I may justly say, with the hook-nosed fellow of Rome, 'I came, saw, and overcame.'

König Heinrich IV., Zweiter Teil, IV,3

Singen – s. Musik

Sitte – s. Manieren

Sklave

Du lügnerischer Sklav',
Der Schläge fühlt, nicht Güte!

Thou most lying slave,
Whom stripes may move, not kindness!

Der Sturm I,2

Schnöder Sklav',
In welchem keine Spur des Guten haftet,
Zu allem Bösen fähig!

Abhorred slave,
Which any print of goodness wilt not take,
Being capable of all ill!

Der Sturm I,2

Hinweg mit Sklaventracht und niederm Sinn!

Away with slavish weeds and servile thoughts!

Titus Andronicus II,1

Sohn

Mancher edle Schoß
Trug schlechte Söhne schon.

Good wombs have borne bad sons.

Der Sturm I,2

Doch habe ich ihn oft behaupten hören, wenn Söhne in reifen Jahren und die Väter auf der Neige ständen, dann sei von Rechts wegen der Vater des Sohnes Mündel und der Sohn Verwalter des Vermögens.

But I have heard him oft maintain it to be fit that, sons at perfect age, and fathers declin'd, the father should be as ward to the son, and the son manage his revenue.

König Lear I,2

Gebär mir Söhne nur!

Bring forth men-children only!

Macbeth I,7

Sonne

Die Sonn' ist hoch, versäumt nicht ihren Lauf!

The sun is high, and we outwear the day.

König Heinrich V. IV,2

Hier scheint die Sonne nie, hier atmet nichts,
Nachteulen nur und unglückdrohnde Raben.

Here never shines the sun: here nothing breeds,
Unless the nighty owl or fatal raven.

Titus Andronicus II,3

O du Sonne,
Verbrenne deine Sphäre! Nacht, steh fest
Auf wechselnden Weltfluren.

O sun,
Burn the great sphere thou mov'st in! darkling stand
The varying shore o' the world.

Antonius und Cleopatra IV,13

Der Sonnenschein vergoldet unsere Waffen.

The sun doth gild our armour.

König Heinrich V. IV,2

Der Sonne Scheiden, und Musik am Schluß,
Bleibt, wie der letzte Schmack von Süßigkeiten,
Mehr im Gedächtnis als die frühern Zeiten.

The setting sun, and music at the close,
As the last taste of sweets, is sweetest last,
Writ in remembrance more than things long past.

König Richard II. II,1

Sorgen (s. auch Gram, Kummer, Leid)

Was stellen sich für wache Sorgen zwischen
Die Nacht und Eure Augen?

What watchful cares do interpose themselves
Betwixt your eyes and night?

Julius Cäsar II,1

Nur da ich überhäuft
Mit eignen Sorgen bin, entfiel es mir.

But, being over-full of self-affairs,
My mind did lose it.

Ein Sommernachtstraum I,1

Sorglosigkeit gibt der Verschwörung Raum.

Security gives way to conspiracy.

Julius Cäsar II,3

Spaß – s. Scherz und Spaß

Spiegel

Schmeichelnd Glas,
Wie die Genossen meines günst'gen Glücks
Betörst du mich!

O flatt'ring glass,
Like to my followers in prosperity,
Thou dost beguile me!

König Richard II. IV,1

Denn noch nie gab's ein hübsches Kind, das nicht Gesichter im Spiegel schnitt.

For there was never yet fair woman but she made mouths in a glass.

König Lear III,2

Gebt 'nen Spiegel her;
Und wenn ihr Hauch die Fläche trübt und streift,
Dann lebt sie.

Lend me a looking-glass.
If that her breath will mist or stain the stone,
Why, then she lives.

König Lear V,3

Du, deiner Mutter Spiegel, zauberst ihr
Der Jugendtage holden Lenz herbei.

Thou art thy mother's glass, and she in thee
Calls back the lovely April of her prime.

Sonett 3

Spiel

Ich hab am Spiel nicht Lust

I am not gamesome.

Julius Cäsar I,2

Ich befürchte falsches Spiel.

I doubt some foul play.

Hamlet I,2

Das ist die Karte, die mein Spiel verdirbt.

There all is marr'd; there lies a cooling card.

König Heinrich VI., Erster Teil, V,3

Spott – s. Hohn und Spott

Sprache / Sprechen

Es ist nicht genug, daß man rede; man muß auch richtig reden.

It is not enough to speak, but to speak true.

Ein Sommernachtstraum V,1

Eine lose Rede schläft in dummen Ohren.

A knavish speech sleeps in a foolish ear.

Hamlet IV,2

Verlernt' ich die gewandte, flücht'ge Rede:
Durch seine Kält' und Rauheit ward sie spröde.

If voluble and sharp discourse be marr'd,
Unkindness blunts it more than marble hard.

Die Komödie der Irrungen II,1

Seine Rede war wie eine verwickelte Kette: nichts zerrissen, aber alles in Unordnung.

His speech was like a tangled chain; nothing impaired, but all disordered.

Ein Sommernachtstraum V,1

Seid so gut und haltet die Rede, wie ich sie euch vorsagte, leicht von der Zunge weg.

Speak the speech, I pray you, as I pronounced it to you – trippingly on the tongue.

Hamlet III,2

Und 's ist 'ne Art, gut handeln, gut zu reden,
Obgleich das Wort noch keine Tat.

And 'tis a kind of good deed to say well;
And yet, words are no deeds.

König Heinrich VIII. III,2

's ist Redens Zeit.

'Tis time to speak.

König Richard III. I,3

Eine Redensart ist nur ein lederner Handschuh für einen witzigen Kopf; wie geschwind kann man die verkehrte Seite herauswenden!

> A sentence is but a chev'ril glove to a good wit. How quickly the wrong side may be turn'd outward!
> *Was ihr wollt* III,1

Ein Redner ist nur ein Schwätzer, ein Reim ist nur eine Singweise.

> A speaker is but a prater; a rhyme is but a ballad.
> *König Heinrich V.* V,2

Herr,
Die Sprache, die Ihr sprecht, versteh ich nicht.

> Sir,
> You speak a language that I understand not.
> *Ein Wintermärchen* III,2

Wir müssen nach der Schrift sprechen, oder er sticht uns mit Silben zu Tode.

> We must speak by the card, or equivocation will undo us.
> *Hamlet* V,1

Ihr sprecht nicht, wie Ihr denkt.

> You speak not as you think.
> *Ein Sommernachtstraum* III,2

Staat

Was gibt's, was gibt's in unserm Wankestaat?

> What news, what news, in this our tottering state?
> *König Richard III.* III,2

Ich tat dem Staate [Venedig] manchen Dienst, man weiß es:
Nichts mehr davon.

> I have done the state some service, and they know't.
> No more of that.
> *Othello* V,2

Staunen

Ich staun und weiß nicht, was ich sagen soll.
I am amaz'd, and know not what to say.
Ein Sommernachtstraum III,2

Ich staune, wie ein menschlich Antlitz barg
In sanftem Lächeln so tyrann'schen Mord.
And wonder greatly that man's face can fold
In pleasing smiles such murderous tyranny.
Titus Andronicus II,4

Götter, ich erstaune,
Wie nur ein Mann so schwächlicher Natur
Der stolzen Welt den Vorsprung abgewann.
Ye gods, it doth amaze me
A man of such a feeble temper should
So get the start of the majestic world.
Julius Cäsar I,2

Ich hör erstaunt die ungestümen Reden;
Ich höhn Euch nicht; es scheint, Ihr höhnet mich.
I am amazed at your passionate words;
I scorn you not; it seems that you scorn me.
Ein Sommernachtstraum III,2

Sterben

Ein häßlich Ding zu sterben, gnäd'ger Herr,
Unvorbereitet und sich nichts versehend.
'Tis a vile thing to die, my gracious lord,
When men are unprepar'd and look not for it.
König Richard III. III,2

Schlägt alles fehl, hab ich zum Sterben Kraft.
If all else fail, myself have power to die.
Romeo und Julia III,5

Sterben heißt eine Maske sein: denn der ist nur die Maske eines Menschen, der nicht das Leben eines Menschen hat.

To die is to be a counterfeit; for he is but the counterfeit of a man who hath not the life of a man.

König Heinrich IV., Erster Teil, V,4

Du weißt, es ist gemein: was lebt, muß sterben
Und Ew'ges nach der Zeitlichkeit erwerben.

Thou know'st 'tis common, all that live must die,
Passing through nature to eternity.

Hamlet I,2

O die tollen Sterblichen!

Lord, what fools these mortals be!

Ein Sommernachtstraum III,2

Hier auf Knie'n bitt' ich um Sterblichkeit
Statt Leben, das durch Schande nur gedeiht.

Here, on my knee, I beg mortality,
Rather than life preserv'd with infamy.

König Heinrich VI., Erster Teil, IV,5

Wer dies Jahr stirbt, ist für das nächste quitt.

He that dies this year is quit for the next.

König Heinrich IV., Zweiter Teil, III,2

Die Menschen sind von Zeit zu Zeit gestorben, und die Würmer haben sie verzehrt, aber nicht aus Liebe!

Men have died from time to time and worms have eaten them, but not for love.

Wie es euch gefällt IV,1

Sterne

Wen'ge richten sich nach ihrem Stern.

Few men rightly temper with the stars.

König Heinrich VI., Dritter Teil, IV,6

Die ganze Schar der Stern' umleuchte dir
Den heitern Pfad!

Let all the number of the stars give light
To thy fair way!

Antonius und Cleopatra III,2

Aber es tanzte eben ein Stern, und unter diesem bin ich zur Welt gekommen.

But then there was a star danced, and under that was I born.

Viel Lärm um nichts II,1

Meine Sterne stehen dunkel über mir.

My stars shine darkly over me.

Was ihr wollt II,1

Die Sterne,
Die Sterne bilden unsre Sinnesart.

It is the stars,
The stars above us, govern our conditions.

König Lear IV,3

Zwei Sterne kreisen nicht in e i n e r Sphäre.

Two stars keep not their motion in one sphere.

König Heinrich IV., Erster Teil, V,4

Sterne, Sterne waren's,
Und alle andern Augen tote Kohlen!

Stars, stars,
And all eyes else, dead coals!

Ein Wintermärchen V,1

Stirbt er einst,
Nimm ihn, zerteil in kleine Sterne ihn:
Er wird des Himmels Antlitz so verschönen,
Daß alle Welt sich in die Nacht verliebt
Und niemand mehr der eitlen Sonne huldigt.

When he shall die
Take him and cut him out in little stars,
And he will make the face of heaven so fine
That all the world will be in love with night
And pay no worship to the garish sun.
Romeo und Julia III,2

Verbirg dich, Sternenlicht!
Stars, hide your fires!
Macbeth I,4

Stimme

Vielleicht wirkt eines Weibes Stimme Gutes,
Wenn man auf Punkten zu genau besteht.
Haply a woman's voice may do some good,
When articles too nicely urg'd be stood on.
König Heinrich V. V,2

Er kennt mich, wie der blinde Mann den Kuckuck,
An meiner schlechten Stimme.
He knows me as the blind man knows the cuckoo –
By the bad voice.
Der Kaufmann von Venedig V,1

Noch nie habe ich gesehen, daß eine so volle Stimme aus einem so leeren Herzen gekommen wäre, aber der Spruch ist wahr: »Hohle Töpfe haben den lautesten Klang.«

I did never know so full a voice issue from so empty a heart: but the saying is true, 'The empty vessel makes the greatest sound.'
König Heinrich V. IV,4

Stolz

Stolz hat keinen Spiegel,
Sich selbst zu schaun, als Stolz.

Pride has no other glass
To show itself but pride.
Troilus und Cressida III,3

O Welt! wie leicht wird doch der Arme stolz!
O world, how apt the poor are to be proud!
Was ihr wollt III,1

Elende sind auf kleine Dinge stolz.
Small things make base men proud.
König Heinrich VI., Zweiter Teil, IV,1

Mein Stolz sank mit dem Glück.
My pride fell with my fortunes.
Wie es euch gefällt I,2

Ergrimmt, bis es Euch birst,
Das stolze Herz.
Fret till your proud heart break.
Julius Cäsar IV,3

Streben – s. Ziel

Streit (s. auch Zwietracht)

Was doch für Taten, grausam, schlächtermäßig,
Verblendet, meuterisch und unnatürlich,
Die tödliche Entzweiung täglich zeugt!
What stratagems, how fell, how butcherly,
Erroneous, mutinous, and unnatural,
This deadly quarrel daily doth beget!
König Heinrich VI., Dritter Teil, II,5

Hüte dich,
In Händel zu geraten; bist du drin,
Führ sie, daß sich dein Feind vor dir mag hüten.
Beware
Of entrance to a quarrel, but, being in,
Bear't that th' opposed may beware of thee.
Hamlet I,3

Der Lenz, der Sommer,
Der zeitigende Herbst, der zorn'ge Winter,
Sie alle tauschen die gewohnte Tracht,
Und die erstaunte Welt erkennt nicht mehr
An ihrer Frucht und Art, wer jeder ist.
Und diese ganze Brut von Plagen kommt
Von unserm Streit, von unserm Zwiespalt her:
Wir sind davon die Stifter und Erzeuger.

The spring, the summer,
The childing autumn, angry winter, change
Their wonted liveries; and the mazed world,
By their increase, now knows not which is which.
And this same progeny of evils comes
From our debate, from our dissension;
We are their parents and original.

Ein Sommernachtstraum II,1

In einem ungerechten Streit ist keine wahre Tapferkeit.

In a false quarrel there is no true valour.

Viel Lärm um nichts V,1

Streitet nicht mit ihr, sie ist verrückt.

Dispute not with her, she is lunatic.

König Richard III. I,3

Verfluchte Tage unruhvollen Zanks!

Accursed and unquiet wrangling days.

König Richard III. II,4

Du zankst mit einem, der Nüsse knackt, aus keinem andern Grunde, als weil du nußbraune Augen hast.

Thou wilt quarrel with a man for cracking nuts, having no other reason but because thou hast hazel eyes.

Romeo und Julia III,1

's ist nicht Zeit
Für Zwist der einzelnen.

'Tis not a time
For private stomaching.
Antonius und Cleopatra II,2

Ein gift'ger Wurm ist innerlicher Zwist,
Der nagt am Innern des gemeinen Wesens.
Civil dissension is a viperous worm
That gnaws the bowels of the commonwealth.
König Heinrich VI., Erster Teil, III,1

Studium – s. Lernen und Studieren

Stunde

Und so von Stund zu Stunde reifen wir,
Und so von Stund zu Stunde faulen wir.
And so from hour to hour we ripe, and ripe,
And then from hour to hour we rot.
Wie es euch gefällt II,7

Komme, was kommen mag,
Die Stund' und Zeit durchläuft den rauhsten Tag.
Come what come may,
Time and the hour runs through the roughest day.
Macbeth I,3

O jammervolle Stunde!
O woeful time!
Romeo und Julia IV,5

Mag diese Unglücksstunde
Verflucht auf ewig im Kalender stehn!
Let this pernicious hour
Stand aye accursed in the calendar!
Macbeth IV,1

Sei froher Mut mit Euch und heitre Stunden!
Fair thoughts and happy hours attend on you!
Der Kaufmann von Venedig III,4

Sünde

Weiß ich von irgendeinem Mann, der lebt,
Mehr, als der Jungfrau Sittsamkeit erlaubt,
Sei keine Sünde mir vergeben.
If I know more of any man alive
Than that which maiden modesty doth warrant,
Let all my sins lack mercy!
Viel Lärm um nichts IV,1

Doch wenn es Sünde ist, nach Ehre geizen,
Bin ich das sündigste Gemüt, das lebt.
But if it be a sin to covet honour,
I am the most offending soul alive.
König Heinrich V. IV,3

Und Wasser wäscht die Sünde nicht von euch.
And water cannot wash away your sin.
König Richard II. IV,1

O wie vermag in Würd' und Glanz der Tugend
Verworfne Sünde listig sich zu kleiden!
O, what authority and show of truth
Can cunning sin cover itself withal!
Viel Lärm um nichts IV,1

Sünde erbt
Sich nicht wie Land und Gut.
Crimes, like lands,
Are not inherited.
Timon von Athen V,5

Selbstliebe, Herr, ist nicht so schnöde Sünde
Als Selbstversäumnis.
Self-love, my liege, is not so vile a sin
As self-neglecting.
König Heinrich V. II,4

Und Sünde ist's, die Toten zu belügen –
Nicht, wenn man sagt, der Tote lebe nicht.
And he doth sin that doth belie the dead,
Not he which says the dead is not alive.
König Heinrich IV., Zweiter Teil, I,1

Der Sünde schwören, ist schon große Sünde;
Doch größre noch, den sünd'gen Eid zu halten.
It is great sin to swear unto a sin;
But greater sin to keep a sinful oath.
König Heinrich VI., Zweiter Teil, V,1

Mich erstickt hier der Geruch der Sünde.
I am stifled with this smell of sin.
König Johann IV,3

Ungern hört man Sünde, gern getan.
Few love to hear the sins they love to act.
Perikles I,1

Es gibt auf Erden losgesprochne Sünden.
Some sins do bear their privilege on earth.
König Johann I,1

Ha! mir juckt der Daumen schon,
Sicher naht ein Sündensohn.
By the pricking of my thumbs,
Something wicked this way comes.
Macbeth IV,1

Ich bin ein Mann, an dem
Man mehr gesündigt, als er sündigte.
I am a man
More sinned against than sinning.
König Lear III,2

T

Tadel

Wir sind oft hierin zu tadeln –
Gar viel erlebt man's –, mit der Andacht Mienen
Und frommem Wesen überzuckern wir
Den Teufel selbst.

We are oft to blame in this, –
'Tis too much proved, – that with devotion's visage
And pious action we do sugar o'er
The devil himself.

Hamlet III,1

Was zu tadeln,
Hört es mit Nachsicht an: verhandeln wir
Den nicht'gen Streit so laut, dann wird ein Mord,
Was Wunden sollte heilen.

What's amiss,
May it be gently heard. When we debate
Our trivial difference loud, we do commit
Murder in healing wounds.

Antonius und Cleopatra II,2

Beim Himmel nein!
Nie darf ein Fürst dem Tadler feindlich sein!

Heaven forbid
That kings should let their ears hear their faults hid!

Perikles I,2

Beschränke keiner,
Was ihm zu tun notwendig, in der Furcht,
Er stoß' auf neid'sch Tadler, die beständig,
Raubfischen gleich, dem neugeschmückten Fahrzeug
Nachziehn, wiewohl es Vorteil bringt mitnichten,
Nur eitle Jagd.

We must not stint
Our necessary actions, in the fear
To cope malicious censurers; which ever,
As ravenous fishes, do a vessel follow
That is new-trimm'd, but benefit no further
Than vainly longing.

König Heinrich VIII. I,2

Täuschung – s. Schein

Tag

Der warme Tag ist's, der die Natter zeugt;
Das heischt mit Vorsicht gehn.
It is the bright day that brings forth the adder,
And that craves wary walking.

Julius Cäsar II,1

Am heitern Tag erspähe, was dir fehlt,
Eh es die Nacht im dunkeln Schoß verhehlt.
When the day serves, before black-corner'd night,
Find what thou want'st by free and offer'd light.

Timon von Athen V,1

So hat der hellste Tag manchmal Gewölk,
Dem Sommer folgt der kahle Winter stets
Mit seinem grimm'gen, bitterlichen Frost:
So strömet Freud' und Leid, wie Zeiten wandeln.
Thus sometimes hath the brightest day a cloud;
And after summer evermore succeeds
Barren winter, with his wrathful-nipping cold:
So cares and joys abound, as seasons fleet.

König Heinrich VI., Zweiter Teil, II,4

Nichts kann den Unstern dieses Tages wenden:
Er hebt das Weh an, andre müssen's enden.

This day's black fate on more days doth depend.
This but begins the woe others must end.
Romeo und Julia III,1

O wüßte jemand doch
Das Ende dieses Tagwerks, eh es kommt!
O, that a man might know
The end of this day's business ere it come!
Julius Cäsar V,1

Tagedieb – s. Dieb

Tanzen

Wir beide sind ja übers Tanzen hin.
You and I are past our dancing days.
Romeo und Julia I,5

Der Himmel verhelfe mir zu einem guten Tänzer. –
Und schaffe ihn mir aus den Augen, sobald der Tanz aus ist.
God match me with a good dancer!
And God keep him out of my sight when the dance is done!
Viel Lärm um nichts II,1

Ich bin für andre als für Tänzersprünge.
I am for other than for dancing measures.
Wie es euch gefällt V,4

Tanzest du, so wünscht' ich,
Du seist 'ne Meereswell', und tätest nichts
Als dies, stets in Bewegung, immerdar.
When you do dance, I wish you
A wave o'th' sea, that you might ever do
Nothing but that, move still, still so.
Ein Wintermärchen IV,4

Tapferkeit – s. Mut

Tat

Wär's abgetan, so wie's getan ist, dann wär's gut,
Man tät' es eilig.
If it were done when 'tis done, then 'twere well
It were done quickly.
Macbeth I,7

Oh, meine Tat ist faul, sie stinkt zum Himmel.
O, my offence is rank, it smells to heaven.
Hamlet III,3

Bis zur Vollführung einer furchtbarn Tat,
Vom ersten Antrieb, ist die Zwischenzeit
Wie ein Phantom, ein grauenvoller Traum.
Between the acting of a dreadful thing
And the first motion, all the interim is
Like a phantasma, or a hideous dream.
Julius Cäsar II,1

Niemand steh' für diese Tat
Als wir, die Täter.
Let no man abide this deed
But we the doers.
Julius Cäsar III,1

Wir dürfen nicht die Güte jeder Tat
Ermessen nach dem Ausgang des Erfolgs.
We may not think the justness of each act
Such and no other than event doth form it.
Troilus und Cressida II,2

Deine wilden Taten zeugen
Von eines Tieres unvernünft'ger Wut.
Thy wild acts denote
The unreasonable fury of a beast.
Romeo und Julia III,3

Unnatürliche Taten
Erzeugen unnatürliche Zerrüttung.

Unnatural deeds
Do breed unnatural troubles.

Macbeth V,1

Tun, Nichttun, beides bricht
Den Hals mir sicher.

To do't, or no; is certain
To me a break-neck.

Ein Wintermärchen I,2

O was sich die Menschen nicht alles getrauen! Was sie alles tun! Was sie täglich tun, und nicht wissen, was sie tun!

O, what men dare do! what men may do! what men daily do, not knowing what they do!

Viel Lärm um nichts IV,1

Was du tust, das tue unverstellt.

What you do, do it unfeignedly.

König Richard III. II,1

Was Ihr nicht tut mit Lust, gedeiht Euch nicht.

No profit grows where is no pleasure ta'en.

Der Widerspenstigen Zähmung I,1

Ihr wißt nicht, was Ihr tut.

You know not what you do.

Julius Cäsar III,1

Teufel

O Wunder, wenn ein Teufel Wahrheit spricht!

O! wonderful, when devils tell the truth!

König Richard III. I,2

Gebt dem Teufel sein Recht.

Give the devil his due.

König Heinrich V. III,7

Wo du ein Mensch bist, zeige dich in deiner wahren Gestalt; bist du ein Teufel, so tu, was du willst.

If thou beest a man, show thyself in thy likeness: if thou beest a devil, take't as thou list.

Der Sturm III,2

Der Teufel spricht aus ihm.

The devil speaks in him.

Der Sturm V,1

Der Teufel brenn' dich schwarz, milchbleicher Lump!

The devil damn thee black, thou cream-fac'd loon!

Macbeth V,3

Wenn Teufel ärgste Sünde fördern wollen,
So locken sie zuerst durch frommen Schein.

When devils will their blackest sins put on,
They do suggest at first with heavenly shows.

Othello II,3

Wie sehr du Teufel bist,
Die Weibsgestalt beschützt dich.

Howe'er thou art a fiend,
A woman's shape doth shield thee.

König Lear IV,2

Denn andre Teufel, die Verrat eingeben,
Staffieren, stutzen die Verdammnis auf
Mit Flicken, falschen Farben, Schaugepränge,
Vom Gleisnerschein der Frömmigkeit entlehnt.

And other devils that suggest by treasons
Do botch and bungle up damnation
With patches, colours, and with forms being fetch'd
From glistering semblances of piety.

König Heinrich V. II,2

Nun, mein' Seel', der braucht einen langen Löffel, der mit dem Teufel ißt.

Marry, he must have a long spoon that must eat with the devil.
Die Komödie der Irrungen IV,3

Der Teufel wußte nicht, was er tat, als er den Menschen politisch machte.
The devil knew not what he did when he made man politic.
Timon von Athen III,3

Zu täuschen, wählt der Teufel lichte Tracht.
Devils soonest tempt, resembling spirits of light.
Liebes Leid und Lust IV,3

Redet wahr, und lacht des Teufels.
Tell truth, and shame the devil.
König Heinrich IV., Erster Teil, III,1

Geh du nur zu des Teufels Großmutter!
You may go to the devil's dam.
Der Widerspenstigen Zähmung I,1

Text

Nicht mehr, der Text ist albern.
No more; the text is foolish.
König Lear IV,2

Tiere und Tiermetaphern

Du fliehst den Bären;
Doch führte dich die Flucht zur brüll'nden See,
Liefst du dem Bären in den Schlund.
Thou'dst shun a bear,
But if thy flight lay toward the roaring sea
Thou'dst meet the bear i'th' mouth.
König Lear III,4

Die Drohne saugt
Nicht Adlerblut, sie stiehlt aus Bienenstöcken.
Drones suck not eagles' blood, but rob bee-hives.
König Heinrich VI., Zweiter Teil, IV,1

Den Eber fliehn, bevor der Eber nachsetzt,
Das hieß' den Eber reizen, uns zu folgen
Und Jagd zu machen, wo er's nicht gemeint.
To fly the boar before the boar pursues,
Were to incense the boar to follow us
And make pursuit where he did mean no chase.
König Richard III. III,2

Der Elefant hat Gelenke, aber keine für die Höflichkeit; seine Beine sind Beine fürs Bedürfnis, nicht für die Verbeugung.

The elephant has joints, but none for courtesy: his legs are legs not for necessity, not for flexure.

Troilus und Cressida II,3

Kannst du schon schwimmen wie 'ne Ente, so bist du doch natürlich wie 'ne Gans.

Though thou canst swim like a duck, thou art made like a goose.

Der Sturm II,2

Ich bin ein Esel; ihr könnt das an meinen langen Ohren erkennen. Ich habe ihm von der Stunde meiner Geburt an bis auf diesen Augenblick gedient, und habe nie etwas davon gehabt als Schläge.

I am an ass, indeed; you may prove it by my long ears. I have served him from the hour of my nativity to this instant, and have nothing at his hands for my service but blows.

Die Komödie der Irrungen IV,4

Welch dreifach Esel
War ich, den Säufer für 'nen Gott zu halten
Und anzubeten diesen dummen Narr'n.

What a trice-double ass
Was I, to take this drunkard for a god,
And worship this dull fool!
Der Sturm V,1

Nur Esel zäumt man so bequem und leicht!
There's none but asses will be bridled so.
Die Komödie der Irrungen II,1

Ich bin ein Esel, ich bin eines Weibes Diener, ich bin außer mir.
I am an ass, I am a woman's man, and besides myself.
Die Komödie der Irrungen III,2

Tut nur reichlich Köder an den Haken, dieser Fisch wird anbeißen.
Bait the hook well, this fish will bite.
Viel Lärm um nichts II,3

Hier hängt ein Fisch im Netz, wie das Recht eines Armen im Prozeß; gar nicht herauszukriegen.
Here's a fish hangs in the net, like a poor man's right in the law; 'twill hardly come out.
Perikles II,1

Der Fuchs bellt nicht, wenn er das Lamm will stehlen.
The fox barks not when he would steal the lamb.
König Heinrich VI., Zweiter Teil, III,1

Der Glühwurm zeigt, daß sich die Frühe naht.
The glow-worm shows the matin to be near.
Hamlet I,5

Der Hahn, der als Trompete dient dem Morgen,
Erweckt mit schmetternder und heller Kehle
Den Gott des Tages.
The cock, that is the trumpet to the morn,
Doth with his lofty and shrill-sounding throat
Awake the god of day.
Hamlet I,1

Horch! horch!
Der Hahn tut seine Wache kund,
Er kräht: Kikiriki!

Hark, hark! I hear
The strain of strutting chanticleer
Cry, Cock-a-diddle-dow.

Der Sturm I,2

Wer wilde Hengste zähmt,
Dem reicht die Hand nicht aus, sie fromm zu ziehn:
Er zwängt ihr Haupt mit scharfem Zaum und spornt sie,
Bis sie der Führung weichen.

For those that tame wild horses
Pace 'em not in their hands to make 'em gentle,
But stop their mouths with stubborn bits, and spur 'em,
Till they obey the manage.

König Heinrich VIII. V,3

Doch er, der wilde Hirsch, rennt aus den Pfählen
(Mein ist er satt): sich auswärts Kost zu stehlen.

But, too unruly deer, he breaks the pale
And feeds from home; poor I am but his stale.

Die Komödie der Irrungen II,1

So tun die Honigbienen, Kreaturen,
Die durch die Regel der Natur uns lehren
Zur Ordnung fügen ein bevölkert Reich.

So work the honey-bees,
Creatures that by a rule in nature teach
The act of order to a peopled kingdom.

König Heinrich V. I,2

Den Hund möcht' ich für zwanzig Pfund nicht missen.

I would not lose the dog for twenty pound.

Der Widerspenstigen Zähmung, Einleitung, I

Ergib dich, Hund!

Yield, cur!

König Heinrich V. IV,4

Hinaus mit euch, ihr Kläffer!

Avaunt, you curs!

König Lear III,6

Du läßt den Hund los, eh das Wild sich rührt.

Before the game's afoot, thou still let'st slip.

König Heinrich IV., Erster Teil, I,3

Und wahrhaftig, wäre nicht mein Herz aus Glauben geschmiedet, und meine Brust von Stahl, sie hätte mich in einen Küchenhund verwandelt und den Bratspieß drehen lassen.

And, I think, if my breast had not been made of faith,
and my heart of steel,
She had transform'd me to a curtal dog, and made me
turn i'th' wheel.

Die Komödie der Irrungen III,2

O Hunde, die vor jedem Fremden wedeln!

Dogs, easily won to fawn on any man!

König Richard II. III,2

Man achtet kleiner Hunde Murren nicht,
Doch Große zittern, wenn der Löwe brüllt.

Small curs are not regarded when they grin;
But great men tremble when the lion roars.

König Heinrich VI., Zweiter Teil, III,1

Wirf deine Kunst den Hunden vor, ich mag sie nicht.

Throw physic to the dogs; I'll none of it.

Macbeth V,3

HAMLET.
Seht Ihr die Wolke dort, beinah in Gestalt eines Kamels?
POLONIUS.
Beim Himmel, sie sieht auch wirklich aus wie ein Kamel.
HAMLET.
Mich dünkt, sie sieht aus wie ein Wiesel.

POLONIUS.
Sie hat einen Rücken wie ein Wiesel.
HAMLET.
Oder wie ein Walfisch?
POLONIUS.
Ganz wie ein Walfisch.

HAMLET.
Do you see yonder cloud that's almost in shape of a camel?
POLONIUS.
By th' mass, and 'tis: like a camel, indeed.
HAMLET.
Methinks it is like a weasel.
POLONIUS.
It is backed like a weasel.
HAMLET.
Or like a whale?
POLONIUS.
Very like a whale.
Hamlet III,2

Wer will die Kräh' nicht für die Taube geben?

Who will not change a raven for a dove?
Ein Sommernachtstraum II,2

Gut gebrüllt, Löwe!

Well roar'd, Lion.
Ein Sommernachtstraum V,1

Meisters, ihr solltet dies bei euch selbst überlegen. Einen Löwen – Gott behüt' uns! – unter Damen zu bringen ist eine greuliche Geschichte; es gibt kein grausameres Wildbret als so'n Löwe, wenn er lebendig ist; und wir sollten uns vorsehn.

Masters, you ought to consider with yourself: to bring in – God shield us! – a lion among ladies is a most dreadful thing; for there is not a more fearful wild-fowl than your lion living; and we ough to look to't.
Ein Sommernachtstraum III,1

Ihr spielt doch sichrer mit des Löwen Jungen
Als mit dem alten sterbenden.

'Tis better playing with a lion's whelp,
Than with an old one dying.

Antonius und Cleopatra III,13

Warum denn, o Natur, tatst du den Löwen bauen?

O wherefore, Nature, didst thou lions frame?

Ein Sommernachtstraum V,1

Brav, alter Maulwurf! Wühlst so hurtig fort?
O trefflicher Minierer!

Well said, old mole. Canst work i'th' earth so fast?
A worthy pioner.

Hamlet I,5

Doch Mäus' und Ratten und solch Getier
Aß Tom sieben Jahr lang für und für.

But mice and rats and such small deer
Have been Tom's food for seven long year.

König Lear III,4

Es war die Nachtigall, und nicht die Lerche,
Die eben jetzt dein banges Ohr durchdrang.

It was the nightingale, and not the lark,
That pierced the fearful hollow of thine ear.

Romeo und Julia III,5

Ein Pferd! ein Pferd! mein Königreich für'n Pferd!

A horse! a horse! my kingdom for a horse!

König Richard III. V,4

Wenn ihrer zwei auf einem Pferde reiten, so muß schon einer hinten aufsitzen.

An two men ride of a horse, one must ride behind.

Viel Lärm um nichts III,5

Der die jungen Raben füttert,
Ja, sorgsam für den Sperling Vorrat häuft,
Sei meines Alters Trost!

> He that doth the ravens feed,
> Yea, providently caters for the sparrow,
> Be comfort to my age!
>
> *Wie es euch gefällt* II,3

Denn wenn das Schaf sein Lamm nicht hören will, das da »bä« schreit, so wird's auch keinem Kalbe antworten, wenn's blökt.

> For the ewe that will not hear her lamb when it baes, will never answer a calf when he bleats.
>
> *Viel Lärm um nichts* III,3

Schwein in Faulheit, Fuchs im Stehlen, Wolf in Gier, Hund in Tollheit, Löwe in Raubsucht.

> Hog in sloth, fox in stealth, wolf in greediness, dog in madness, lion in prey.
>
> *König Lear* III,4

Nennt Ihr mich Wespe, fürchtet meinen Stachel.

> If I be waspish, best beware my sting.
>
> *Der Widerspenstigen Zähmung* II,1

Einen Wolf aufwecken ist ebenso schlimm als einen Fuchs riechen.

> To wake a wolf is as bad as to smell a fox.
>
> *König Heinrich IV.*, Zweiter Teil, I,2

Tochter

Ich wollte, meine Tochter läge tot zu meinen Füßen und hätte die Juwelen in den Ohren!

> I would my daughter were dead at my foot and the jewels in her ear!
>
> *Der Kaufmann von Venedig* III,2

Liebe Tochter, ich bekenn es, ich bin alt.
Dear daughter, I confess that I am old.
König Lear II,4

Mein' Tochter – mein' Dukaten – o mein' Tochter!
Fort mit 'nem Christen – o mein' christliche Dukaten!
My daughter! O, my ducats! O, my daughter!
Fled with a Christian! O, my Christian ducats!
Der Kaufmann von Venedig II,8

Tiger, nicht Töchter.
Tigers, not daughters.
König Lear IV,2

Väter, hinfort traut euern Töchtern nie
Nach äußerlichem Tun!
Fathers, from hence trust not your daughters' minds
By what you see them act.
Othello I,1

Tod

Grausamer Tod, der nur um Liebe tötet!
That death's unnatural, that kills for loving.
Othello V,2

Der Tod liegt auf ihr, wie ein Maienfrost
Auf des Gefildes schönster Blume liegt.
Death lies on her like an untimely frost
Upon the sweetest flower of all the field.
Romeo und Julia IV,5

Wo sie den Tod fürchteten, haben sie das Leben davongebracht, und wo sie sich zu sichern dachten, kommen sie um.
Where they feared the death they have borne life away, and where they would be safe they perish.
König Heinrich V. IV,1

Komm herbei, komm herbei, Tod,
Und versenk in Cypressen den Leib.
Come away, come away, death,
And in sad cypress let me be laid.
Was ihr wollt II,4

Von allen Wundern, die ich je gehört,
Scheint mir das größte, daß sich Menschen fürchten,
Da sie doch sehn: der Tod, das Schicksal aller,
Kommt, wann er kommen soll.
Of all the wonders that I yet have heard,
It seems to me most strange that men should fear,
Seeing that death, a necessary end,
Will come when it will come.
Julius Cäsar II,2

Der Tod nur hält mich ab.
Nothing but death shall stay me.
Julius Cäsar IV,3

Ist Tod schon arm – er endigt tödlich Weh.
Though death be poor, it ends a mortal woe.
König Richard II. II,1

Ruft Weh, Zerstörung, Fall! Der ärgste Schlag
Ist doch nur Tod, und Tod will seinen Tag.
Cry woe, destruction, ruin and decay –
The worst is death, and death will have his day.
König Richard II. III,2

Im Tod ist alles aus.
Death's the end of all.
Romeo und Julia III,3

Tod ist die schönste Hülle solcher Schmach
Und einzig zu erflehn.
Death is the fairest cover for her shame
That may be wished for.
Viel Lärm um nichts IV,1

An Tod gedenken, heißt im Spiegel schaun,
Wie Leben Hauch, und Irrtum, ihm vertraun.
    Death remember'd should be like a mirror,
    Who tells us, life's but breath, to trust it, error.
    Perikles I,1

Der Tod, der milde Schiedsmann alles Elends.
    Death, kind umpire of men's miseries.
    König Heinrich VI., Erster Teil, II,5

Solch übler Tod verrät ein scheußlich Leben.
    So bad a death argues a monstruous life.
    König Heinrich VI., Zweiter Teil, III,3

Deine Einbildung ist dem Tode näher als deine Kräfte.
    Thy conceit is nearer death than thy powers.
    Wie es euch gefällt II,6

Die Hand des Tods ergriff ihn.
    The hand of death hath raught him.
    Antonius und Cleopatra IV,9

Wie oft sind Menschen, schon des Todes Raub,
Noch fröhlich worden!
    How oft when men are at the point of death
    Have they been merry!
    Romeo und Julia V,3

Ja, wer dem Leben zwanzig Jahre raubt,
Der raubt der Todesfurcht so viele Jahre.
    Why, he that cuts off twenty years of life
    Cuts off so many years of fearing death.
    Julius Cäsar III,1

Jammer würgt mich, daß die Todesstund'
Erneuern muß getrennter Freunde Bund.
    Vexation always stops my breath,
    That sunder'd friends greet in the hour of death.
    König Heinrich VI., Erster Teil, IV,3

Tollheit – s. Wahn(sinn)

Torheit (s. auch Narren / Narrheit)

Mannheit wird zur Torheit, stemmt sie sich
Entgegen stürzendem Gebäu.
Manhood is call'd foolery when it stands
Against a falling fabric.
Coriolan III,1

Torheit der Narrn ist minder scharf geprägt
Als Narrheit, die im weisen Mann sich regt.
Folly in fools bears not so strong a note,
As fool'ry in the wise, when wit doth dote.
Liebes Leid und Lust V,2

In jedem Dinge muß die Absicht mit der Torheit auf die Waagschale gelegt werden.
In every thing, the purpose must weigh with the folly.
König Heinrich IV., Zweiter Teil, II,2

Torheit, weislich angebracht, ist Witz.
Folly that he wisely shows is fit.
Was ihr wollt III,1

Ach! was wir töricht sind!
Good faith: how foolish are our minds!
Othello IV,3

Den halt ich töricht, der sein Leben wagt
Um eines Mädchens halb, die ihn nicht liebt!
I hold him but a fool, that will endanger
His body for a girl that loves him not.
Die beiden Veroneser V,4

Ich bin zu kindisch töricht für die Welt.
I am too childish-foolish for this world.
König Richard III. I,3

Totschlag – s. Mord

Tränen – s. Weinen

Trauer

Trauern zeugt von vieler Liebe,
Doch zu viel trauern zeugt von wenig Geist.

Some grief shows much of love;
But much of grief shows still some want of wit.

Romeo und Julia III,5

Traum

Nun gibt es Menschen von so schwachem Geist,
Daß sie im Traum ausschwatzen, was sie tun.

There are a kind of men so loose of soul,
That in their sleeps will mutter their affairs.

Othello III,3

Des Menschen Auge hat's nicht gehört, des Menschen Ohr hat's nicht gesehen, des Menschen Hand kann's nicht schmekken, seine Zunge kann's nicht begreifen und sein Herz nicht wiedersagen, was mein Traum war.

The eye of man hath not heard, the ear of man hath not seen, man's hand is not able to taste, his tongue to conceive, nor his heart to report, what my dream was.

Ein Sommernachtstraum IV,1

Ich hatte 'nen Traum ... 's geht über Menschenwitz, zu sagen, was es für ein Traum war. Der Mensch ist nur ein Esel, wenn er sich einfallen läßt, einen Traum auszulegen.

I have had a dream, past the wit of man to say what dream it was. Man is but an ass if he go about to expound this dream.

Ein Sommernachtstraum IV,1

Tand sind die Träume.

Dreams are toys.

Ein Wintermärchen III,3

Diese Träume sind in der Tat Ehrgeiz; denn das eigentliche Wesen des Ehrgeizes ist nur der Schatten eines Traums.

Which dreams, indeed, are ambition: for the very substance of the ambitious is merely the shadow of a dream.

Hamlet II,2

Wir sind aus solchem Stoff
Wie der zu Träumen, und dies kleine Leben
Umfaßt ein Schlaf.

We are such stuff
As dreams are made on; and our little life
Is rounded with a sleep.

Der Sturm IV,1

Wohl wahr, ich rede
Von Träumen, Kindern eines müß'gen Hirns,
Von nichts als eitler Phantasie erzeugt,
Die aus so dünnem Stoff als Luft besteht
Und flücht'ger wechselt als der Wind, der bald
Um die erfrorne Brust des Nordens buhlt
Und, schnell erzürnt, hinweg von dannen schnaubend,
Die Stirn zum taubeträuften Süden kehrt.

True, I talk of dreams;
Which are the children of an idle brain,
Begot of nothing but vain fantasy;
Which is as thin of substance as the air,
And more inconstant that the wind, who woos
Even now the frozen bosom of the North
And, being anger'd, puffs away from thence,
Turning his face to the dew-dropping South.

Romeo und Julia I,4

Er ist ein Träumer. Laßt ihn gehn und kommt.

He is a dreamer. Let us leave him.

Julius Cäsar I,2

Trennung – s. Abschied

Treue

Einfält'ge schlichte Treu weiß nichts von Künsten.
There are no tricks in plain and simple faith.
Julius Cäsar IV,2

Mein Gatt' auf Erden, meine Treu im Himmel.
My husband is on earth, my faith in heaven.
Romeo und Julia III,5

O zehnmal schneller fliegen Venus' Tauben,
Den neuen Bund der Liebe zu besiegeln,
Als sie gewohnt sind, unverbrüchlich auch
Gegebne Treu zu halten.
O, ten times faster Venus' pigeons fly
To seal love's bonds new-made, than they are wont
To keep obliged faith unforfeited!
Der Kaufmann von Venedig II,6

Dies über alles: sei dir selber treu.
Und daraus folgt, so wie die Nacht dem Tage,
Du kannst nicht falsch sein gegen irgendwen.
This above all, to thine own self be true,
And it must follow, as the night the day,
Thou canst not then be false to any man.
Hamlet I,3

Mit Taten schmückt sich Treu und nicht mit Worten.
For truth hath better deeds than words to grace it.
Die beiden Veroneser II,2

Die Pflicht, die fest an Toren hält, macht Treue
Zur Torheit selbst.
The loyalty well held to fools does make
Our faith mere folly.
Antonius und Cleopatra III,11

Treue nur fehlt dem Mann, vollkommen sich zu nennen;
Der Mangel macht uns jeder Sünd' ergeben;
Treulosigkeit stirbt ab noch vor dem Leben.

Were man but constant, he were perfect: that one error
Fills him with faults; makes him run through all sins:
Inconstancy falls off ere it begins.

Die beiden Veroneser V,4

Wenig Worte, und feste Treue!

Few words to fair faith.

Troilus und Cressida III,2

Nicht viele Eide sind Beweis der Treue,
Nein, nur ein einz'ger Schwur, wahrhaft gelobt.

'Tis not the many oaths that make the truth,
But the plain single vow that is vow'd true.

Ende gut, alles gut IV,2

So siegt das Schicksal denn: daß gegen e i n e n Treuen
Millionen falsch auf Schwüre Schwür' entweihen.

Then fate o'er-rules, that, one man holding troth,
A million fail, confounding oath on oath.

Ein Sommernachtstraum III,2

Trinken (s. auch Wein und Sekt)

Wenn das arme Ungeheuer nicht besoffen wäre!

But that the poor monster's in drink!

Der Sturm II,2

Wenn einer die ganze Nacht durch gesoffen hat, und man hängt ihn den Morgen früh, da hat er den andern Tag, um auszuschlafen.

For he that drinks all night, and is hanged betimes in the morning, may sleep the sounder all the next day.

Maß für Maß IV,3

Zum Henker Eure Flasche! So weit kann Sekt und Trinken einen bringen!

A pox o' your bottle! this can sack and drinking do.

Der Sturm III,2

Wär' ich ein großer Herr,
Ich wagte bei der Mahlzeit nicht zu trinken,
Sonst könnte man erspähn der Kehle Schwächen:
Nur halsgepanzert sollten Große zechen.

If I were a huge man, I should fear to drink at meals;
Lest they should spy my windpipe's dangerous notes:
Great men should drink with harness on their throats.

Timon von Athen I,2

Das Bechern und Trinken wird Euch zugrunde richten.

That quaffing and drinking will undo you.

Was ihr wollt I,3

Ich hab einen sehr schwachen, unglücklichen Kopf zum Trinken.

I have very poor and unhappy brains for drinking.

Othello II,3

Daß vieles Trinken ein Zweideutler gegen die Buhlerei ist: es schafft sie und vernichtet sie; treibt sie an und hält sie zurück; macht ihr Mut und schreckt sie ab; heißt sie, sich brav halten und nicht brav halten; zweideutelt sie zuletzt in Schlaf, straft sie Lügen und geht davon.

Much drink may be said to be an equivocator with lechery: it makes him and it mars him; it sets him on and it takes him off; it persuades him and disheartens him, makes him stand to and not stand to; in conclusion, equivocates him in a sleep, and, giving him the lie, leaves him.

Macbeth II,3

Du oder jeder andre Erdensohn kann sich wohl einmal betrinken.

You, or any man living, may be drunk at some time.

Othello II,3

Er wacht des Zeigers Umkreis zweimal durch,
Wiegt ihn der Trunk nicht ein.

He'll watch the horologe a double set,
If drink rock not his cradle.

Othello II,3

Es hat dem Teufel Trunkenheit gefallen, dem Teufel Zorn Platz zu machen.

It hath pleas'd the devil drunkenness to give place to the devil wrath.

Othello II,3

Mein und der meisten Schicksal für heut abend wird sein – betrunken zu Bett.

Mine, and most of our fortunes to-night, shall be – drunk to bed.

Antonius und Cleopatra I,2

OLIVIA.
Womit ist ein Betrunkener zu vergleichen?
NARR.
Mit einem Ertrunkenen, einem Narren und einem Tollen. Der erste Trunk über den Durst macht ihn zum Narren, der zweite toll, und der dritte ersäuft ihn.

OLIVIA.
What's a drunken man like, fool?
CLOWN.
Like a drown'd man, a fool, and a madman: one draught above heat makes him a fool; the second mads him; and a third drowns him.

Was ihr wollt I,5

Jedes Glas zu viel ist verflucht, und sein Inhalt ist ein Teufel!
Every inordinate cup is unbless'd, and the ingredience is a devil.
Othello II,3

Trost

Trost wohnt im Himmel, und wir sind auf Erden,
Wo nichts als Kreuz, als Sorg' und Kummer lebt.
Comfort's in heaven, and we are on the earth,
Where nothing lives but crosses, cares, and grief.
König Richard II. II,1

Mein Trost ist: unsre Seelen gehn zum Himmel,
Der mit der Hölle Pein das Unrecht straft.
My comfort is, that heaven will take our souls,
And plague injustice with the pains of hell.
König Richard II. III,1

Der Trost geht ihm ein wie kalte Suppe.
He receives comfort like cold porridge.
Der Sturm II,1

Das Leid will Tröstung, und mein Alter Ruh.
Sorrow would solace, and mine age would ease.
König Heinrich VI., Zweiter Teil, II,3

Trübsal – s. Melancholie

Tugend

Mein Herz bejammert, daß die Tugend nicht
Frei von dem Zahn des Neides leben kann.
My heart laments that virtue cannot live
Out of the teeth of emulation.
Julius Cäsar II,3

Wer für die Tugend starb, der lebt in Ruhm.

He lives in fame that died in virtue's cause.

Titus Andronicus I,2

Alles, was ausgebessert wird, ist doch nur geflickt; Tugend, die sich vergeht, ist nur mit Sünde geflickt; Sünde, die sich bessert, ist nur mit Tugend geflickt.

Any thing that's mended is but patch'd; virtue that transgresses is but patch'd with sin, and sin that amends is but patch'd with virtue.

Was ihr wollt I,5

Tugend ist Schönheit; doch der reizend Arge
Gleicht einem glänzend übertünchten Sarge.

Virtue is beauty; but the beauteous evil
Are empty trunks o'erflourish'd by the devil.

Was ihr wollt III,4

Wenn unsre Tugend
Nicht strahlt nach außen hin, wär's ganz so gut,
Als hätten wir sie nicht.

If our virtues
Did not go forth of us, 'twere all alike
As if we had them not.

Maß für Maß I,1

Tugend ist kühn, und Güte ohne Furcht.

Virtue is bold, and goodness never fearful.

Maß für Maß III,1

Selbst Tugend nicht entgeht Verleumdertücken.

Virtue itself 'scapes not calumnious stroke.

Hamlet I,3

Der Menschen Tugend schreiben wir in Wasser,
Ihr böses Treiben lebt in Erz.

Men's evil manners live in brass; their virtues
We write in water.

König Heinrich VIII. IV,2

Aber die Tugend wird in diesen Apfelkrämerzeiten so wenig geachtet, daß echte Tapferkeit zum Bärenführer geworden ist. Scharfsinn ist zum Bierschenken gemacht und verschwendet seinen behenden Witz in Rechnungen.

Virtue is of so little regard in these costar-mongars' times, that true valour is turned bear-herd: pregnancy is made a tapster, and hath his quick wit wasted in giving reckonings.

König Heinrich IV., Zweiter Teil, I,2

O die elenden Zeiten! Tugend wird an Handwerksleuten nichts geachtet.

O miserable age! Virtue is not regarded in handicraftsmen.

König Heinrich VI., Zweiter Teil, IV,2

So, bester Herr, sind Eure Tugenden
An Euch geweihte, heilige Verräter!
Oh, welche Welt ist dies, wenn das, was herrlich,
Den, der es hat, vergiftet!

Your virtues, gentle master,
Are sanctified and holy traitors to you.
O, what a world is this, when what is comely
Envenoms him that bears it!

Wie es euch gefällt II,3

Tyrann

Kann ein Tyrann zu Hause sicher herrschen,
Wenn er nicht auswärts mächtig sich verbündet?

How can tyrants safely govern home,
Unless abroad they purchase great alliance?

König Heinrich VI., Dritter Teil, III,3

Befreiung! Freiheit! Die Tyrannei ist tot.

Liberty! Freedom! Tyranny is dead!

Julius Cäsar III,1

Zeit ist's, zu fürchten, wenn Tyrannen küssen.
'Tis time to fear when tyrants seem to kiss.
Perikles I,2

Tyrannenfurchtsamkeit
Vermindert nicht, wächst schneller als die Zeit.
Tyrants' fears
Decrease not, but grow faster than the years.
Perikles I,2

U

Undank

Ich hasse Undank mehr an einem Menschen
Als Lügen, Hoffart, laute Trunkenheit,
Als jedes Laster, dessen starkes Gift
Das schwache Blut bewohnt.

I hate ingratitude more in a man
Than lying, vainness, babbling drunkenness,
Or any taint of vice whose strong corruption
Inhabits our frail blood.

Was ihr wollt III,4

Undankbarkeit, du marmorherz'ger Teufel,
Abscheulicher, wenn du dich zeigst im Kinde,
Als Meeresungeheuer!

Ingratitude, thou marble-hearted fiend,
More hideous, when thou show'st thee in a child,
Than the sea-monster.

König Lear I,4

Undankbarkeit ist ungeheuer: wenn die Menge nun undankbar wäre, das hieße, aus der Menge ein Ungeheuer machen.

Ingratitude is monstrous; and for the multitude to be ingrateful were to make a monster of the multitude.

Coriolan II,3

Wie scheußlich ist der Mensch,
Wenn er des Undanks Bildung an sich trägt!

O, see the monstrousness of man
When he looks out in an ungrateful shape!

Timon von Athen III,2

Unglück

Da Ahnung eines Übels oft mehr quält
Als Überzeugung: denn gewisses Unglück

Ist ohne Rettung, oder, früh erkannt,
Dadurch geheilt.

Since doubting things go ill often hurts more
Than to be sure they do: for certainties
Either are past remedies; or, timely knowing,
The remedy then born.

Cymbelin I,7

Dem Unglück geht Bekümmernis voran.

Woe is forerun with woe.

König Richard II. III,4

Du siehst, unglücklich sind nicht wir allein,
Und dieser weite, allgemeine Schauplatz
Beut mehr betrübte Szenen dar als unsre,
Worin du spielst.

Thou seest we are not all alone unhappy.
This wide and universal theatre
Presents more woeful pageants than the scene
Wherein we play.

Wie es euch gefällt II,7

Jetzt wißt Ihr, wie ich all mein Heil verlor,
Und Mißgeschick mein Leben nur erhielt,
Um meines Unglücks Trauermär zu melden.

Thus have you heard me severed from my bliss;
That by misfortunes was my life prolong'd
To tell sad stories of my own mishaps.

Die Komödie der Irrungen I,1

Mein Unglücksahnen
Trifft immer ein aufs Haar.

My misgiving still
Falls shrewdly to the purpose.

Julius Cäsar III,1

Unheil, Du bist im Zuge,
Nimm, welchen Lauf du willst!

Mischief, thou art afoot,
Take thou what course thou wilt!
Julius Cäsar III,2

Unheil zu beklagen, das nicht mehr zu bessern,
Heißt um so mehr das Unheil zu vergrößern.
To mourn a mischief that is past and gone,
Is the next way to draw more mischief on.
Othello I,3

Ein schleichend Unheil,
Viel schlimmer als ein Tod, der einmal trifft,
Soll Schritt für Schritt auf jedem Weg dir folgen.
Ling'ring perdition – worse than any death
Can be at once – shall step by step attend
You and your ways.
Der Sturm III,3

O Gott, welch Unheil stiften doch die Bösen
Und häufen so Verwirrung auf ihr eignes Haupt!
O God, what mischiefs work the wicked ones,
Heaping confusion on their own heads thereby!
König Heinrich VI., Zweiter Teil, II,1

Unkraut

Am meisten Unkraut trägt der fettste Boden.
Most subject is the fattest soil to weeds.
König Heinrich IV., Zweiter Teil, IV,4

Denn was nährt Unkraut als gelinde Luft?
Und was macht Räuber kühn als zu viel Milde?
For what doth cherish weeds but gentle air?
And what makes robbers bold but too much lenity?
König Heinrich VI., Dritter Teil, II,6

Pfui! pfui darüber! 's ist ein wüster Garten,
Der auf in Samen schießt; verworfnes Unkraut
Erfüllt ihn gänzlich.

Fie on't! ah fie! 'tis an unweeded garden
That grows to seed; things rank and gross in nature
Possess it merely.
Hamlet I,2

Unrecht

Fest beharren
Im Unrechttun, vermindert Unrecht nicht,
Nein, macht es schwerer.
To persist
In doing wrong extenuates not wrong,
But makes it much more heavy.
Troilus und Cressida II,2

Unschuld – s. Schuld

Untertan

Der Untertan kann nichts vom Fürsten fordern.
Subjects may challenge nothing of their sovereigns.
König Heinrich VI., Dritter Teil, IV,6

Wir wissen genug, wenn wir wissen, daß wir des Königs Untertanen sind.
We know enough if we know we are the king's subjects.
König Heinrich V. IV,1

Jedes Untertanen Pflicht gehört dem König, jedes Untertanen Seele ist sein eigen.
Every subject's duty is the king's; but every subject's soul is his own.
König Heinrich V. IV,1

Unzucht – s. Lust

Unwissenheit – s. Lernen und Studieren

Urteil

O Urteil, du entflohst zu blödem Vieh,
Der Mensch ward unvernünftig.

O judgment, thou art fled to brutish beasts,
And men have lost their reason.

Julius Cäsar III,2

So leit' ein Gott mein Urteil!

Some god direct my judgment!

Der Kaufmann von Venedig II,7

Gesegnet,
Wes Blut und Urteil sich so gut vermischt,
Daß er zur Pfeife nicht Fortunen dient,
Den Ton zu spielen, den ihr Finger greift.

Blest are those
Whose blood and judgement are so well commeddled
That they are not a pipe for Fortune's finger
To sound what stop she please.

Hamlet III,2

V

Vater

Der Vater sollte wie ein Gott Euch sein,
Der Euren Reiz gebildet; ja, wie einer,
Dem Ihr nur seid wie ein Gepräg, in Wachs
Von seiner Hand gedrückt, wie's ihm gefällt,
Es stehnzulassen oder auszulöschen.

To you your father should be as a god;
One that compos'd your beauties; yea, and one
To whom you are but as a form in wax,
By him imprinted, and within his power
To leave the figure, or disfigure it.

Ein Sommernachtstraum I,1

Das ist ein weiser Vater, der sein eignes Kind kennt.

It is a wise father that knows his own child.

Der Kaufmann von Venedig II,2

Wie schön, der Vater vieler Kinder sein!

'Tis a happy thing
To be the father unto many sons.

König Heinrich VI., Dritter Teil, III,2

Hättst du 'nen andern Vater nur genannt!

I would thou hadst told me of another father.

Wie es euch gefällt I,2

Hätt' er nicht
Geglichen meinem Vater, wie er schlief,
So hätt' ich's selbst getan.

Had he not resembled
My father as he slept, I had done't.

Macbeth II,2

Wer möchte Vater sein?
Who would be a father?
Othello I,1

Veränderung

Die Veränderung ist für uns ein Segen.
We are blessed in the change.
König Heinrich V. I,1

Wie Zufall spielt,
Und Wechsel der Verändrung Schale füllt
Mit mancherlei Getränk!
How chances mock,
And changes fill the cup of alteration
With divers liquors!
König Heinrich IV., Zweiter Teil, III,1

Verbannung

Doch größre Pein find ich in meinem Bann,
Als mir der Tod kann bringen.
But I do find more pain in banishment
Than death can yield me here by my abode.
König Richard III. I,3

Wo ich auch wandre, bleibt der Ruhm mein Lohn:
Obschon verbannt, doch Englands echter Sohn.
Where'er I wander, boast of this I can:
Though banish'd, yet a trueborn Englishman.
König Richard II. I,3

Verbannung trägt den Schrecken mehr im Blick,
Weit mehr als Tod!
For exile hath more terror in his look,
Much more than death.
Romeo und Julia III,3

Verdacht

Zur Wahrheit wird Verdacht.
All's true that is mistrusted.
Ein Wintermärchen II,1

Wirf den Verdacht dem Teufel ins Gesicht,
Von dem er kam.
Throw your vile guesses in the devil's teeth,
From whence you have them.
Othello III,4

Verdacht wohnt stets im schuldigen Gemüt;
Der Dieb scheut jeden Busch als einen Häscher.
Suspicion always haunts the guilty mind;
The thief doth fear each bush an officer.
König Heinrich VI., Dritter Teil, V,6

Verdienst

Mich ängsten über mein Verdienst –
Das wäre schwaches Mißtraun in mich selbst.
To be afeard of my deserving
Were but a weak disabling of myself.
Der Kaufmann von Venedig II,7

Wenn wir selbst sie bekannt machen, verwunden wir unsere Bescheidenheit und trüben die helle Reinheit unsrer Verdienste.
Then we wound our modesty, and make foul the clearness of our deservings, when of ourselves we publish them.
Ende gut, alles gut I,3

Der Unverdiente kann schlafen, während der tüchtige Mann aufgerufen wird.
The undeserver may sleep, when the man of action is called on.
König Heinrich IV., Zweiter Teil, II,4

Verführung

Wer ist so fest, den nichts verführen kann?
For who so firm that cannot be seduc'd?
Julius Cäsar I,2

Vergangenheit

Was geschehn ist, kann man nicht ungeschehn machen.
What's done cannot be undone.
Macbeth V,1

Mir ist Geschehnes abgetan.
Things that are past are done with me.
Antonius und Cleopatra I,2

Wenn ich in schweigender Gedanken Rat
Erinnrung des Vergangnen traulich lade,
Beseufzend was entflohn mir nie mehr naht,
Neu klagend alte Weh'n versunkner Lebenspfade.
When to the sessions of sweet silent thought
I summon up remembrance of things past,
I sigh the lack of many a thing I sought,
And with old woes new wail my dear time's waste.
Sonett 30

Wo ist mein vorig Leben?
Where is the life that late I led?
König Heinrich IV., Zweiter Teil, V,3

Vergebung

Verflucht mein Stamm,
Wenn ich ihm je vergebe!
Cursed be my tribe
If I forgive him!
Der Kaufmann von Venedig I,3

Vergebt, vergeßt, seid einig, ohne Haß!
Der Doktor sagt: hier frommt kein Aderlaß.
　　Forget, forgive, conclude and be agreed:
　　Our doctors say this is no month to bleed.
　　König Richard II. I,1

O du, verzeih mir, blutend Stückchen Erde!
Daß ich mit diesen Schlächtern freundlich tat.
　　O, pardon me, thou bleeding piece of earth,
　　That I am meek and gentle with these butchers.
　　Julius Cäsar III,1

Ich verzeih dir,
Bist du schon unnatürlich.
　　I do forgive thee,
　　Unnatural though thou art.
　　Der Sturm V,1

Verzeihung ist nur Mutter neuer Schuld.
　　Pardon is still the nurse of second woe.
　　Maß für Maß II,1

Vergessen

Was unheilbar,
Vergessen sei's. Geschehn ist, was geschehn.
　　Things without all remedy
　　Should be without regard: what's done is done.
　　Macbeth III,2

Hab Geduld mit mir,
Mein guter Junge, ich bin sehr vergeßlich.
　　Bear with me, good boy, I am much forgetful.
　　Julius Cäsar IV,3

Verleumdung

Die Verleumdung, wie ein Erbvermächtnis,
Bleibt stets dem Haus und schändet sein Gedächtnis.

Slander lives upon succession,
For e'er hous'd where it gets possession.
Die Komödie der Irrungen III,1

Doch kann die Wahrheit nicht Verleumdung sein.
That is no slander, sir, which is a truth.
Romeo und Julia IV,1

's ist Verleumdung.
Sie schneidet schärfer als das Schwert: ihr Mund
Vergiftet mehr als alles Nilgewürm.
Ihr Wort fährt auf dem Sturmwind und belügt
Jedweden Erdstrich: Kaiser, Königinnen,
Fürsten, Matronen, Jungfraun, ja in Grabes
Geheimnis wühlt das Natterngift Verleumdung.
'Tis slander,
Whose edge is sharper than the sword; whose tongue
Outvenoms all the worms of Nile; whose breath
Rides on the posting winds, and doth belie
All corners of the world; kings, queens, and states,
Maids, matrons, nay, the secrets of the grave
This viperous slander enters.
Cymbelin III,4

Nichts rettet Macht und Größe vor dem Gift
Der Schmähsucht. Auch die reinste Unschuld trifft
Verleumdung hinterrücks; ja selbst den Thron
Erreicht der tück'schen Lästerzunge Hohn.
No might nor greatness in mortality
Can censure 'scape. Back-wounding calumny
The whitest virtue strikes. What king so strong
Can tie the gall up in the slanderous tongue?
Maß für Maß III,2

Verlust

Kein Weiser jammert um Verlust:
Er sucht mit freud'gem Mut ihn zu ersetzen.

Wise men ne'er sit and wail their loss,
But cheerly seek how to redress their harms.

König Heinrich VI., Dritter Teil, V,4

Wie wunderbar finden wir oft einen Trost in unserm Verlust!

How mightily, sometimes, we make us comforts of our losses!

Ende gut, alles gut IV,3

Vernunft

Und doch, die Wahrheit zu sagen, halten Vernunft und Liebe heutzutage nicht viel Gemeinschaft.

And yet, to say the truth, reason and love keep little company together now-a-days.

Ein Sommernachtstraum III,1

Ein jedes Ding muß Zeit zum Reifen haben;
So reiften spät in mir des Geistes Gaben:
Erst jetzt, da ich am Ziel des Mannes bin,
Wird die Vernunft des Willens Führerin
Und läßt mich nun der Liebe Tun und Wesen
In goldner Schrift in Euren Augen lesen.

Things growing are not ripe until their season;
So I, being young, till now ripe not to reason;
And touching now the point of human skill,
Reason becomes the marshal to my will,
And leads me to your eyes, where I o'erlook
Love's stories, written in Love's richest book.

Ein Sommernachtstraum II,2

Die Vernunft flieht das, was Schaden bringt.

Reason flies the object of all harm.

Troilus und Cressida II,2

Vernunft und Sinnen
Macht Lebern bleich und Jugendkraft zerrinnen.

Reason and respect
Makes livers pale, and lustihood deject.
Troilus und Cressida II,2

Hätte die Waage unseres Lebens nicht eine Schale von Vernunft, um eine andre von Sinnlichkeit aufzuwiegen, so würde unser Blut und die Bösartigkeit unsrer Triebe uns zu den ausschweifendsten Verkehrtheiten führen.

If the balance of our lives had not one scale of reason, to poise another of sensuality, the blood and baseness of our natures would conduct us to most preposterous conclusions.
Othello I,3

Verrat

Rechtmäßig ist Verrat und dünkt uns ritterlich,
Und träf' er solche Löffler noch so bitterlich.
Against such lewdsters, and their lechery,
Those that betray them do no treachery.
Die lustigen Weiber von Windsor V,2

Verrat und Mord, sie hielten stets zusammen
Wie ein Gespann von einverstandnen Teufeln.
Treason and murder ever kept together,
As two yoke-devils sworn to either's purpose.
König Heinrich V. II,2

Dem Verrat traut man nur wie dem Fuchs,
Der, noch so zahm, gehegt und eingesperrt,
Nicht abläßt von den Tücken seines Stamms.
Treason is but trusted like a fox;
Who, ne'er so tame, so cherish'd, and lock'd up,
Will have a wild trick of his ancestors.
König Heinrich IV., Erster Teil, V,2

O Himmel! Daß dieser Verrat nicht wäre, oder ich nicht der Entdecker!

O Heavens! that this treason were not, or not I the detector!
König Lear III,5

Weil Ihr schnarchet, nimmt zur Tat
Offnen Auges der Verrat
Die Zeit in acht.
While you here do snoring lie,
Open-ey'd conspiracy
His time doth take.
Der Sturm II,1

Fühlen Betrogne auch
Den Stachel des Verrats, lebt der Verräter
Doch für noch schlimmres Weh.
Though those that are betray'd
Do feel the treason sharply, yet the traitor
Stands in worse case of woe.
Cymbelin III,4

So sprechen stets Verräter;
Beständ' in Worten ihre Reinigung,
So sind sie schuldlos wie die Heiligkeit!
Thus do all traitors:
If their purgation did consist in words,
They are as innocent as grace itself.
Wie es euch gefällt I,3

Ich kann nicht sehn, die Augen sind voll Tränen,
Doch blendet salzes Wasser sie nicht so,
Daß sie nicht hier 'ne Schar Verräter sähn.
Mine eyes are full of tears, I cannot see.
And yet salt water blinds them not so much
But they can see a sort of traitors here.
König Richard II. IV,1

Verräterei wird nicht vererbt.
Treason is not inherited.
Wie es euch gefällt I,3

Verschwendung

Seht, Freunde, des Verschwenders Lauf ist gleich
Der Sonne, doch erneut sich nicht wie sie.
You must consider that a prodigal course
Is like the sun's, but not, like his, recoverable.
Timon von Athen III,4

Verschwörung

Ha! sie stimmt auch in die Verschwörung ein.
Lo, she is one of this confederacy!
Ein Sommernachtstraum III,2

O Verschwörung!
Du schämst dich, die verdächt'ge Stirn bei Nacht
Zu zeigen, wann das Bös' am freisten ist?
O conspiracy,
Sham'st thou to show thy dangerous brow by night,
When evils are most free?
Julius Cäsar II,1

Verse – s. Dichter / Dichtung

Versöhnung

Seid einig denn, und was euch trennt, versöhn' euch.
For shame, be friends, and join for that you jar.
Titus Andronicus II,1

Versprechen

Versprechen ist die Sitte der Zeit, es öffnet die Augen der Erwartung.
Promising is the very air o' the time; it opens the eyes of expectation.
Timon von Athen V,1

Versprechen ist sehr hofmännisch, und guter Ton. Vollziehen ist eine Art von Testament, das von gefährlicher Krankheit des Verstandes bei dem zeugt, der es macht.

> To promise is most courtly and fashionable. Performance is a kind of will or testament which argues a great sickness in his judgment that makes it.
>
> *Timon von Athen* V,1

Sein Wort, gleich seinem vor'gen Selbst, gewaltig,
Doch sein Erfüllen nichtig, gleich dem jetz'gen.

> His promises were, as he then was, mighty;
> But his performance, as he is now, nothing.
>
> *König Heinrich VIII.* IV,2

Halt, Liebe, Wort!

> Keep promise, love.
>
> *Ein Sommernachtstraum* I,1

Verstand (s. auch Witz)

Ihr Verstand
Beginnt zu schwellen, und die nah'nde Flut
Wird der Vernunft Gestad' in kurzem füllen,
Das daliegt, schwarz und schlammig.

> Their understanding
> Begins to swell; and the approaching tide
> Will shortly fill the reasonable shore,
> That now lies foul and muddy.
>
> *Der Sturm* V,1

Dein Verstand saugt ein, nimmt in sich auf
Mehr als gemeine Dummköpf'.

> Thy conceit is soaking, will draw in
> More than the common blocks.
>
> *Ein Wintermärchen* I,2

Du hast deinen Verstand von beiden Seiten abgestutzt und nichts in der Mitte gelassen.

Thou hast pared thy wit o' both sides, and left nothing i'th' middle.
König Lear I,4

Da seht, welch ein Hanswurst aus dem Verstande werden kann, wenn er auf verbotnen Wegen schleicht.
See now how wit may be made a Jack-a-lent, when 'tis upon ill employment!
Die lustigen Weiber von Windsor V,5

Versuchung

Versuch nicht den Verzweifelnden.
Tempt not a desp'rate man.
Romeo und Julia V,3

Ein andres ist, versucht sein, Escalus,
Ein andres, fallen.
'Tis one thing to be tempted, Escalus,
Another thing to fall.
Maß für Maß II,1

Höchst gefährlich
Ist die Versuchung, die durch Tugendliebe
Zur Sünde reizt.
Most dangerous
Is that temptation that doth goad us on
To sin in loving virtue.
Maß für Maß II,2

Vertrauen

Ich hätt' es schriftlich gern von deiner Hand;
Dich hält 'ne schwache Hand, ich trau dir nicht.
I would I had your bond; for I perceive
A weak bond holds you; I'll not trust your word.
Ein Sommernachtstraum III,2

Trau keinem:
Ein Eid ist Spreu, und Treu und Glaube Waffeln.

Trust none;
For oaths are straws, men's faiths are waver-cakes.

König Heinrich V. II,3

Dem trau nie, der einmal Treue brach.

Trust not him that hath once broken faith.

König Heinrich VI., Dritter Teil, IV,4

Lieb alle, wen'gen traue.

Love all, trust a few.

Ende gut, alles gut I,1

Mich wundert, wie doch Mensch dem Menschen traut;
Sie sollten nur sich laden ohne Messer –
Gut für das Mahl, und für das Leben besser.

I wonder men dare trust themselves with men:
Methinks they should invite them without knives;
Good for their meat, and safer for their lives.

Timon von Athen I,2

Traut nicht den schlauen Wassern seiner Augen,
Denn Bosheit ist nicht ohne solches Naß.

Trust not those cunning waters of his eyes,
For villainy is not without such rheum.

König Johann IV,3

Traut keinem, aus Besorgnis vor Verrat.

Trust nobody, for fear you be betray'd.

König Heinrich VI., Zweiter Teil, IV,4

Aaron, ich merke, nicht einmal der Luft vertraust du.

Aaron, I see thou wilt not trust the air
With secrets.

Titus Andronicus IV,2

Wie gefährlich ist dies blinde Zutraun!
What's more dangerous than this fond affiance!
König Heinrich VI., Zweiter Teil, III,1

Verzeihung – s. Vergebung

Verzweiflung

Soll verzweifeln,
Wem sich sein Weib empört, so hängte sich
Der Menschheit Zehntel.
Should all despair
That have revolted wives, the tenth of mankind
Would hang themselves.
Ein Wintermärchen I,2

Verzweiflung ist mein Lebensend,
Wenn nicht Gebet mir Hilfe bringt,
Welches so zum Himmel dringt,
Daß es Gewalt der Gnade tut
Und macht jedweden Fehltritt gut.
And my ending is despair,
Unless I be reliev'd by prayer,
Which pierces so, that it assaults
Mercy itself, and frees all faults.
Der Sturm, Epilog

Not lenkt die Zunge
Und heißt von nichts sie reden als Verzweiflung.
Discomfort guides my tongue,
And bids me speak of nothing but despair.
König Richard II. III,3

O wie schnell
Drängt Unheil sich in der Verzweiflung Rat!
O mischief, thou art swift
To enter in the thoughts of desperate men!
Romeo und Julia V,1

Volk

Wie Sommerfliegen schwärmt gemeines Volk,
Und wohin fliegen Mücken als zur Sonne?
The common people swar like summer flies;
And wither fly the gnats but to the sun?
König Heinrich VI., Dritter Teil, II,6

Das ist das wandelbare Volk, des Liebe
In seinen Beuteln liegt; wer diese leert,
Erfüllt ihr Herz gleich sehr mit bitterm Haß.
That's the wavering commons; for their love
Lies in their purses, and whoso empties them,
By so much fills their hearts with deadly hate.
König Richard II. II,2

Viel besser ist's, niedrig geboren sein
Und mit geringem Volk zufrieden leben,
Als aufgeputzt im Flitterstaat des Grams
Und goldner Sorgen.
'Tis better to be lowly born,
And range with humble livers in content,
Than to be perk'd up in a glist'ring grief,
And wear a golden sorrow.
König Heinrich VIII. II,3

Kaviar für das Volk.
Caviary to the general.
Hamlet II,2

Vorteil

Den nächsten Vorteil
Laß ja uns recht ersehn.
The next advantage
Will we take thoroughly.
Der Sturm III,3

Vorteil ist ein besserer Soldat als Übereilung.
Advantage is a better soldier than rashness.
König Heinrich V. III,6

Schlecht weht der Wind, der keinen Vorteil bringt.
Ill blows the wind that profits nobody.
König Heinrich VI., Dritter Teil, II,5

W

Wahn(sinn)

Der ist toll, der auf die Zahmheit eines Wolfes baut, auf die Gesundheit eines Pferdes, eines Knaben Liebe oder einer Hure Schwur.

He's mad that trusts in the tameness of a wolf, a horse's health, a boy's love, or a whore's oath.

König Lear III,6

Ich bin nicht toll – o wollte Gott, ich wär's!
Denn ich vergäße dann vielleicht mich selbst,
Und könnt' ich's, welchen Gram vergäß' ich nicht!

I am not mad; I would to God I were,
For then 'tis like I should forget myself.
O, if I could, what grief should I forget!

König Johann III,4

Ich bin nur toll bei Nordnordwest; wenn der Wind südlich ist, kann ich einen Kirchturm von einem Leuchtenpfahl unterscheiden.

I am but mad north-north-west; when the wind is southerly, I know a hawk from a handsaw.

Hamlet II,2

Ist dies schon Tollheit, hat es doch Methode.

Though this be madness, yet there is method in't.

Hamlet II,2

Oh, tiefer Sinn und Aberwitz gemischt!
Vernunft in Tollheit!

O, matter and impertinency mixed –
Reason in madness.

König Lear IV,6

O hassenswerter Wahn! der Schwermut Kind!
Was zeigst du doch dem regen Witz der Menschen
Das, was nicht ist?

O hateful error, melancholy's child,
Why dost thou show to the apt thoughts of men
The things that are not?

Julius Cäsar V,3

Wahn und Tollheit ist's,
Den Dienst zu machen größer als den Gott!

'Tis mad idolatry,
To make the service greater than the god.

Troilus und Cressida II,2

Sein Wahnsinn ist des armen Hamlets Feind.

His madness is poor Hamlet's enemy.

Hamlet V,2

O schützt vor Wahnsinn mich, vor Wahnsinn, Götter!

O, let me not be mad, not mad, sweet heaven.

König Lear I,5

Oh, auf dem Weg liegt Wahnsinn!

O, that way madness lies.

König Lear III,4

Nicht die Vernunft der ganzen Welt kommt gleich
Der Wonne dieses Wahnsinns.

No settled senses of the world can match
The pleasure of that madness.

Ein Wintermärchen V,3

Wahrheit

Sprich einmal wahr, sprich mir zuliebe wahr!

O, once tell true; tell true, even for my sake!

Ein Sommernachtstraum III,2

Wahrheit ist ein Hund, der ins Loch muß und hinausgepeitscht wird, während Madame Schoßhündin am Feuer stehen und stinken darf.

Truth 's a dog must to kennel; he must be whipp'd out when Lady the brach may stand by th' fire and stink.

König Lear I,4

Wenn eine Spur mich leitet, will ich finden,
Wo Wahrheit steckt, und steckte sie auch recht
Im Mittelpunkt.

If circumstances lead me, I will find
Where truth is hid, though it were hid indeed
Within the centre.

Hamlet II,2

Oft, uns in eignes Elend zu verlocken,
Erzählen Wahrheit uns des Dunkels Schergen.

And oftentimes, to win us to our harm,
The instruments of darkness tell us truths.

Macbeth I,3

Wahrheit kann nie genug bekräftigt sein,
Und wenn auch jeder Zweifel schläft.

Truth can never be confirm'd enough,
Though doubts did ever sleep.

Perikles V,2

Wahrheit ist schlicht und grade.

Truth loves open dealing.

König Heinrich VIII. III,1

Wangen – s. Gesicht

Warten

Es ist nicht recht, so auf sich warten lassen.

I am to blame to be thus waited for.

Julius Cäsar II,2

Entschuldigt, Herzensfreunde, den Verzug:
Nicht ich, nur mein Geschäft hat warten lassen.

Sweet friends, your patience for my long abode,
Not I but my affairs have made you wait.

Der Kaufmann von Venedig II,6

Der, der aus dem Weizen einen Kuchen haben will, muß das Mahlen abwarten.

He that will have a cake out of the wheat must needs tarry the grinding.

Troilus und Cressida I,1

Wasser

Das stillste Wasser hat den tiefsten Grund.

Still swine eat all the draff.

Die lustigen Weiber von Windsor IV,2

Zuviel des Wassers hast du, arme Schwester!
Drum halt ich meine Tränen auf.

Too much of water hast thou, poor Ophelia,
And therefore I forbid my tears.

Hamlet IV,7

Weib – s. Frau

Wein und Sekt

Wein her! voll den Becher!

Give me some wine. Fill full.

Macbeth III,4

Diese Tapferkeit kommt vom Sekt.

This valour comes of sherris.

König Heinrich IV., Zweiter Teil, IV,3

Gelahrtheit ist ein bloßer Haufe Goldes, von einem Teufel verwahrt, bis Sekt sie promoviert und in Gang und Gebrauch setzt.

Learning [is] a mere hoard of gold kept by a devil, till sack commences it and sets it in act and use.
König Heinrich IV., Zweiter Teil, IV,3

Wenn ich tausend Söhne hätte, der erste menschliche Grundsatz, den ich sie lehren wollte, sollte sein, dünnes Getränk abzuschwören und sich dem Sekt zu ergeben.

If I had a thousand sons, the first human principle I would teach them should be to forswear thin potations, and to addict themselves to sack.
König Heinrich IV., Zweiter Teil, IV,3

Setzt mir die Flaschen Wein auf diesen Tisch!

Set me the stoups of wine upon that table.
Hamlet V,2

Guter Wein ist ein gutes, geselliges Ding, wenn man mit ihm umzugehen weiß.

Good wine is a good familiar creature, if it be well us'd.
Othello II,3

O du unsichtbarer Geist des Weins, wenn du noch keinen Namen hast, an dem man dich kennt; so heiße: Teufel!

O thou invisible spirit of wine, if thou hast no name to be known by, let us call thee devil!
Othello II,3

Weinen

Die Tränen rinnen ihm am Bart hinab,
Wie Wintertropfen an der Trauf' aus Rohr.

His tears run down his beard, like winter's drops
From eaves of reeds.
Der Sturm V,1

Wofern ihr Tränen habt, bereitet euch,
Sie jetzo zu vergießen.

If you have tears, prepare to shed them now.
Julius Cäsar III,2

Ihr Tränen, löscht der Erde trocknen Durst.

Let my tears stanch the earth's dry appetite.

Titus Andronicus III,1

Ich stick' in Tränen, öffn' ich meinen Mund.

My tears will choke me if I ope my mouth.

Titus Andronicus V,3

Im Haus der Tränen lächelt Venus nicht.

For Venus smiles not in a house of tears.

Romeo und Julia IV,1

Ich bin töricht,
Zu weinen über etwas, das mich freut.

I am a fool
To weep at what I am glad of.

Der Sturm III,1

Wieviel besser ist's, über die Freude zu weinen, als sich am Weinen zu freuen.

How much better is it to weep at joy than to joy at weeping!

Viel Lärm um nichts I,1

Wohl hab ich Fug zu weinen; doch dies Herz
Soll eh in hunderttausend Scherben splittern,
Bevor ich weine.

I have full cause of weeping, but this heart
Shall break into a hundred thousand flaws
Or ere I'll weep.

König Lear II,4

Sag den bangen Frauen:
Beweinen Unvermeidliches sei Torheit
Sowohl, als drüber lachen.

Tell these sad women,
'Tis fond to wail inevitable strokes,
As 'tis to laugh at 'em.

Coriolan III,4

Seltsam ist's,
Daß uns Natur das zu beweinen zwingt,
Was wir erstrebt mit Eifer!
And strange it is,
That nature must compel us to lament
Our most persisted deeds.
Antonius und Cleopatra V,1

Mitweinen mit den Weinenden ist Trost,
Doch Schmerz, so frech verhöhnt, dreifacher Tod.
To weep with them that weep doth ease some deal,
But sorrow flouted at is double death.
Titus Andronicus III,1

Wer weint, vermindert seines Grames Tiefe:
Drum, Tränen für die Kinder – Rache mir!
To weep is to make less the depth of grief:
Tears, then, for babes; blows and revenge for me!
König Heinrich VI., Dritter Teil, II,1

Weisheit

Klug allzubald, sagt man, wird nimmer alt.
So wise so young, they say, do ne'er live long.
König Richard III. III,1

So wird man alle Tage klüger!
Thus men may grow wiser every day.
Wie es euch gefällt I,2

Wenn Klugheit mit dem Glück den Kampf beginnt,
Und jene wagt nur alles, was sie kann,
Ist ihr der Sieg gewiß.
Wisdom and fortune combating together,
If that the former dare but what it can,
No chance may shake it.
Antonius und Cleopatra III,13

Du bist so weise, wie du reizend bist.

> Thou art as wise as thou art beautiful.
>
> *Ein Sommernachtstraum* III,1

Der Narr hält sich für weise, aber der Weise weiß, daß er ein Narr ist!

> The fool doth think he is wise, but the wise man knows himself to be a fool.
>
> *Wie es euch gefällt* V,1

Weise sein und lieben
Vermag kein Mensch.

> To be wise, and love,
> Exceeds man's might.
>
> *Troilus und Cressida* III,2

Halt, was du verheiß'st,
Verschweig, was du weißt,
Hab mehr, als du leihst,
Reit immer zumeist,
Sei wachsam im Geist,
Nicht würfle zu dreist,
Laß Dirnen und Wein
Und Tanz und Schalmein,
So findst du den Stein
Der Weisen allein.

> Have more than thou showest,
> Speak less than thou knowest,
> Lend less than thou owest,
> Ride more than thou goest,
> Learn than thou trowest,
> Set less than thou throwest;
> Leave thy drink and thy whore,
> And keep in-a-door,
> And thou shalt have more
> Than two tens to a score.
>
> *König Lear* I,4

Besser ein weiser Tor, als ein törichter Weiser.

Better a witty fool than a foolish wit.

Was ihr wollt I,5

In Zuversicht geht Eure Weisheit unter.

Your wisdom is consum'd in confidence.

Julius Cäsar II,2

Nun nehmt Eurer Weisheit den Maulkorb ab.

Now unmuzzle your wisdom.

Wie es euch gefällt I,2

Gott verleihe Weisheit denen, die welche haben, und die, so Narren sind – laßt sie mit ihren Gaben wuchern.

God give them wisdom that have it; and those that are fools, let them use their talents.

Was ihr wollt I,5

Weisheit und Tugend scheint dem Schlechten schlecht.
Schmutz riecht sich selber nur.

Wisdom and goodness to the vile seem vile;
Filths savour but themselves.

König Lear IV,2

Der ist ein Tor, der nicht der Weisheit folgt.

To wisdom he's a fool that will not yield.

Perikles II,5

Die Weisheit läßt sich hören in den Gassen, und niemand achtet ihrer.

Wisdom cries out in the streets, and no man regards it.

König Heinrich IV., Erster Teil, I,2

Trennt Weisheit nicht von Ehre.

Divorce not wisdom from your honour

König Heinrich IV., Zweiter Teil, I,1

Es gibt mehr Ding' im Himmel und auf Erden,
Als Eure Schulweisheit sich träumt, Horatio.

There are more things in heaven and earth, Horatio,
Than are dreamt of in your philosophy.
Hamlet I,5

Welt

O schnöde Welt!
O monstrous world!
Othello III,3

Die Welt war nimmer froh,
Seit niedres Heucheln galt für Artigkeit.
'Twas never merry world
Since lowly feigning was call'd compliment.
Was ihr wollt III,1

Die Welt ist so verderbt,
Zaunkön'ge hausen, wo kein Adler wagt:
Seit jeder Hans zum Edelmanne ward,
So wurde mancher edle Mann zum Hans.
The world is grown so bad
That wrens may prey where eagles dare not perch:
Since every Jack became a gentleman
There's many a gentle person made a Jack.
König Richard III. I,3

Allseh'nder Himmel, welche Welt ist dies!
All-seeing heaven, what a world is this!
König Richard III. II,1

Ich fürcht, ich fürcht, es geht die Welt rundum.
I fear, I fear, 'twill prove a giddy world.
König Richard III. II,3

Die weite Welt ist mir zum Ziel gesetzt.
All the world's my way.
König Richard II. I,3

Laßt der Welt ihr Recht.
Let the world slide.
Der Widerspenstigen Zähmung, Einleitung, I

Mir gilt die Welt nur wie die Welt, Graziano:
Ein Schauplatz, wo man eine Rolle spielt,
Und mein' ist traurig.
I hold the world but as the world, Gratiano,
A stage, where every man must play a part,
And mine a sad one.
Der Kaufmann von Venedig I,1

Ich glaub, er liebt die Welt nur seinetwegen.
I think he only loves the world for him.
Der Kaufmann von Venedig II,8

Ich glaube, die Welt liegt im Schlaf.
I think the world's asleep.
König Lear I,4

O Gott! o Gott!
Wie ekel, schal und flach und unersprießlich
Scheint mir das ganze Treiben dieser Welt!
O God! God!
How weary, stale, flat, and unprofitable
Seem to me all the uses of this world!
Hamlet I,2

Meine kleine Person ist dieser großen Welt überdrüssig.
My little body is aweary of this great world.
Der Kaufmann von Venedig I,2

Wie geht die Welt? –
Sie trägt sich ab im Lauf.
How goes the world? –
It wears, sir, as it grows.
Timon von Athen I,1

Wie neu Ihr seid in dieser alten Welt!
How green you are, and fresh in this old world!
König Johann III,4

O böse Welt!
O slanderous world!
Der Widerspenstigen Zähmung II,1

Aushalten soll ich
In dieser schalen Welt, die ohne dich
Nicht mehr ist als ein Viehstall?
Shall I abide
In this dull world, which in thy absence is
No better than a sty?
Antonius und Cleopatra IV,13

Wackre neue Welt,
Die solche Bürger trägt!
O brave new world
That has such people in't!
Der Sturm V,1

Oh, wie voll Disteln ist diese Alltagswelt!
O, how full of briars is this working-day world!
Wie es euch gefällt I,3

Werben – s. Freien

Werk – s. Tat

Wert

Du bist des Staubs nicht wert, den dir der Wind
Ins Antlitz weht.
You are not worth the dust which the rude wind
Blows in your face.
König Lear IV,2

Ein Ding, von gleichem Wert, den Eigner tauschend,
Wird, wie Ihr wißt, nach seinem Herrn geschätzt.

But you well know,
Things of like value, differing in the owners,
Are prized by their masters.

Timon von Athen I,1

So fällt
Stets unser Wert der Zeiten Deutung heim.

So our virtues
Lie in the interpretation of the time.

Coriolan IV,5

Wetter

Viel Regen höhlt den Marmor.

Much rain wears the marble.

König Heinrich VI., Dritter Teil, III,2

Denn der Regen, der regnet jeglichen Tag.

For the rain it raineth every day.

Was ihr wollt, Epilog

Wer ist da, außer schlechtem Wetter?

Who's there, besides foul weather?

König Lear III,1

Wenn man dies Wetter erwägt, so kann ein viel größrer Kerl, als ich bin, sich den Schnupfen holen.

Considering the weather, a taller man than I will take cold.

Der Widerspenstigen Zähmung IV,1

Zwei Fraun zusammensetzen macht kalt Wetter.

Two women plac'd together makes cold weather.

König Heinrich VIII. I,4

Dies Hagelwetter kann man wahrhaftig schon von weitem pfeifen hören!

A man may hear this shower sing in the wind.

Die lustigen Weiber von Windsor III,2

Nicht jede Wolk' erzeugt ein Ungewitter.

Every cloud engenders not a storm.

König Heinrich VI., Dritter Teil, V,3

Blast, Wind', und sprengt die Backen! Wütet! Blast!
Ihr Katarakt' und Wolkenbrüche, speit,
Bis ihr die Türm' ersäuft, die Hähn' ertränkt!

Blow, winds, and crack your cheeks! rage! blow!
You cataracts and hurricanoes, spout
Till you have drench'd our steeples, drowned the cocks!

König Lear III,2

Wille

Was man will tun,
Das soll man, wenn man will; denn dies »will« ändert sich
Und hat so mancherlei Verzug und Schwächung,
Als es nur Zungen, Hände, Fälle gibt;
Dann ist dies »soll« ein prasserischer Seufzer,
Der lindernd schadet.

That we would do,
We should do when we would: for this 'would' changes,
And hath abatements and delays as many
As there are tongues, are hands, are accidents;
And then this 'should' is like a spendthrift sigh,
That hurts by easing.

Hamlet IV,7

Was ich ernstlich will,
Vollbring ich, eh ich's sage.

What I well intend,
I'll do't before I speak.

König Lear I,1

Der Wille wird von der Vernunft regiert.
The will of man is by his reason sway'd.
Ein Sommernachtstraum II,2

Oft geschieht uns, was wir nicht gewollt,
Und oftmals sind wir unsre eignen Teufel,
Wenn wir des Willens Schwäche selbst versuchen,
Zu stolz auf unsre wandelbare Kraft.
Something may be done that we will not:
And sometimes we are devils to ourselves,
When we will tempt the frailty of our powers,
Presuming on their changeful potency.
Troilus und Cressida IV,4

Wirt

Ich bin Eu'r Wirt;
Ihr solltet nicht mit Räuberhand mißhandeln
Mein gastlich Angesicht.
I am your host:
With robbers' hands my hospitable favours
You should not ruffle thus.
König Lear III,7

Mein königlicher Herr,
Ihr seid kein heitrer Wirt.
My royal lord,
You do not give the cheer.
Macbeth III,4

Verleih uns gute Wirte, Gott!
Give us kind keepers, heavens!
Der Sturm III,3

Wissen(schaft) (s. auch Lernen und Studieren)

Mehr zu wissen,
Geriet mir niemals in den Sinn.

More to know
Did never meddle with my thoughts.
Der Sturm I,2

Weißt etwas du, das meinem Wissen frommt?
Werd ich davon belehrt, so sperr es nicht
In den Verschluß des Schweigens.
If you know aught which does behove my knowledge
Thereof to be inform'd, imprison 't not
In ignorant concealment.
Ein Wintermärchen I,2

Ich wollte, ich hätte die Zeit auf die Sprachen gewandt, die mir das Fechten, Tanzen und Fuchsprellen gekostet hat. Ach, hätte ich mich doch auf die Wissenschaft verlegt!

I would I had bestowed that time in the tongues that I have in fencing, dancing, and bear-baiting. O, had I but followed the arts!

Was ihr wollt I,3

Wie unser Wein nun, Brachland, Wiesen, Hecken
Durch fehlerhaften Trieb zur Wildnis arten,
So haben wir samt unserm Haus und Kindern
Verlernt und lernen nicht – weil Muße fehlt –
Die Wissenschaften, unser Land zu zieren.
And as our vineyards, fallows, meads, and hedges,
Defective in their natures, grow to wildness,
Even so our houses and ourselves and children
Have lost, or do not learn for want of time,
The sciences that should become our country.
König Heinrich V. V,2

Ich sage dir, es gibt keine andre Finsternis als Unwissenheit, worein du mehr verstrickt bist als die Ägypter in ihrem Nebel.

I say there is no darkness but ignorance; in which thou art more puzzled than the Egyptians in their fog.

Was ihr wollt IV,2

O grobe, klägliche Unwissenheit!
O gross and miserable ignorance!
König Heinrich VI., Zweiter Teil, IV,2

Es sei Unwissenheit
Der Fluch von Gott und Wissenschaft der Fittich,
Womit wir in den Himmel uns erheben!
Ignorance is the curse of God,
Knowledge the wing wherewith we fly to heaven.
König Heinrich VI., Zweiter Teil, IV,7

Witz (s. auch Verstand)

Denn wie mein Witz die Worte prüf' und wende,
Mir fehlt's an Witz, der nur e i n Wort verstände.
Who, every word by all my wit being scann'd,
Want wit in all one word to understand.
Die Komödie der Irrungen II,2

Du weißt, man wirkt durch Witz und nicht durch Zauber;
Und Witz beruht auf Stund' und günst'ger Zeit.
Thou know'st we work by wit, and not by witchcraft,
And wit depends on dilatory time.
Othello II,3

Witz, so es dein Wille ist, so hilf mir zu einer guten Posse!
Wit, an't be thy will, put me into good fooling!
Was ihr wollt I,5

Witz soll nicht unbelohnt bleiben, solang ich König in diesem Lande bin.
Wit shall not go unrewarded while I am King of this country.
Der Sturm IV,1

Nein, ich werde meinen eignen Witz nicht eher gewahr werden, als bis ich mir die Schienbeine daran zerstoße.
Nay, I shall ne'er be ware of mine own wit till I break my shins against it.
Wie es euch gefällt II,4

Mein Herr, Eurer Witz hat einen guten Paßgang; er geht mühelos.

Sir, your wit ambles well, it goes easily.

Viel Lärm um nichts V,1

Dein Witz schnappt so rasch wie eines Windhunds Maul.

Thy wit is as quick as the greyhound's mouth, it catches.

Viel Lärm um nichts V,2

Gewiß, so scharfer Witz macht nicht beliebt.

Sure, sure, such carping is not commendable.

Viel Lärm um nichts III,1

Witz, schnell geboren, wächst und welkt geschwind.

Such short-liv'd wits do wither as they grow.

Liebes Leid und Lust II,1

Je klüger, desto verkehrter. Versperrt dem Witz eines Weibes die Türen, so muß er zum Fenster hinaus; macht das zu, so fährt er aus dem Schlüsselloch, verstopft das, so fliegt er mit dem Rauch aus dem Schornstein!

The wiser, the waywarder. Make the doors upon a woman's wit, and it will out at the casement; shut that, and 'twill out at the key-hole; stop that, 'twill fly with the smoke out at the chimney.

Wie es euch gefällt IV,1

Wem der Witz nur schwach und gering bestellt,
Hop heisa, bei Regen und Wind,
Der füge sich still in den Lauf der Welt,
Denn der Regen, der regnet jeglichen Tag.

He that has and a little tiny wit,
With hey, ho, the wind and the rain,
Must make content with his fortunes fit,
Though the rain it raineth every day.

König Lear III,4

Seht, jetzt zieht er die Uhr seines Witzes auf: gleich wird sie schlagen.

Look, he's winding up the watch of his wit; by and by it will strike.
Der Sturm II,1

Guter Himmel, welch ein Witz-Schnapper Ihr seid!
Goodly Lord, what a wit-snapper are you!
Der Kaufmann von Venedig III,5

Wollust – s. Lust

Wort (s. auch Sprache / Sprechen)

Sein Wort vermag mehr als die wundertätige Harfe.
His word is more than the miraculous harp.
Der Sturm II,1

Ihr stopft mir diese Wort' ins Ohr, ganz wider
Die Neigung meines Sinns.
You cram these words into mine ears against
The stomach of my sense.
Der Sturm II,1

Gut Wort geht über bösen Streich, Octavius.
Good words are better than bad strokes, Octavius.
Julius Cäsar V,1

Erst Wort, dann Schlag.
Words before blows.
Julius Cäsar V,1

Ein Wort von ihm wiegt mehr als all mein Gut.
His word might bear my wealth at any time.
Die Komödie der Irrungen V,1

Wie Stacheln trifft dies Wort mein wundes Herz!
These words are razors to my wounded heart.
Titus Andronicus I,2

Für heiße Tat zu kalt das müß'ge Wort!
Words to the heat of deeds too cold breath gives.
Macbeth II,1

Wie lange Zeit liegt in so kleinem Wort!
How long a time lies in one little word!
König Richard II. I,3

Doch Wort bleibt Wort – noch hab ich nie gelesen,
Daß durch das Ohr ein krankes Herz genesen.
But words are words; I never yet did hear
That the bruis'd heart was pierced through the ear.
Othello I,3

Wort ohne Sinn kann nicht zum Himmel dringen.
Words without thoughts never to heaven go.
Hamlet III,3

Ich bin von rauhem Wort,
Und schlecht begabt mit milder Friedensrede.
Rude am I in my speech,
And little blest with the set phrase of peace.
Othello I,3

POLONIUS.
Was leset Ihr, mein Prinz?
HAMLET.
Worte, Worte, Worte.
POLONIUS.
What do you read, my lord?
HAMLET.
Words, words, words.
Hamlet II,2

PANDARUS.
Was schreibt sie denn?
TROILUS.
Nur Wort' und Worte, aus dem Herzen nichts.

PANDARUS.
What says she there?
TROILUS.
Words, words, mere words, no matter from the heart.
Troilus und Cressida V,3

Nein, deine Worte sind zu kostbar, um sie den Hunden vorzuwerfen: wirf mir einige zu!
No, thy words are too precious to be cast away upon curs; throw some of them at me.
Wie es euch gefällt I,3

Doch tun Worte gut,
Wenn, der sie spricht, dem, der sie hört, gefällt!
Yet words do well
When he that speaks them pleases those that hear.
Wie es euch gefällt III,5

Dein Wort, dein Blick beleben mich aufs neu.
These words, these looks, infuse new life in me.
Titus Andronicus I,1

Wo Worte selten, haben sie Gewicht.
Where words are scarce, they're seldom spent in vain.
König Richard II. II,1

Böse Worte sind böse Luft, und böse Luft ist nur böser Atem, und böser Atem ist ungesund, und also will ich ungeküßt wieder gehn.
Foul words is but foul wind, and foul wind is but foul breath, and foul breath is noisome; therefore I will depart unkissed.
Viel Lärm um nichts V,2

Wer Worte macht, tut wenig;
Talkers are no good doers.
König Richard III. I,3

Seine wenigen schlechten Worte sind mit ebenso wenigen guten Taten gepaart, denn er schlug nie keines Menschen Kopf entzwei als seinen eignen, und das geschah gegen einen Pfosten, als er betrunken war.

His few bad words are matched with as few good deeds; for a' never broke any man's head but his own, and that was against a post when he was drunk.

König Heinrich V. III,2

Wunde

Eine rühmlich erhaltene Schmarre ist ein edles Abzeichen der Ehre.

A scar nobly got, or a noble scar, is a good livery of honour.

Ende gut, alles gut IV,5

Ihr reibt die Wunde,
Statt Pflaster aufzulegen.

You rub the sore,
When you should bring the plaster.

Der Sturm II,1

Der Narben lacht, wer Wunden nie gefühlt.

He jests at scars, that never felt a wound.

Romeo und Julia II,2

Wie deine Worte zieren dich die Wunden;
Und Ehre strömt aus beiden.

So well thy words become thee, as thy wounds:
They smack of honour both.

Macbeth I,2

Wenn er uns seine Wunden zeigt und seine Taten erzählt, so müssen wir unsre Zungen in diese Wunden legen und für ihn sprechen.

If he show us his wounds, and tell us his deeds, we are to put our tongues into those wounds, and speak for them.

Coriolan II,3

Selbstgeschlagne Wunden heilen schwer.

Those wounds heal ill that men do give themselves.

Troilus und Cressida III,3

Wer rühmend prahlt mit seinen Wunden,
Verdienet Spott.

To such as boasting show their scars,
A mock is due.

Troilus und Cressida IV,5

Wunder

Man sagt, es geschehn keine Wunder mehr, und unsre Philosophen sind dazu da, die übernatürlichen und unergründlichen Dinge alltäglich und trivial zu machen.

They say miracles are past; and we have our philosophical persons, to make modern and familiar, things supernatural and causeless.

Ende gut, alles gut II,3

Haltet mir einen Spieler von seinen Würfeln und einen fleißigen Gelehrten von seinem Buch ab, und ich will von Wundern sprechen.

Keep a gamester from the dice, and a good student from his book, and it is wonderful.

Die lustigen Weiber von Windsor III,1

Cäsar, ich hielt auf Wunderzeichen nie,
Doch schrecken sie mich nun.

Caesar, I never stood on ceremonies,
Yet now they fright me.

Julius Cäsar II,2

Wunsch

Die Zunge
Erkranke dir für einen solchen Wunsch!

Blistered be thy tongue
For such a wish!
Romeo und Julia III,2

Dein Wunsch war des Gedankens Vater, Heinrich.
Thy wish was father, Harry, to that thought.
König Heinrich IV., Zweiter Teil, IV,4

Wenn Wünsche könnten helfen mir,
An Eifer sollt's nicht fehlen mir.
If wishes would prevail with me,
My purpose should not fail with me.
König Heinrich V. III,2

Wie der Ochse sein Joch hat, Herr, das Pferd seine Kinnkette und der Falke seine Schellen, so hat der Mensch seine Wünsche.

As the ox hath his bow, sir, the horse his curb, and the falcon her bells, so man hath his desires.
Wie es euch gefällt III,3

Was wir verachtend oft hinweggeschleudert,
Das wünschen wir zurück.
What our contempts doth often hurl from us,
We wish it ours again.
Antonius und Cleopatra I,2

Wünschen war immer Torheit.
Wishers were ever fools.
Antonius und Cleopatra IV,13

Wut – s. Zorn

Y

Yorick

Ach, armer Yorick!
Alas, poor Yorick!
Hamlet V,1

Z

Zank – s. Streit

Zauber

Ein Zauber soll des Liebsten Zunge binden.
    Tie up my love's tongue.
    Ein Sommernachtstraum III,1

Mein hoher Zauber wirkt,
Und diese meine Feinde sind gebunden
In ihrem Wahnsinn; sie sind in meiner Hand.
    My high charms work,
    And these mine enemies are all knit up
    In their distractions: they now are in my power.
    Der Sturm III,3

Hin sind meine Zauberein,
Was von Kraft mir bleibt, ist mein,
Und das ist wenig.
    Now my charms are all o'erthrown,
    And what strength I have's mine own,
    Which is most faint.
    Der Sturm, Epilog

Daß kein Spruch,
Kein Zauberfluch
Holder Herrin schädlich sei.
    Never harm
    Nor spell nor charm
    Come our lovely lady nigh.
    Ein Sommernachtstraum II,2

Zaubrer wissen ihre Zeit.
    Wizards know their times.
    König Heinrich VI., Zweiter Teil, I,4

Zeit

Die Zeit ist aus den Fugen.
The time is out of joint.
Hamlet I,5

Die Zeit geht aufrecht unter ihrer Last.
Time goes upright with his carriage.
Der Sturm V,1

Gewiß, die Zeit ist wunderbar gelaunt.
Indeed, it is a strange-disposed time.
Julius Cäsar I,3

Die Zeit ist um, und enden soll ich da,
Wo ich begann.
Time is come round,
And where I did begin, there shall I end.
Julius Cäsar V,3

Chroniken versunkner Zeit.
The chronicle of wasted time.
Sonett 106

Die Zeit reist in verschiedenem Schritt mit verschiedenen Personen.
Time travels in divers paces with divers persons.
Wie es euch gefällt III,2

Zeit ist bankrott und schuldet mehr dem Zufall, als sie wert ist.
Time is a very bankrupt, and owes more than he's worth to season.
Die Komödie der Irrungen IV,2

O Zeit! vor eilst du meinem grausen Tun!
Nie wird der flücht'ge Vorsatz eingeholt,
Geht nicht die Tat gleich mit.
Time, thou anticipat'st my dread exploits.
The flighty purpose never is o'ertook
Unless the deed go with it.
Macbeth IV,1

Jegliche Zeit
Paßt wohl für das, was sie zutage bringt.

Every time
Serves for the matter that is then born in't.

Antonius und Cleopatra II,2

Die Zeit ist neuigkeitenschwanger; stündlich
Gebiert sie eine.

With news the time's in labour, and throes forth,
Each minute, some.

Antonius und Cleopatra III,7

Die Zeit geht auf Krücken, bis die Liebe im Besitz aller ihrer Rechte ist.

Time goes on crutches till love have all his rites.

Viel Lärm um nichts II,1

O die böse Zeit,
Die Eignern ihre Rechte vorenthält!

O, these naughty times
Put bars between the owners and their rights!

Der Kaufmann von Venedig III,2

O Zeit! du selbst entwirre dies, nicht ich:
Ein zu verschlungner Knoten ist's für mich!

O Time, thou must untangle this, not I;
It is too hard a knot for me t' untie!

Was ihr wollt II,2

Wir haben das Beste unserer Zeit gesehn.

We have seen the best of our time.

König Lear I,2

Zeit, du bist entehrt!

Age, thou art sham'd!

Julius Cäsar I,2

Wie manches wird durch seine Zeit gezeitigt
Zu echtem Preis und zur Vollkommenheit!

How many things by season season'd are
To their right praise and true perfection!
Der Kaufmann von Venedig V,1

Es ist nicht Zeit zu spaßen,
Drum stelle dich, so wie die Zeit es fordert.
'Tis no time to jest,
And therefore frame your manners to the time.
Der Widerspenstigen Zähmung I,1

Die Zeit ist kurz, genießt sie noch in Freuden.
Be merry, for our time of stay is short.
König Richard II. II,1

Die Zeit erlaubt es nicht! – An allem Mangel,
Und jedes Ding schwebt zwischen Tür und Angel.
But time will not permit. All is uneven,
And everything is left at six and seven.
König Richard II. II,2

Die Zeit trägt einen Ranzen auf dem Rücken,
Worin sie Brocken wirft für das Vergessen,
Dies große Scheusal von Undankbarkeit.
Time hath, my lord, a wallet at his back,
Wherein he puts alms for oblivion,
A great-siz'd monster of ingratitudes.
Troilus und Cressida III,3

Zeit ist die Herrscherin der Menschen:
Erzeugt sie erst, um dann sie zu begraben,
Gibt, was sie will, nicht was sie möchten haben.
Time's the king of men,
For he's their parent, and he is their grave,
And gives them what he will, not what they crave.
Perikles II,3

Wie täuschen wir
die träge Zeit als durch Belustigung?

How shall we beguile
The lazy time, if not with some delight?
Ein Sommernachtstraum V,1

Vergnügen und Geschäft verkürzt die Zeit!
Pleasure, and action, make the hours seem short!
Othello II,3

Doch ist der Sinn des Lebens Sklav', das Leben
Der Narr der Zeit; und Zeit, des Weltlaufs Zeugin,
Muß enden.
But thought's the slave of life, and life time's fool,
And time that takes survey of all the world,
Must have a stop.
König Heinrich IV., Erster Teil, V,4

Die Zeit befiehlt's, ihr sind wir untertan.
We are time's subjects, and time bids be gone.
König Heinrich IV., Zweiter Teil, I,3

Der Zeiten letzter Augenblick gestaltet
Den letzten Ausgang oft nach dem Bedarf.
Ja, im Entschwinden selber schlichtet sie,
Was lange Prüfung nicht zu lösen wußte.
The extreme parts of time extremely forms
All causes to the purpose of his speed;
And often, at his very loose, decides
That which long process could not arbitrate.
Liebes Leid und Lust V,2

Wild sind die Zeiten: Hader, wie ein Pferd
Voll mut'ger Nahrung, das sich losgerissen,
Rennt alles vor sich nieder.
The times are wild; contention, like a horse
Full of high feeding, madly hath broke loose
And bears down all before him.
König Heinrich IV., Zweiter Teil, I,1

Die Glocke wirft mir Zeitverschwendung vor.
The clock upbraids me with the waste of time.
Was ihr wollt III,1

Zepter

Ein Zepter, mit verwegner Hand ergriffen,
Wird ungestüm behauptet, wie erlangt.
A sceptre, snatch'd with an unruly hand,
Must be as boisterously maintain'd as gain'd.
König Johann III,4

Schlimm ist's, wenn Kindeshand das Zepter führt.
'Tis much, when sceptres are in children's hands.
König Heinrich VI., Erster Teil, IV,1

Ziel

Es ist mein Streben,
Verachtungsvoll und unhold Euch zu scheinen.
It is my study
To seem despiteful and ungentle to you.
Wie es euch gefällt V,2

Kunstreiches Streben
Lebt in der Farb' lebend'ger als das Leben.
Artificial strife
Lives in these touches, livelier than life.
Timon von Athen I,1

Daß viele Dinge, die zusammenstimmen
Zur Harmonie, verschieden wirken können,
Wie viele Pfeile da- und dorthin fliegen
Zu e i n e m Ziel.
That many things, having full reference
To one consent, may work contrariously;

As many arrows, loosed several ways,
Come to one mark.
König Heinrich V. I,2

Mit List und Politik erreicht das Ziel,
Nach dem ihr strebt.
'Tis policy and stratagem must do
That you affect.
Titus Andronicus II,1

Wer klügelnd abwägt und dem Ziel entsagt,
Weil er vor dem, was nie geschehn, verzagt,
Erreicht das Größte nie.
Impossible be strange attempts to those
That weigh their pains in sense; and do suppose
What hath not, cannot be.
Ende gut, alles gut I,1

Zorn / Wut

Ich bin gereizt, Herr; habt
Geduld mit mir.
Sir, I am vex'd;
Bear with my weakness.
Der Sturm IV,1

Hochfahrend sind sie beid' und in der Wut
Taub wie die See, rasch wie des Feuers Glut.
High-stomach'd are they both and full of ire,
In rage deaf as the sea, hasty as fire.
König Richard II. I,1

Wut muß man bekämpfen.
Rage must be withstood.
König Richard II. I,1

Komm' er nicht zu Atem,
Nutzt seinen Wahnsinn: nimmer hat die Wut
Sich gut verteidigt.

Give him no breath, but now
Make boot of his distraction: never anger
Made good guard for itself.
Antonius und Cleopatra IV,1

Kein Mann läßt seine Wut an Kindern aus.
Men ne'er spend their fury on a child.
König Heinrich VI., Dritter Teil, V,5

Ich will den Zorn nicht stillen;
Der Zunge mindstens laß ich ihren Willen.
I cannot, nor I will not hold me still.
My tongue, though not my heart, shall have his will.
Die Komödie der Irrungen IV,2

Unverstellter Zorn spricht seinen Schmerz.
Fury not dissembled speaks his griefs.
Titus Andronicus I,1

Der Zorn gehört wohl zu den größten Sünden:
Doch ist kein Mensch, der nie gezürnt, zu finden.
To be in anger is impiety,
But who is man that is not angry?
Timon von Athen III,5

Das ist die Frucht des Jähzorns!
This is the fruit of rashness!
König Richard III. II,1

Ein zornig Weib ist gleich getrübter Quelle,
Unrein und sumpfig, widrig, ohne Schönheit:
Und ist sie so, wird keiner, noch so durstig,
Sie würd'gen, einen Tropfen draus zu schlürfen.
A woman moved is like a fountain troubled,
Muddy, ill-seeming, thick, bereft of beauty,
And while it is so, none so dry or thirsty
Will deign to sip or touch one drop of it.
Der Widerspenstigen Zähmung V,2

Zuneigung – s. Liebe

Zunge

Ist süß mein Mund, mag meine Zunge schwären
Und nie mehr meines rot erglühnden Zorns
Trompete sein.

If I prove honey-mouth'd, let my tongue blister,
And never to my red-look'd anger be
The trumpet any more.

Ein Wintermärchen II,2

Ihr Mund gehorcht dem Herzen nicht, noch kann
Das Herz die Zunge meistern.

Her tongue will not obey her heart, nor can
Her heart inform her tongue.

Antonius und Cleopatra III,2

Ich wollte, mein Pferd wäre so schnell als Eure Zunge und liefe so in eins fort.

I would my horse had the speed of your tongue, and so good a continuer.

Viel Lärm um nichts I,1

Bei meiner Seele schwör ich,
Daß keines Menschen Zunge über mich
Gewalt hat.

By my soul I swear,
There is no power in the tongue of man
To alter me.

Der Kaufmann von Venedig IV,1

Schalkhafter Mädchen Zunge kann zerschneiden,
Wie allerfeinst geschliffner Messer Klingen,
Das kleinste Haar, das kaum zu unterscheiden.

The tongues of mocking wenches are as keen
As is the razor's edge invisible,
Cutting a smaller hair than may be seen.

Liebes Leid und Lust V,2

Wes Zunge fälschlich spricht,
Der spricht nicht wahr, und wer nicht wahr spricht, lügt.
    Whose tongue soe'er speaks false,
    Not truly speaks; who speaks not truly, lies.
    König Johann IV,3

Welch ein Gefühl belastet meine Zunge?
    What passion hangs these weights upon my tongue?
    Wie es euch gefällt I,2

Gar manches Fräulein
Betrachtet' ich mit Fleiß, und manches Mal
Bracht' ihrer Zungen Harmonie in Knechtschaft
Mein allzu emsig Ohr.
    Full many a lady
    I have ey'd with best regard, and many a time
    Th' harmony of their tongues hath into bondage
    Brought my too diligent ear.
    Der Sturm III,1

Zweifel

Zweifel sind Verräter,
Die oft ein Gut entziehn (das wir erreichten!) –
Weil den Versuch wir scheuten.
    Our doubts are traitors,
    And make us lose the good we oft might win
    By fearing to attempt.
    Maß für Maß I,5

Nein, einmal zweifeln macht
Mit eins entschlossen.
    No, to be once in doubt,
    Is once to be resolv'd.
    Othello III,3

Zweifle an der Sonne Klarheit,
Zweifle an der Sterne Licht,

Zweifl', ob lügen kann die Wahrheit,
Nur an meiner Liebe nicht.

Doubt thou the stars are fire,
Doubt that the sun doth move,
Doubt truth to be a liar,
But never doubt I love.

Hamlet II,2

Zwietracht

Kurz und langweilig? Spaßhaft und doch tragisch?
Das ist ja glühend Eis und schwarzer Schnee.
Wer findet mir die Eintracht dieser Zwietracht?

Merry and tragical! tedious and brief!
That is hot ice and wondrous flamming snow.
How shall we find the concord of this discord?

Ein Sommernachtstraum V,1

Verzeichnis der zitierten Werke

Inhaltsübersicht
(Verzeichnis der Schlagwörter)